中国旅游院校五星联盟教材编写出版项目

中国骨干旅游高职院校教材编写出版项目

旅游管理专业模块 | 模块主编 黄国良 陈增红

旅游企业人力资源管理

Human Resource Management of Tourism Enterprises

（第二版）

主　编　胡红梅

副主编：李志丹　宋　州

参　编：雷俊霞　付　娟

中国旅游出版社

出 版 说 明

　　把中国旅游业建设成国民经济的战略性支柱产业和人民群众更加满意的现代服务业，实现由世界旅游大国向世界旅游强国的跨越，是中国旅游界的光荣使命和艰巨任务。要达成这一宏伟目标，关键靠人才。人才的培养，关键看教育。教育质量的高低，关键在师资与教材。

　　经过20多年的发展，我国高等旅游职业教育已逐步形成了比较成熟的基础课程教学体系、专业模块课程体系以及学生行业实习制度，形成了紧密跟踪旅游行业动态发展和培养满足饭店、旅行社、旅游景区、旅游交通、会展、购物、娱乐等行业需求的人才的开放式办学理念，逐渐摸索出了一套有中国特色的应用型旅游人才培养模式。在肯定成绩的同时，旅游教育界也清醒地看到，目前的旅游高等职业教育教材建设和出版还存在着严重的不足，体现在教材反映出的专业教学理念滞后，学科体系不健全，内容更新慢，理论与旅游业实际发展部分脱节等，阻碍了旅游高等职业教育的健康发展。因此，必须对教材体系和教学内容进行改革，以适应飞速发展的中国旅游业对人才的需求。

　　上海旅游高等专科学校、浙江旅游职业学院、桂林旅游高等专科学校、南京旅游职业学院、山东旅游职业学院、郑州旅游职业学院等中国最早从事旅游职业教育的骨干旅游高职院校，在学科课程设置、专业教材开发、实训实习教学、旅游产学研一体化研究、旅游专业人才标准化体系建设等方面走在全国前列，成为全国旅游教育的排头兵、旅游教学科研改革的试验田、旅游职业教育创新发展的先行者。他们不仅是全国旅游职业教育的旗帜，也是国家旅游局非常关注的旅游教育人才培养示范单位，培养出众多高素质的应用型、复合型、技能型的旅游专业人才，为旅游业发展做出了贡献。中国旅游出版社作为旅游教材与教辅、旅游学术与理论研究、旅游资讯等行业图书的专业出版机构，充分认识到高质量的应用型、复合型、技能型人才对现阶段我国旅游行业发展的重要意义，认识到推广中国骨干旅游高等职业院校的基础课程、专业课程、实习制度对行业人才培养的重要性，由此发起并组织了中国旅游院校五星联盟教材编写出版项目暨中国骨干旅游高职院校教材编写出版项目，将六校的基础课程和专业课程的教材成系统精选出版。该项目得到了"五星联盟"院校的积极响应，得到了国家旅游局人事司、教育部高职高专旅游专业教学指导委员会、中国旅游协会旅游教育分会的大力支持。经过各方两年多的精心准备与辛勤编写，在国家"十二五"开局之年，这套教材终于推出面世了。

中国旅游院校五星联盟教材编写出版项目暨中国骨干旅游高职院校教材编写出版项目所含教材分为六个专业模块：**"旅游管理专业模块"** （《旅游概论》、《旅游经济学基础》、《中国旅游地理》、《中国旅游客源国与目的地国概况》、《旅游市场营销实务》、《旅游服务业应用心理学》、《旅游电子商务》、《旅游职业英语》、《旅游职业道德》、《旅游策划实务》、《休闲学概论》、《旅游商品概论》、《旅游服务礼仪与实训》、《中国历史文化》、《旅游企业人力资源管理》、《旅游公共关系》）；**"酒店服务与管理专业模块"** （《酒店概论》、《酒店前厅部服务与管理》、《酒店客房部服务与管理》、《酒店餐饮部服务与管理》、《酒店财务管理》、《酒店英语》、《酒店市场营销》、《调酒与酒吧管理》）；**"旅行社服务与管理专业模块"** （《旅行社经营管理》、《旅游政策与法规》、《导游业务》、《导游文化基础知识》、《旅行社门市业务》、《旅行社业务操作技能实训》、《出境旅游领队实务》）；**"景区服务与管理专业模块"** （《景区规划原理与实务》、《景区服务与管理》、《旅游资源的调查与评价》）；**"会展服务与管理专业模块"** （《会展概论》、《会展策划与管理》、《会展设计与布置》、《实用会展英语》）；**"烹饪工艺与营养专业模块"** （《厨政管理》、《烹饪营养与食品安全》、《面点工艺学》、《西餐工艺与实训》）。本套教材实行模块主编审稿制，每一个专业模块均聘请了一至三位该学科领域的资深专家作为特邀主编，负责对本模块内每一位主编提交的编写大纲及书稿进行审阅，以确保本套教材的科学性、体系性和专业性。"五星联盟"的资深专家及六校相关课程的骨干教师参与了本套教材的编写工作。他们融合多年的教学经验和行业实践的体会，吸收了最新的教学与科研成果，选择了最适合旅游职业教育教学的方式进行编写，从而使本套教材具有了鲜明的特点。

1. 定位于旅游高等职业教育教材的"精品"风格，着眼于应用型、复合型、技能型人才的培养，强调互动式教学，强调旅游职业氛围以及与行业动态发展的零距离接触。

2. 强调三个维度能力的综合，即专业能力（掌握知识、掌握技能）、方法能力（学会学习、学会工作）、社会能力（学会共处、学会做人）。

3. 注重应用性，强调行动理念。职业院校学生的直观形象思维强于抽象逻辑思维，更擅长感性认识和行动把握。因此，本套教材根据各门课程的特点，突出对行业中的实际问题和热点问题的分析研讨，并以案例、资料表述和图表的形式予以展现，同时将学生应该掌握的知识点（理论）融入具体的案例阐释中，使学生能较好地将理论和职业要求、实际操作融合在一起。

4. 与相关的行业资格考试、职业考核相对应。目前，国家对于饭店、导游从业人员的资格考试制度已日渐完善，而会展、旅游规划等的从业资格考核也在很多旅游发达地区逐渐展开。有鉴于此，本教材在编写过程中尽可能参照最新的各项考试大纲，把考点融入教材当中，让学生通过实践操作而不是理论的死记硬背来掌握知识，帮助他们顺利通过相关的考试。

中国旅游院校五星联盟教材编写出版项目暨中国骨干旅游高职院校教材编写出版项目是一个持续的出版工程，是以中国骨干旅游高职院校和中国旅游出版社为平台的可持续发展事业。我们对参与这一出版工程的所有特邀专家、学者及每一位主编、参编者和旅游企业界人士为本套教材编写贡献出的教育教学和行业从业的才华、智慧、经验以及辛勤劳动表示崇高的敬意和衷心的感谢。我们期望这套精品教材能在中国旅游高等职业教育教学中发挥它应有的作用，做出它应有的贡献，这也是众多参与此项编写出版工作的同人的共同希望。同时，我们更期盼旅游高等职业教育界和旅游行业的专家、学者、教师、企业界人士和学生在使用本套教材时，能对其中的不足之处提出宝贵意见和建议，我们将认真对待并吸纳合理意见和建议，不断对这套教材进行修改和完善，使之能够始终保持行业领先水平。这将是我们不懈的追求。

中国旅游出版社
2013 年 11 月

再版前言

本教材作为旅游管理类专业的主要教材，我们既是教材的编写者，也是教材的使用者，自首次出版之日起，我们就一直在使用过程中审视和检查这本教材。为了保证教材内容的前沿性、新颖性和适用性，充分发挥本教材在高素质、高技能旅游人才培养中的作用，应编辑之约，我们作了第一次修订。在教材修订过程中，我们力求在系统反映本课程基本内容的同时，保证语言的简洁流畅、案例的新颖实用，并及时更新了一些数据和术语，紧跟旅游业发展的现状和趋势。

本版教材主要在以下几方面进行了修订：

1. 各章案例尽量选用近几年旅游企业经营管理方面的经典案例，相关链接部分也充分考虑旅游行业的发展趋势和人力资源管理的未来发展，均选用最新的知识内容，方便学生更好地了解当前旅游业发展和人力资源管理中的一些热点问题。

2. 依据国家旅游局和教育部等权威部门发布的标准和数据，对有关旅游业发展和旅游人才方面的内容和数据进行了更新，从而帮助学生更清楚地理解和掌握旅游行业的发展现状。

3. 修订了第一版教材中不够严谨和规范的文字及语言表达，调整了一些章节内容中结构不合理的部分。

本版编写人员的章节分配有些许变动，具体如下：胡红梅（第一章、第八章），雷俊霞（第二章、第九章），李志丹（第三章、第十章），宋州（第四章、第六章），付娟（第五章、第七章）。

对教材进行反复使用和研究，不断发现其中的不足，并不断进行补充和完善，使之更加符合高等职业教育人才培养目标的要求，使教学内容更具可操作性和实用性，是我们的使命和任务。教材中还可能存在的一些瑕疵和不足，欢迎各位同行、读者批评指正，我们将不懈努力。

编者
2017 年 8 月

前　言

人力资源是指一定时期内组织中的人所拥有的能够被组织所用，且对价值创造起贡献作用的教育、能力、技能、经验、体力等的总称。对人力资源的有效管理已成为企业的共同战略。人力资源管理职能在企业中的地位也日益重要。旅游企业管理如何建立有效的现代企业管理体制和运行机制，使旅游企业快速可持续发展，真正起到支柱产业、重点产业和先导产业的作用，关键在于提高旅游企业人力资源管理与开发的效率。

旅游企业人力资源管理，是通过招聘、甄选、培训等管理形式对旅游企业相关人力资源进行有效运用，满足旅游企业当前及未来发展的需要，保证组织目标实现与成员发展的最大化。具体来说就是预测企业人力资源需求，做出人力需求计划、招聘选择人员并进行有效组织、考核绩效、支付报酬，进行有效激励、结合企业与个人需要进行有效开发以便实现最优绩效的全过程。

在编写本书的过程中，我们以企业人力资源管理基本理论为基础，结合旅游企业管理特点编写。全书共十章，包括绪论、旅游企业人力资源规划、旅游企业工作分析、旅游企业员工招聘与配置、旅游企业员工培训及职业发展管理、旅游企业员工绩效考核管理、旅游企业薪酬与福利管理、旅游企业劳动关系管理、旅游企业员工激励机制等内容。全书把当前旅游企业人力资源管理中比较新颖、具有特色的基础理论知识介绍给读者，使读者能够掌握人力资源开发与管理的方法与技能，从而达到提高旅游企业经济效益的目的。本书条理清晰，内容全面充实，案例的实用性和实践性强，很适合作为学习指导用书。

本书由郑州旅游职业学院的胡红梅任主编，李志丹、宋州任副主编。参加本书编写的有胡红梅（第一章、第六章、第八章），雷俊霞（第二章、第九章），李志丹（第三章、第十章），宋州（第四章），付娟（第五章、第七章）；最后由胡红梅和李志丹对全书进行统编定稿。

本书既可以作为高职高专院校旅游管理类相关专业学生的教材，也可以作为人力资源管理课程的自学用书，还可以作为旅游企业工作人员的参考用书。本书的错误与不足之处，希望广大读者批评指正。

编者

2014 年 12 月

目 录
CONTENTS

绪 论 第一章

　　了解人力资源，理解人力资源的开发与使用，关系着企业经营的成败，也影响着国家综合国力的强弱。企业如何合理利用人力资源，并对其进行科学规划和管理，充分调动员工的积极性、主动性，是企业人力资源管理的核心问题。

　　本章主要介绍人力资源及人力资源管理的含义和特征，旅游企业人力资源管理的含义、特征及未来的发展趋势。通过学习本章内容，学生可以了解人力资源管理的作用，掌握旅游企业人力资源管理的具体内容，并结合所学知识进行旅游企业人力资源管理的实践。

学习目标　　　　　　　　　　　　　　　　　　　　　　　　　　　　　>>

知识目标

1 了解人力资源及旅游企业人力资源管理的含义与特征。

2 掌握旅游企业人力资源管理的内容。

能力目标

1 能够胜任旅游企业人力资源部的岗位工作。

2 能够结合所学旅游企业人力资源管理的相关知识进行人力资源管理的实践。

案 例

肯德基人才之道——找"对"的而非"最棒"的人才

作为一家高速发展的服务型企业,肯德基以人为本的理念充分体现在人才的培养和发展中。

肯德基的人才培养之道,首先是强调自我发展,培养员工的主人翁精神。如果没有学习意愿,再好的辅导和培训机制也不会起作用。因此员工从了解自己开始,了解自己的 EQ,需要怎样的培训来获得成长,有了这个基础,才会在员工中推行导师制。

其次是全员领导。肯德基是一个关于人的业务,每位员工都是个人贡献者,不同的岗位需要不同的领导力和角色胜任力,因此在不同的发展阶段量身定制培育计划对每位员工都非常重要,不能厚此薄彼。

但同时,肯德基强调的是培养"对"的人才。注意不是最好、最棒的人才,而是对的人才。每个岗位都有对领导力的不同要求,有些要求有洞察力,能带领团队;有些要求有策略性,把对的人放在对的岗位,就能造就胜任力。众所周知,百胜特色的角色胜任力在于快速建立对岗位的知识(Knowhow),既要知道是什么(Know),也要知道如何解决(How)。

第三,让员工成为行动的驱动者。百胜所用的人才培养公式是:百胜领导力=基本领导力+百胜特色的领导力,成为零售企业的黄埔军校,让人才从管理培训生和储备经理开始,在实践中全方位考查员工的能力,肯德基亦如此。在"立足中国,融入生活"的总策略下,人才培养也着眼"在中国,为中国",以期获得对本土消费者的洞察。

一旦人才从评估考察中脱颖而出,企业会对其进一步加速培养。在整个培养的阶段,可以看到,个人贡献者强调的是专业能力,成为绩效管理者时要负责带团队,成为中层管理者后还需要管理更大的团队,履行更多的职责。昨天的成就并不能带领人们走向未来,而着眼未来的人才战略造就了肯德基的活力。

——资料来源:中国人力资源网

第一节 人力资源管理概述

一、人力资源概述

(一)人力资源的含义

人力资源是指一定时期内组织中的人所拥有的能够被组织所用,且对价值创造起贡献作用的教育、能力、技能、经验、体力等的总称。这个解释包括以下要点：人力资源的本质是人所具有的脑力和体力的总和，可以统称为劳动能力；这一能力要能够对财富的创造起贡献作用，成为社会财富的源泉；这一能力还要能够被组织所利用，组织可以大到一个国家或地区，也可以小到一个企业或作坊。

作为一种资源，人力资源同样具有量和质的特性。通常来说，人力资源的数量为具有劳动能力的人口数量。一定数量的人力资源是社会生产必要的先决条件。一般说来，充足的人力资源有利于生产的发展，但其数量要与物质资料的生产相适应，若超过物质资料的生产，不仅会消耗大量新增的产品，多余的人力也无法就业，对社会经济的发展会产生不利影响。人力资源质量是由劳动者的身体素质、智能素质和心理素质构成的。在这三者综合作用下，劳动者在劳动中表现出的体力、知识、智力和技能水平，反映了人力资源的质量状况。

（二）人力资源的特点

人力资源作为人类各种资源中的一个特殊种类，有其自身的特点，主要体现在以下几个方面：

（1）**社会性**。人力资源与人的自然生理特征相联系，这是它的生物性。但由于人力资源都处于特定的社会和时代之中，它既是人类社会活动的结果，也是构成人类社会活动的前提，因此它又具有社会性特征。在不同的时代或不同的社会，由于发展程度的差异，人力资源的素质是不一样的。人力资源的社会性特征具体表现为两个方面：从宏观上看，人力资源的形成要依赖社会，其配置要通过社会，其使用更是处于社会经济的分工体系之中；而从微观上看，由于人类劳动都是群体性劳动，所以不同的人都分别属于不同的社会组织或群体。所以从本质上讲，人力资源是一种社会资源。

（2）**能动性**。不同于自然界的其他资源，人力资源具有主观能动性，能够有目的地进行活动，有目的地改造外部物质世界。人力资源的能动性，主要表现在三个方面：第一，自我强化。即通过发展教育、努力学习、锻炼身体等积极行为，使自己获得更高的劳动能力，从而使人力资源得到强化。第二，选择职业。即人们可以通过主动地选择职业，达到与物质等其他资源的有机结合。第三，积极性的发挥。这是人力资源能动性最重要的方面。积极性的发挥，对于能否挖掘人力资源的潜力，具有决定性的影响。

（3）**再生性**。整个资源可分为可再生性资源和不可再生性资源两大类。人力资源是一种可再生性资源，在开发过程中，不会像不可再生性资源（如矿产资源）那样因为使用而减少，而相反，还可能会因为使用而提高水平，增强活力。人力资源的再生性，除了遵守一般的生物学规律之外，它还受人类意识的支配和人类活动的影响。因为人力资源具有可再生性特征，所以对人力资源可以进行二次开发乃至多次开发。

（4）**时效性**。人力资源的形成、开发、使用都具有时间方面的限制。从个体的角度看，作为生物有机体的人，有其生命的周期；而作为人力资源的人，能从事劳动的自然时间又被限定在生命周期的中间一段；并且在能够从事劳动的不同时期，其劳动能力也有所不同。这也就是说，无论哪类人，都有其才能发挥的最佳期、最佳年龄段。因此，人力资源开发与使用必须及时，把握关键期，以取得最大效益。

（5）**核心性**。人力资源是所有资源中的核心资源，是一切资源中最为宝贵的资源。这是因为，一切生产活动都是由人的活动引起和控制的过程。在任何生产或劳动过程中，人力资源始终居于主体地位，起着决定性的作用。而一切其他自然资源，只有通过人力资源，才能得到深层次地开发和利用，发挥出更大的效益。

二、人力资源管理概述

（一）人力资源管理的含义

人力资源管理是指根据企业发展战略的要求，有计划地对人力资源进行合理配置，通过对企业中员工的招聘、培训、使用、考核、激励、调整等一系列过程，调动员工的积极性，激发员工的潜能，为企业创造价值，确保企业战略目标的实现。它是企业的一系列人力资源政策以及相应的管理活动。这些活动主要包括企业人力资源战略的制订、员工的招募与选拔、培训与开发、绩效管理、薪酬管理、员工流动管理、员工关系管理、员工安全与健康管理等。

（二）人力资源管理的特点

（1）**管理目标的战略性**。在激烈的市场竞争中，企业要想获胜，只有不断追求技术、产品和市场的领先。经营管理人才和技术开发人才成为企业经营战略成功与否的决定性因素，人力资源成为企业的重要战略性资源。

（2）**管理对象的时效性**。人力资源不像矿产资源那样可以储存，它具有很强的时效性。如果储备的人力资源长久不用，人的才能会荒废、退化，造成资源的浪费。因此，人力资源的开发必须及时，要充分关注各类人员的才能发挥黄金期，做到人尽其才。

（3）**管理内容的广泛性**。随着经济社会的发展，人力资源管理的范围在逐渐扩大，内容日益广泛。它包括机构设计、职位设置、招聘、培训、薪酬、考核、激励、劳资关系等大量与"人"有关的内容。

（三）人力资源管理的职能

（1）**获取**。根据企业目标确定的所需员工条件，通过规划、招聘、考试、测评、选拔等方法来获取企业所需人员。获取职能包括工作分析、人力资源规划、招聘与选拔、使用等活动。工作分析是人力资源管理的基础性工作。在这个过程中，要对每一职务的任务、职责、环境及任职资格做出描述，编写岗位说明书。人力资源规划要协调企业对人员数量和质量的需求与人力资源的有效供给。需求源于组织工作的现状与对未来的预测，供给则涉及内部与外部的有效人力资源。招聘与选拔应根据对应聘人员的吸引程度选择最合适的招聘方式，如利用报纸广告、招聘网站、职业介绍所等。选拔有多种方法，如利用求职申请表、面试、测试和评价中心等。使用是指经过上岗培训，给合格的人安排工作。

（2）**保持**。通过薪酬、考核、晋升等一系列管理活动，保持员工的积极性、主动性、创造性，维护劳动者的合法权益，保证员工在安全、健康、舒适的环境中工作，以提升员工满意度。保持职能包括两个方面的活动：第一，保持员工的工作积极性，例如，制订公平合理的工资制度；公平对待员工，疏通关系，沟通感情，让员工参与管理等；处理劳资关系方面的纠纷和事务，促进劳资关系的改善。第二，保持健康安全的工作环境。

（3）**整合**。通过企业文化、信息沟通、人际关系和谐、矛盾冲突的化解等有效整合，使企业内部的个体、群众的目标、行为、态度趋向企业的要求和理念，使之与企业形成高度的合作与协调，发挥集体优势，提高企业的生产力和效益。

（4）**评价**。对员工工作成果、劳动态度、技能水平以及其他方面做出全面考核、鉴定和评价，为做出相应的奖惩、晋升、去留等决策提供依据。评价职能包括工作评价、绩效考核、满意度调查等。其中，绩效考核是核心，是奖惩、晋升等人力资源管理及其决策的依据。

（5）**发展**。通过员工培训、职业生涯规划与开发，促进员工知识、技巧和其他方面素质的提高，使其劳动能力得到增强和发挥，最大限度地实现其个人价值和对企业的贡献率，达到员工个人和企业共同发展的目的。

（四）人力资源管理的任务

（1）**制订人力资源计划**。根据组织的发展战略和经营计划，评估组织的人力资源现状及发展趋势，收集和分析人力资源供给与需求方面的信息和资料，预测人力资源供给和需求的发展趋势，制订人力资源招聘、调配、培训、开发及发展计划等政策和措施。

（2）**人力资源成本会计工作**。人力资源管理部门应与财务等部门合作，建立人力资源会计体系，开展人力资源投入成本与产出效益的核算工作。人力资源成本会计工作，不仅可以改进人力资源管理工作本身，而且可以为决策部门提供准确和量化的依据。

（3）**岗位分析和工作设计**。对组织中的各个工作和岗位进行分析，确定每一个工作和岗位对员工的具体要求，包括技术及种类、范围和熟悉程度；学习、工作与生活经验；身体健康状况；工作的责任、权利与义务等方面的情况。这种具体要求必须形成书面材料，这就是工作岗位职责说明书。这种说明书既是招聘工作的依据，也是对员工的工作表现进行评价的标准，以及进行员工培训、调配、晋升等工作的根据。

（4）**人力资源的招聘与选拔**。根据组织内的岗位需要及工作岗位职责说明书，利用各种方法和手段，如接受推荐、刊登广告、举办人才交流会、到职业介绍所登记等从组织内部或外部吸引应聘人员以及委托猎头公司。然后经过如接受教育程度、工作经历、年龄、健康状况等方面的资格审查，从应聘人员中初选出一定数量的候选人，再经过严格的考试，如笔试、面试、评价中心、情景模拟等方法进行筛选，最后确定录用人选。人力资源的选拔，应遵循平等就业、双向选择、择优录用等原则。

（5）**雇佣管理与劳资关系**。员工一旦被组织聘用，就与组织形成了一种雇佣与被雇佣的、相互依存的劳资关系。为了保护双方的合法权益，有必要就员工的工资、福利、工作条件和环境等事宜达成一定协议，签订劳动合同。

（6）**入职教育、培训和发展**。任何通过应聘进入一个组织（主要指企业）的新员工，都必须接受入职教育，这是帮助新员工了解和适应组织、接受组织文化的有效手段。入职教育的主要内容包括组织的历史发展状况和未来发展规划、职业道德和组织纪律、劳动安全卫生、社会保障和质量管理知识与要求、岗位职责、员工权益及工资福利状况等。为了提高广大员工的工作能力和技能，有必要开展富有针对性的岗位技能培训。对于管理人员，尤其是对即将晋升者有必要开展提高性的培训和教育，目的是促使他们尽快具有在更高一级职位上工作的全面知识、熟练技能、管理技巧和应变能力。

（7）**工作绩效考核**。工作绩效考核，就是对照工作岗位职责说明书和工作任务，对员工的业务能力、工作表现及工作态度等进行评价，并给予量化处理的过程。这种评价可以是自我总结式，也可以是他评式的，或者是综合评价的方式。考核结果是员工晋升、接受奖惩、发放工资、接受培训等的有效依据。它有利于调动员工的积极性和创造性，检查和完善人力资源管理工作。

（8）**帮助员工的职业生涯发展**。人力资源管理部门和管理人员有责任鼓励和关心员工的个人发展，帮助其制订个人职业发展计划，并及时进行监督和考查。这样做有利于促进组织的发展，使员工产生归属感，进而激发其工作积极性和创造性，提高组织效益。人力资源管理部门在帮助员工制订其个人发展计划时，有必要考虑它与组织发展计划的协调性或一致性。也只有这样，人力资源管理部门才能对员工实施有效的帮助和指导，促使个人发展计划的顺利实施并取得成效。

（9）**员工工资报酬与福利保障设计**。合理、科学的工资报酬福利体系关系到组织中员工队伍的稳定与否。人力资源管理部门要从员工的资历、职级、岗位及实际表现和工作成绩等方面，来为员工制订相应的、具有吸引力的工资报酬福利标准和制度。工资报酬应随着员工的工作职务升降、工作岗位的变换、工作表现的好坏与工作成绩进行相应的调整，不能只升不降。员工福利是社会和组织保障的一部分，是工资报酬的补充或延续。它主要包括政府规定的住房公积金、养老保险、医疗保险、失业保险、工伤保险、生育保险、节假日，并且为了保障员工的工作安全卫生，提供必要的安全培训教育、良好的劳动工作条件等。

（10）**保管员工档案**。人力资源管理部门有责任有义务保管员工入职时的简历、应聘考核表以及入职后关于工作职能、工作表现、工作成绩、绩效考核、工资报酬、职务升降、奖惩、接受培训和教育等方面的书面记录材料。

课 堂 思 考

人力资源部的主要工作任务是什么？

（五）人力资源管理的重要性

在人类所拥有的一切资源中，人力资源是最宝贵的，自然成了现代管理的核心。不断提高人力资源开发与管理的水平，是当前发展经济、提高市场竞争力的需要，也是一个国家、一个民族、一个地区、一家企业长期兴旺发达的重要保证，更是一个现代人充分开发自身潜能、适应社会、改造社会的重要措施。只有一个国家的人力资源得到了充分的开发和有效的管理，一个国家才能繁荣，一个民族才能振兴。在一个组织中，只有求得有用人才、合理使用人才、科学管理人才、有效开发人才，才能促进组织目标的达成和个人价值的实现。

现代人力资源管理对企业的意义，体现在以下几方面：

（1）**对企业决策层的意义**。人、财、物、信息等，可以说是企业管理关注的主要方面，人又是最为重要的、活的资源。只有管理好了"人"这一资源，才算抓住了管理的要义、纲领。

（2）**对人力资源管理部门的意义**。人不仅是被管理的"客体"，更是具有思想、感情、主观能动性的"主体"，如何制订科学、合理、有效的人力资源管理政策、制度，并为企业组织的决策提供有效信息，永远都是人力资源管理部门的课题。

（3）**对一般管理者的意义**。任何管理者都不可能是一个"万能使者"，更多地应该是扮演一个"决策、引导、协调"属下工作的角色。他不仅需要有效地完成业务工作，而且需要培训下属，开发员工潜能，建立良好的团队组织等。

（4）**对普通员工的意义**。任何人都想掌握自己的命运，但自己适合做什么，企业组织的目标、价值观念是什么，岗位职责是什么，自己如何有效地融入组织中，结合企业组织目标如何开发自己的潜能、发挥自己的能力，如何设计自己的职业生涯等，这是每个员工十分关心，而又深感困惑的问题。现代人力资源管理会为每位员工提供有效的帮助。

三、人力资源管理的历史演进及发展趋势

（一）人力资源管理的历史演进

人力资源管理主要经历了传统的人事管理阶段和现代人力资源管理阶段。

1. 人事管理阶段

人力资源管理是一门新兴的学科，问世于 20 世纪 70 年代末。人力资源管理的历史虽然不长，但人事管理的思想却源远流长。从时间上看，从 18 世纪末开始的工业革命，一直到 20 世纪 70 年代，这一时期被称为传统的人事管理阶段。从 20 世纪 70 年代末以来，人事管理发展成为人力资源管理。人事管理阶段又可具体分为以下几个阶段：科学管理阶段、工业心理学阶段、人际关系管理阶段。

（1）**科学管理阶段**。20 世纪初，科学管理理论学派推动了科学管理实践在美国的大规模推广和开展。美国管理学家泰勒提出了"计件工资制"和"计时工资制"，以及实行劳动定额管理。1911 年泰勒出版了《科学管理原理》一书。这本著作奠定了科学管理理论的基础，泰勒也因此被西方管理学界称为"科学管理之父"。

（2）**工业心理学阶段**。以德国心理学家雨果·芒斯特伯格等为代表的心理学家的研究结果，推动了人事管理工作的科学化进程。雨果·芒斯特伯格于 1913 年出版的《心理学与工业效率》标志着工业心理学的诞生。

（3）**人际关系管理阶段**。1929 年美国哈佛大学教授梅奥率领一个研究小组到美国西屋电气公司的霍桑工厂进行了长达 9 年的霍桑实验，真正揭开了对组织中的人的行为研究的序幕。

2. 人力资源管理阶段

人力资源管理阶段又可分为人力资源管理的提出和人力资源管理的发展两个阶段。"人力资源"这一概念早在 1954 年就由美国管理学家彼德·德鲁克在其著作《管理的实践》中提出并加以明确界定。20 世纪 80 年代以来，人力资源管理理论不断成熟，并在实践中得到进一步发展，为企业所广泛接受，并逐渐取代人事管理。进入 20 世纪 90 年代，人力资源管理理论不断发展，也不断成熟。人们更多地探讨人力资源管理如何为企业的战略服务，人力资源部门的角色如何向企业管理的战略合作伙伴关系转变。战略人

力资源管理理论的提出和发展，标志着现代人力资源管理进入了新阶段。

现代人力资源管理与传统人事管理相比较，主要有以下区别：

（1）**以"人"还是以"事"为中心**。传统人事管理的特点是以"事"为中心，只见"事"，不见"人"，只见某一方面，而不见人与事的整体性、系统性，强调"事"的单一方面的静态的控制和管理，其管理的形式和目的是"控制人"；而现代人力资源管理以"人"为核心，强调一种动态的心理与意识的调节和开发，管理的根本出发点是"着眼于人"，将管理归结于人与事的系统优化，使企业取得最佳的社会和经济效益。

（2）**对"人"的定位**。传统人事管理把人设为一种成本，将人当作一种"工具"，注重的是投入、使用和控制。而现代人力资源管理把人作为一种"资源"，注重产出和开发；是"工具"，你可以随意控制它、使用它；是"资源"，特别是把人作为一种资源，你就需要小心保护它、引导它、开发它。有学者认为 21 世纪的管理哲学是"只有真正解放了被管理者，才能最终解放管理者自己"。

（3）**人事部门与管理部门的关系**。传统人事管理是某一职能部门单独使用的工具，似乎与其他职能部门的关系不大，但现代人力资源管理却与此截然不同。实施人力资源管理职能的各组织中的人事部门逐渐成为决策部门的重要伙伴，从而提高了人事部门在决策中的地位。人力资源管理涉及企业的每一个管理者，现代的管理人员应该明确：他们既是部门的业务经理，也是这个部门的人力资源经理。人力资源管理部门的主要职责在于制定人力资源规划、开发政策，侧重于人的潜能开发和培训，同时培训其他职能经理或管理者，提高他们对人的管理水平和素质。所以，企业的每一个管理者，不仅要完成企业的生产、销售目标，而且要培养一支能够为实现企业组织目标打硬仗的员工队伍。

（二）人力资源管理的发展趋势

随着互联网的普及和大数据时代的来临，企业不得不开始转型升级来面对残酷的市场竞争，人力资源管理的变革已经悄悄开始酝酿和发生。未来的人力资源管理将呈现以下发展趋势：

（1）**人力资源管理将进入人力资本价值管理时代**。中国人力资源管理经过人事管理阶段、人力资源管理阶段之后，现在已经逐步迈入人力资本价值管理阶段，进入人力资本价值管理时代。在人力资本价值管理时代，人力资源管理的核心目标是关注人的价值创造，使企业的每个员工都成为价值创造者，从而实现人力资本价值的增值。未来，人力资本将真正成为企业价值创造的主导要素，企业的竞争力将最终取决于人力资本的竞争力。

（2）**人力资源效能管理将成为人力资源管理的核心任务**。在人力资本时代，人作为生产要素的效率最能够及时反映企业的经营状况。因此，人力资源效能管理将成为未来人力资源管理的核心任务。人力资源效能管理包含效率、效益和价值增值等内容，也就是说，可以通过提高人力资源效率、人均劳动生产率、人力资本的单位产出以及提升人力资源价值创造能力、人力资源价值创造能量、人力资本增加值等来实现人力资源效能管理。

（3）**信息技术将成为人力资源管理的主要工具**。未来的人力资源管理将要求把所有的业务都"数据化"，并基于数据来指导运营。大数据可以为人力资源管理提供前瞻性的分析与洞察，可对人力资源的动态变化、未来趋势进行预测；为人力资源的决策与计量管理提供充分的基础数据支撑；基于大数据建立人力资源共享平台、进行人力资源职能优化与产品服务的设计与交付。此外，互联网的广泛使用也让人力资源的招聘渠道开始逐步转向网上招聘为主。数据库人事管理和网上招聘等以信息技术为核心工具的管理方式将逐渐成为人力资源管理的未来发展方向。

（4）**人力资源管理将更加注重激发人力资本的创新活力**。企业要实现转型升级，应对激烈的市场竞争，其动力源泉就是创新驱动和人力资本驱动。因此，激发人才的创新活力，为人才提供创业创新平台，提高人的价值创造能力和效益，将是未来人力资源管理的发展趋势。

（5）**智能机器人劳动替代将带来组织模式的变革**。随着技术的创新，智能机器人成本越来越低，将逐渐替代劳动者成为最廉价的劳动力。未来大量的制造企业由智能机器人进行劳动替代，势必带来劳动组织模式的革命，进入工业4.0时代。有研究预测，到2033年，约有45%的工作会被人工智能所取代。有可能，未来企业人力资源管理者除了管人之外，还要管机器人。

第二节 旅游企业人力资源管理概述

一、旅游业发展与人力资源管理

（一）旅游业概述

旅游业，国际上称为旅游产业，是凭借旅游资源和设施，专门或者主要从事招徕、接待游客，为其提供交通、游览、住宿、餐饮、购物、文娱六个环节的综合性行业。

与其他行业不同，旅游业无法根据其提供产品的特点来划定行业边界，而只能从旅游需求的角度，即按照旅游者消费范围划定行业范围。因为人们的旅游活动涉及吃、住、行、游、购、娱、体、疗、学等诸多方面，所以旅游服务也就涉及很多方面，很难准确界定旅游业的边界。人们一般认为餐饮业、交通运输业、旅游服务业、娱乐业、旅游商业等行业是旅游业最基本的组成部分，如表1-1所示。

表 1-1 旅游业的基本组成

服务类型	相关行业
餐饮业	饭店、餐厅等饮食场所
交通运输业	铁路、航空、汽车、船舶、交通租赁
旅游服务业	旅行社、旅游网站
娱乐业	各类公园、景区、体育赛事
旅游商业	旅游纪念品商店、旅游特产店

旅游业能够满足人们日益增长的物质和文化的需要。通过旅游使人们在体力上和精神上得到休息，改善健康情况，开阔眼界，增长知识，推动社会生产的发展。旅游业的发展以整个国民经济发展水平为基础并受其制约，同时直接、间接地促进国民经济有关部门的发展，如推动商业、饮食服务业、旅馆业、民航、铁路、公路、邮电、日用轻工业、工艺美术业、园林等的发展，并促使这些部门不断改进和完善各种设施、增加服务项目，提高服务质量。随着社会的发展，旅游业日益显示出在国民经济中的重要地位。

（二）我国旅游产业发展现状

当今的中国旅游业已经不同于传统旅游业，它不仅仅是服务业，而是本身已经融合了一、二、三产业的综合性产业，被称为"五大幸福产业"之首。未来，随着我国全面建设小康社会的不断推进，中国旅游业的发展还将迎来重大发展机遇，并呈现出一系列鲜明特征。

（1）**旅游市场持续增长**。近年来，中国旅游市场逐步从以入境旅游为主导、国内旅游为基础，发展到国内、入境、出境三大旅游市场共同发展。2016 年，我国旅游市场持续增长，国内旅游人数达 44.43 亿人次，同比增长 11.08%；入境旅游人数 1.38 亿人次，同比增长 3.8%；出境旅游人数 1.22 亿人次，同比增长 4.3%。出入境总人次超过 2.6 亿人次，入境游人数超过出境游 1600 万人次。我国继续保持世界第一大出境旅游客源国和第四大入境旅游接待国地位。

（2）**对外开放不断加快**。随着加入世界贸易组织过渡期的结束，旅游业将启动新一轮的对外开放，国内外旅游市场一体化进程将加快，与国际市场、国际规则、国际水平将进一步接轨。中国入境旅游、出境旅游的规模不断扩大，旅游业将进一步发挥其提升国家软实力的作用，我国旅游业在世界旅游界的话语权将继续增强，国际地位和影响力不断提升，参与国际规则、标准的制定与应用的空间进一步扩大。

（3）**旅游产业多元化发展**。随着我国经济的持续快速增长和人民生活水平的不断提高，在传统的观光旅游持续增长的同时，休闲度假旅游将快速发展。与现代生活方式紧密相关的旅游新业态将大量涌现。城乡居民出游的选择将更趋多样，旅游产品的供应将更加丰富和充裕。

（4）**旅游综合效应更加凸显**。据联合国世界旅游组织测算，2016 年，我国旅游业对国民经济综合贡献率达 11%，与世界平均水平基本持平。旅游直接就业人口约为 2820 万，直接和间接旅游就业人口总和约为 7974 万，对全国就业的总和贡献率为 10.26%。我国旅游业在传统的"吃、住、行、游、购、娱"六要素基础上，正在形成"吃、厕、住、行、游、购、娱"和"文、商、养、学、闲、情、奇"旅游综合要素体系。初步形成观光旅游和休闲度假旅游并重、旅游传统业态和新业态齐升、基础设施建设和旅游公共服务共进的新格局。旅游业已融入经济社会发展全局，成为国民经济战略性支柱产业。

（5）**旅游统计和人才队伍建设取得突破**。近年来，国家加大了对旅游数据中心和旅游人才队伍的投入，在旅游统计和人才队伍建设方面取得了突破。国家旅游局数据中心已经构建起六大核心数据库，初步解决了旅游业长期无统计的被动局面，各地也陆续组建了旅游数据中心，我国旅游统计严重滞后于旅游业发展的状况得到初步解决，我国旅游统计数据无法与国际接轨的尴尬局面终于结束。国家通过举办旅游业改革发展青年研修班、实施"万名旅游英才"计划和中高级导游"云课堂"研修项目，培养了一大批优秀的技术、技能人才，为我国旅游业的未来发展培养、储备了一批复合型人才。

在新的发展阶段，我国旅游业仍处于转型升级发展的关键期，既迎来了重要的发展机遇，也面临着严峻的挑战。从旅游业的发展现状来看，我们目前的"大"主要还依靠的是规模，很多质量和效益指标仍未能进入世界前列。与世界旅游发达国家相比，我们的整体发展水平不高，旅游产品结构不够合理，世界级旅游品牌和目的地比较少，缺乏世界一流的跨国旅游集团，旅游管理体制明显落后于旅游业发展实际，迫切需要从粗放型经营向集约型经营转变，由数量扩张向素质提升转变，由满足人们旅游基本需求向提供高质量旅游服务转变。

（三）旅游业的特点

旅游业是国民经济中的一个服务行业，也是发展速度最快的行业之一。它与一般服务行业相比有以下几个特点：

（1）**综合性**。旅游业的一个重要特点是具有很强的综合性和整体性。它是由食、行、住、游、购、娱六大要素组成的行业整体。对旅游者来说，他们需要购买和消费的是在一次旅游活动中所得到的整个感受，因此，需要多种不同类型的企业共同配合为旅游者提供商品和服务。在旅游全过程中任何一个行业、一个环节上供给不足，服务不好，都不能满足旅游者的需求，会导致旅游服务质量不高，从而影响到整个旅游业的声誉。

（2）**服务性**。它是一个主要提供非物质形态产品——服务产品的行业。现代旅游业是随着生产力高度发展而不断发展的，据有关研究，当一国人均国民生产总值达到 800~

1000 美元时，居民将普遍产生国内旅游的动机；达到 4000~10000 美元时，将产生国际旅游的动机；超过 10000 美元时，将产生洲际旅游的动机。旅游者参加旅游活动，需要高质量的服务，以达到精神与物质上的享受与满足。同时，服务劳动的实现又是生产过程与消费过程在时间上与空间上的统一。服务人员与消费者大都是直接见面同在一起的。因此，在旅游服务活动中，服务人员的主动性与积极性具有十分重要的作用。

（3）**依赖性**。旅游业具有很强的依赖性。主要表现在三个方面：第一，依赖旅游资源。旅游业必须依托旅游资源而存在，旅游资源是旅游业赖以生存的物质基础。第二，旅游业依赖国民经济的发展。旅游客源国的经济发展水平决定着旅游者的数量、消费水平和消费频率，而旅游目的地国的经济发展程度则决定着旅游综合接待能力的高低，并会影响到旅游服务的质量。第三，依赖有关部门和行业的全力合作。由于旅游业是由六大要素组成的综合性行业，因此它需要各部门各行业彼此之间密切协作与结合才能为旅游者提供高质量的服务。

（4）**文化性**。旅游业不仅是一种经济事业，而且具有强烈的文化性质。旅游者去各地观光游览，无不是为了满足其文化生活的需求。近几年来，许多城市结合开展文化交流的活动，发展旅游业，已经初见成效，开发文化资源的重要性已经引起有关部门的重视。

二、旅游企业人力资源的特征

旅游业影响着我国社会经济快速、持续、稳定的发展。为此，我国旅游业在今后一段时期要完成促进旅游产业体系建设、全面提升旅游产业素质、综合发挥旅游产业功能的三大任务，达到建设世界旅游强国，培育新型重要产业的战略目标。旅游企业人力资源是提升我国旅游业竞争力和可持续发展能力的重要保障。目前，我国旅游企业人力资源显现出以下特征：

（1）**旅游从业人员素质不断提高**。据国家旅游局有关资料显示，"十二五"期间，我国旅游业受过高等教育的旅游从业人员比例达 43.7%，其中，行业管理、专业技术、企业中高级管理等人才队伍中受过高等教育的比例均在 60% 以上。旅游从业人员队伍中具有旅游类专业背景的人才所占比例也在不断提高，其中，企业中高级管理人员和旅游服务人员中具有旅游类专业背景的均达 30% 以上。可见，我国旅游从业人员队伍无论是在学历层次还是专业化方面都有了很大提高。

（2）**从业人员水平参差不齐**。旅游业进入门槛低，因此高素质与相对较低素质员工并存。由于近年来旅游业吸纳了不少下岗工人和农村劳动力，使得社会上对旅游就业有种以偏概全的感觉，认为整个旅游业的就业门槛都比较低。这种状况对于旅游业吸纳高素质、高学历人才是非常不利的。从实践看，旅游行业尤其缺乏那些既懂外语和信息技术，又熟悉业务、具有创新精神和创新能力的中高级管理人才和专业技术人才，旅游规划与开发、景区（点）管理、会展旅游、度假区管理、旅游商品开发等紧缺人才更是远远不能满足旅游业发展的需要。

（3）**从业人员的服务意识有待加强**。由于根深蒂固的轻视服务行业的传统心理的存在，使得很多旅游从业人员存在自卑心理，不愿从事此类工作，即使在岗也缺乏服务意识，具有较强的被动性。另一些员工缺乏长远眼光，急功近利，也容易使服务变味。与国外旅游服务业以及中国香港、澳门等地区的旅游服务业相比，我国大部分地区都存在层次不一和服务意识缺乏等现象，需要进一步加强员工的服务意识。

（4）**从业人员技能水平有待提高**。由于服务意识及服务精神的缺乏，使得从业人员在服务技能的提高上重视不够，缺乏精益求精的精神。从这个角度讲，加强服务意识与提高技能水平是无法截然分开的，在加强技能培训的同时一定要从思想意识上抓起。

三、旅游企业人力资源管理的特点

（1）**综合性**。综合性是指旅游企业人力资源管理的内容多、范围广，涉及旅游学、经济学、社会学、心理学、组织行为学等多学科的知识。

（2）**复杂性**。旅游企业人力资源管理的对象是人，人是一种复杂的动物，具有思想、感情和意识，其心理状态和情绪的变化比较复杂，很难被掌握，因此，往往会给旅游人力资源管理带来较大的困难。

（3）**系统性**。旅游业虽然涉及面广，但关联性很强，旅游产品和旅游服务都是围绕着游客的食、住、行、游、购、娱整个过程来进行的，任何一个方面、一个环节的产品和服务出现问题，都会影响旅游服务的整体质量。因此，旅游人力资源管理也表现出很强的系统性。

案 例

波特曼丽嘉——亚洲最佳雇主的成功之道

与其他商业组织一样，上海波特曼丽嘉酒店并不讳言其经营的最终目标是不断盈利，然而波特曼丽嘉深信，公司不断盈利的基础来自于较高的顾客满意度，而顾客满意度又建立在员工满意度的基础之上。因此，在酒店对员工的第一条承诺中写着："在波特曼丽嘉，我们的绅士和淑女是对客服务中最重要的资源。"这也是波特曼丽嘉处理一切员工事务的精髓之所在。正是在这种理念的指引下，这家五星级酒店的员工满意度多年保持在95%之上，并且多次蝉联"亚洲最佳雇主"的称号。

波特曼丽嘉酒店在员工职业发展上的首要措施就是保证他们充足的培训时间。波特曼丽嘉的员工基本守则里有一条是：所有员工都必须圆满完成其工作岗位的年度培训课程。酒店拥有一套非常全面、完善的培训体系，保证每一名员工一年有 150 小时左右的培训时间。这一数字超过了任何其他的"亚洲最佳雇主"。在领班、主管、经理这一级别上，波特曼丽嘉几乎从来不考虑外聘，而是选择内部提拔。每年都有超过 100 位员工可以在原来岗位的基础上得到提升。本地员工也有机会取代较高职位的外籍员工。目前，波特曼丽嘉的宴会厅总监、餐饮部副总监等重要职位都是由本地员工担任的。管理层对自己培养的员工期望很高，并且认为让他们看到职业发展的前景，不仅有助于员工在工作中产生更大的动力，而且能够给其家庭以信心并获得支持。

波特曼丽嘉酒店对员工的提拔一般根据每半年进行一次的员工评议来考量。部门负责人会就其工作表现和水准做出评价，同事们也会提出各自的意见，有些职位还需进行技能考核。不过这些都只是人力资源部参考的因素，很关键的一点是人力资源部会派专人和员工沟通，看他本人是不是有上进的要求。

即使对那些一时表现不好的员工，人力资源部也会仔细探求其背后的原因：判断他是因为最近家中有事无心工作，还是由于知识技能的缺乏导致无法胜任工作，抑或是主观上就不愿意从事这项工作。经过客观地分析原因后，人力资源部再有针对性地采取措施加以解决。

波特曼丽嘉酒店的文化要求酒店尊重、关怀每位员工，但无疑也期望他们都能够达到酒店要求的高水准，并做出最好的贡献。员工在举止、行事上出现偏差时，酒店首先不会责备他，而是向他明确酒店标准并引导他改正。如果有需要，还可以为他调换工作岗位。总之，在波特曼丽嘉酒店，员工有很多机会去改进自己的工作。

——资料来源：中国迈点网

案例分析

如何理解波特曼丽嘉酒店对员工的承诺"在波特曼丽嘉，我们的绅士和淑女是对客服务中最重要的资源"？

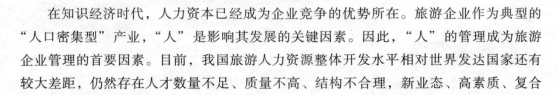

四、旅游企业人力资源管理面临的问题

在知识经济时代，人力资本已经成为企业竞争的优势所在。旅游企业作为典型的"人口密集型"产业，"人"是影响其发展的关键因素。因此，"人"的管理成为旅游企业管理的首要因素。目前，我国旅游人力资源整体开发水平相对世界发达国家还有较大差距，仍然存在人才数量不足、质量不高、结构不合理，新业态、高素质、复合

型、创新型和领军型人才严重短缺等问题。

（1）**旅游人力资源开发体制、机制不健全**。虽然我国目前许多地方都确立了"人才兴旅"的重要战略，但总体投入不足，真正设立旅游发展基金的地方并不多，已经设立发展基金的地方多数都是将大部分资金用于旅游市场宣传和基础设施建设，较少用于旅游教育培训。要想使旅游人才"进得来、留得住、待得牢，上得去"，就必须解决薪酬待遇、职业资格和职称等级等问题，然而，尚不够健全的旅游人才培养保障机制限制了高层次人才向旅游业的流动。《"十三五"旅游人才发展规划纲要》的出台为旅游人才的开发迎来了发展的春天，人才培养保障机制问题有望得到有效解决。

（2）**旅游人力资源总量供给不足**。虽然，从总体上看我国旅游从业人员数量比较多，但与旅游业的快速发展相比，仍存在人才总量不足、专业人才缺口较大的问题。在旅游业面临着加快改革发展和产业转型升级的今天，旅游规划专业人才、高素质导游（讲解员）人才、优秀旅游企业经营管理人才（包括酒店职业经理人在内的中、高级旅游业经营人才）、新兴专业人才（如从事电子商务、分时度假旅游网络管理、会展旅游、旅游资本运营等人才）、外语人才等专业人才的短缺已经成为制约旅游业发展的严重问题。

（3）**旅游人力资源整体素质偏低**。虽然，"十二五"期间，我国旅游人才队伍的整体素质有所提升，但我们还要清醒地认识到，在我国当前的旅游人才队伍中，大专以下学历者仍然占一半以上，酒店从业人员中大部分员工学历层次停留在初中学历。此外，专业对口率不高、专业化水平低也是制约旅游行业总体管理水平提高的主要因素。随着旅游业的快速发展和与国际市场的接轨，旅游行政管理人员的依法行政能力、旅游企业经营人员的市场竞争能力、旅游专业技术人员的创新能力、旅游服务人员的精细化服务水平都需要进一步提高。

（4）**旅游从业人员流失现象严重**。从业人员流动频繁、人才流失现象严重一直都是困扰旅游业发展的问题之一。旅游业的薪酬水平整体较低，尤其基层服务人员的待遇低，福利差，社会保障不足，这些是造成人才流动频繁，离职人数逐年增加的主要因素。频繁的流动使旅游从业人员队伍缺乏稳定性，使旅游教育培训无法持续、系统地进行，也给旅游企业的人力资源管理带来一定困难。

 **课 堂 思 考**

中国旅游企业面临的主要人力资源问题是什么？

相关链接 🔍搜索

产业互联网时代，人力资源管理的八大挑战

一、人才供应链打造与人才防护链构建的挑战

在产业互联网时代，选人比培养人更重要。既要打造人才供应链，找到最聪明、最能干的人，又要构筑人才被挖角的防火墙（人才防护链）。

1. 人才供应链打造的挑战

招募部门专家化。传统企业积极应用互联网技术进行转型升级、经营改造，最稀缺的人才是领军的经营人才及互联网技术研发人才，企业如何去搜索并识别那些最聪明、最能干、最有兴趣的人，是人才招募部门面临的核心命题。这对人才招募部门选人的能力、选人的技术、选人的标准提出了新的要求。现在很多企业招募是全球人才招募，人力资源部门本身的专家化水平也是巨大挑战。

跨界人才思维。过去用人才可能是基于行业、基于企业自身特点，到了产业互联网时代，是实体经济人才与虚拟经济人才的相互交融，企业要生产满足消费者需求的好产品，需要不同领域的顶尖人才参与，用人需要跨界思维。比如华为手机在欧洲的设计部门，请了不少历史学家、美学家、音乐家、设计专家，完全是跨界的人才组合。

粉丝人力资本。一个企业要将各方面所需要的人才都招到并拥有，不现实也难以实现，但可以通过积累粉丝人力资本，在企业的粉丝、产品的粉丝中寻找到能够为我们提供产品创新、创意的人才，构建特殊的粉丝人力资本社群，使得人力资本不仅仅限于企业内部，更要能够充分利用全球的人力资本。某种意义上，员工就是客户，客户就是员工。产品的迭代创新需要粉丝客户参与，人力资本需要拓展到客户，在客户中寻找能粉丝，在与粉丝的互动的过程中逼近消费者真正的需求。

人才潜能二次开发。再就是，基于互联网转型以及产业转型，需要对人才必须进行转型与能力提升。这包括对存量人力资源的潜能开发、能力转型与新领导力的发展，以及对增量人才进行二次开发和评估。比如一个互联网技术人才到了传统企业，不是简单地让他去做电商，或者让他简单地去做互联网的技术，实际上要对他的能力进行二次开发，更好地适应企业的要求。

2. 人才防护链构筑的挑战

传统经济、实体经济与虚拟经济在相互融合的过程中，企业必然面临着人才的竞争，企业如何来构筑人才被挖角的防火墙是另一重挑战。要留住高素质的人力资本，要留住那些特殊的人力资本，仅仅是简单用工资已不能奏效，需要用期权、金手铐留人，包括建立共同投资基金、开发人力资源流动趋势模型、同业竞止以及签订一些互不挖角协议等举措去避免人才流失。企业不仅要全球挖人，还要防止人才被挖。

二、新思维模式与文化融合的挑战

产业互联网时代，企业所面临的最大问题，是互联网专业人才与传统产业人才的文化冲突与融合。如何提升空降人才的存活率，如何提升互联网技术人才在传统企业里的成功率？

1. 思维模式上作出根本性改变

首先，是人力资本价值思维方式。传统企业人力资本成本低，而互联网人才普遍高薪，空降的互联网人才跟传统人才待遇差异非常大，如何来平衡地面部队跟空降部队两者之间的待遇差异，

是不得不面临的问题。

其次，互联网时代强调客户价值优先、得先烧钱。传统企业家关注成本对钱的投入要看得见摸得着，投入就希望短期能看到实际效果，但我们知道互联网的投入是先大量烧钱，这让那些一直处于"投入就得看到回报"思维下的传统企业家心里没底。

再次，互联网人才的个性尊重与授权。在传统产业里，强调员工服从、标准化作业，而互联网人才习惯了个性尊重、有效授权。在传统产业的氛围之中，如何有效激发互联网人才的创新、实现客户价值，我们不得不去思考。这还涉及新沟通与领导方式，传统产业的企业家要学会与互联网人才进行积极有效沟通，这是一个难题。

最后，是低容错率与高容错率的矛盾。传统产业很多东西都是标准化的，是不允许出错的，但是互联网时代，需要允许他们犯错，在迭代创新中不断逼近目标，是一个不断试错的过程。

2. 不断优化人才生存土壤

首先是文化上的开放包容。传统企业向互联网企业融合过程中，首当其冲的是进行企业文化的变革与整合，优化人才的生态环境。

其次，要帮助互联网人才找到价值创造点。这是互联网人才在传统产业存活的关键。企业要帮助互联网人才理解传统产业，让人才找到自己的价值创造点。互联网技术真正应用到传统产业，是以互联网思维、互联网技术去改造企业的运营，改造企业组织，改造供应链、价值链，这比在传统电商时代对互联网的技术与互联网人才的要求更高。到传统产业的互联网人才不应该二流、三流，应该是超一流人才。

再次，高管团队的新领导力发展。很多企业都面临着这个问题，引进的人才和高管团队没法进行沟通，面临着基于互联网思维，如何来对传统产业企业家与高管团队进行新领导力的发展提升。

最后，要习惯人力资本价值主导。必须接受这个现实，互联网组织里是人力资本价值主导，而传统产业里是货币资本主导，所以在传统产业跟互联网产业的融合过程中，传统产业也要逐渐习惯人力资本的价值主导，让人力资本有更大的企业决策的话语权。

3. 赋予人力资源管理新职能

我们需要去创新工作环境，创新人才的评价与激励方式，传统产业的评价机制、评价方式已经不适用评价新型的创新性的人才，包括需要去创新人才的培养机制，实现跨界人力资源管理。

三、角色、定位、职能转型与新能力的挑战

转型不是一蹴而就，不可能说改造就能轻而易举地实现，我们从理念、观念、技术、业务体系的创新上，都需要进行系统的变革。

1. 面临新角色的转换与新定位

在产业互联网时代，人力资源部门到底扮演什么角色，如何重新定位，如何职能转型与能力提升，这些都是传统企业人力资源管理新的课题。从整个人力资源管理的发展大趋势来看，人力资源管理正逐渐走向战略与业务伙伴角色，走向专家中心与共享中心定位。

2. 新趋势：人力资源管理平台化（三支柱模型）

目前国内的一些优秀企业，像华为、腾讯，都开始推行三支柱模型，按照三支柱模型赋予人力资源管理新职能。

三支柱模型把人力资源管理分成三个部门，一个是人力资源专家中心（COE），像现在华为专门有全球COE中心，COE中心包括战略参与、流程优化、制度制订、确定标准、文化培养。第二个是人力资源共享平台部（SSC），负责招聘管理、培训管理、薪酬管理、绩效管理等。像腾讯已经不再叫它人力资源平台部了，叫SDC，叫共享交付中心，下面各个分子公司，各个业务单元需要共享的一些人力资源的服务全部放到平台部来进行。第三个是人力资源业务伙伴（HRBP），主要负责人力资源政策落定、制度落定、了解各个业务系统的需求，为各个业务系统提供业务支撑，它是一个派出机构，提供人力资源的个性化解决方案。所有这些变化，意味着人力资源的组织结构发生了革命性的变革。

3. 多数传统企业难以满足三支柱模型的条件

第一，专家型人才稀缺。三支柱模型构建是基于客户的流程化组织，人力资源管理的战略层次与业务驱动。其应用适合于人才高度密集、人力资源管理水平高的企业，而中国绝大多数企业连人力资源的专业职能都没有建立。你要搞人力资源专家中心，企业内部就要建立起专家权威，让专家在重大政策制定、公司决策上有投票权。我们很多企业人力资源部门地位本身就很低，根本没法参与企业决策，所设计出来的政策制度通常也得不到高层的认可，另外专家型人才本身就很稀缺，所以，专家中心形同虚设。

第二，基于大数据的人力资源管理基础薄弱。建立人力资源平台共享服务中心是大数据人力资源管理的基础，平台需要实现人力资源的信息化、集约化、模块化、标准化和流程权威。我们很多集团公司，连员工人数、员工基本信息都没有，更谈不上什么大数据。但作为发展趋势来讲，未来人力资源要提高效率，还是要上平台化、共享化之路。

第三，HRBP专业能力短缺。目前的现状是，HRBP基本上都是一些没有经过人力资源专业训练的业务人员在做，没有系统学过人力资源专业知识，没有系统的理论和技术框架体系，导致HRBP没有专业的自信，也使得HRBP真正派到各个业务系统的时候，发挥不了作用。

4. 三大系统面临协同与闭环运营的巨大挑战

很多企业上了三支柱模型以后，依然面临着三个部门之间的协同、闭合循环运营的困境。

三支柱模型的核心是基于客户价值，真正把人才当成客户为他们提供共享交互服务，上要对接战略，为公司战略服务，下要员工服务，为业务经理服务。企业整个流程体系，必须基于内部客户关系来构建人力资源的业务流程，而我们现在很多企业的业务流程，根本不是基于客户价值来构建人力资源的业务流程体系，使得三大系统之间不能实现有效协同与闭环运营。

此外，三大系统建立起来以后，专家中心、平台中心、HRBP的价值创造点分别在哪？很多企业根本没有找到。首先，作为专家中心，它的价值创造点是战略性人力资源产品研发，跨团队疑难问题的会诊，研究公司战略，基于战略、基于外部环境的变化，制定人力资源的政策。比如针对各个下属公司，针对人力资源的各种疑难杂症，专家中心能否有能力解决。其次，作为共享服务平台中心，基于大数据的人力资源产品服务能否满足以下功能：一要帮助提高效能，二要为各个业务系统提供模块化、标准化的产品服务支持。最后，作为HRBP，则是个性化的人力资源业务解决方案的提供，这些解决方案考验着HRBP的专业能力。

所以，三个部门共同都是基于战略和客户价值来实现有效的协同，过去是选用育留，现在是基于三个支柱之间的协同。因此，我们在流程上、在管理机制上、运行体制上都要发生巨大变化。

5. 理念、观念、技术、业务体系的系统革新

进入产业互联网时代，我们的 HR 部门越发趋向网络化、模块化，人力资源管理的工作方式也发生变化，走向项目管理，而不再是职能化的人力资源管理。在腾讯和华为，现在都是项目小组制，组织内部围绕客户需求，围绕公司战略，需要开发什么样的产品，要进行什么样的人力资源管理职能活动，都通过项目小组进行。项目小组成员，有来自 COE 中心，有来自 HRBP 中心，有来自共享服务中心，有来自其他业务部门，项目化运作打破了人力资源职能边界墙，组织项目任务小组与业务部门融为一体，人力资源管理呈现的是项目式管理模式与分布式的网络结构。

其他包括绩效考核也要发生变化了。这里既有岗位绩效，又有项目绩效。

所有这些对我们人力资源管理传统职能，以及人力资源管理的运行方式、组织方式都提出了全新的挑战。总而言之，三支柱模型是顺应产业互联网时代的一个必然的人力资源职能转型的发展方向，转型不是一蹴而就，不可能说改造就能轻而易举实现，我们从理念、观念、技术、业务体系的创新上，都需要进行系统的变革。

四、人力资本价值管理的挑战

人力资本价值优先的时代，核心问题还是要人力资本进行有效价值管理。无论时代怎么变，还是得回归经典的人力资源价值管理三要素：价值创造、价值评价和价值分配。

1. 人力资本分享权和决策权不断增长

进入产业互联网时代，人力资本成了企业价值创造的主导要素，这样的前提下，人力资本必然要拥有两个权利，一个是剩余价值分配权，一个是决策话语权。

在传统经济条件下，货币资本占主导地位，剩余价值分配货币资本说了算，占了70%、80%。进入人力资本价值时代，情况发生了变化，人力资本不甘心只分 20%，想要分到 50%、60%，这就面临着到底该如何给人力资本进行定价，人力资本在整个企业价值创造之中，分配比例该如何确定。这是人力资本价值分配面临的新问题。

人力资本成为价值创造主导要素后，就会要求更大的企业决策权、企业话语权。陌陌的创始人唐岩，公司上市前股权是 39.8%，决策权也是 39.8%，但是美国上市 IPO 以后，股权被稀释到 26.3%，但是话语权却提高到了 78%，也就是说在董事会的投票权提高到 78%，这意味着什么？人力资本比货币资本有更大的决策话语权。过去叫同股同权，现在是同股不同权，人力资本不仅参与企业利润分享，同时还要比货币资本更大的话语权。因此，话语权的界定对企业提出了新挑战，尤其是在传统企业中，货币资本仍然占据主导地位的前提下，如何解决人力资本定价、定权是一个全新的课题。

2. 人力资本对货币资本的侵犯

许多企业都在引进人力资本合伙制度，人力资本有了更多的利益分享，更大的话语空间。过去是资本对劳动的剥削关系，现在我们逐步发现人力资本反过来又在侵犯货币资本的利益，尤其是现在很多上市公司，由于内部人控制，很多上市公司随意侵犯中小股东的利益。过去我们研究的货币资本怎么剥削人力资本，现在又要研究人力资本怎么剥削货币资本。

如何实现货币资本与人力资本的价值平衡，是现在人力资源管理需要深层次研究的问题。过

去叫资本强势，现在是人力资本由于内部信息控制，导致人力资本侵犯货币资本的利益，甚至出现人力资本权利被无限放大。这也是值得关注的问题。

3. 人才定价模式的探索难题

产业互联网时代，出现了很多新概念，像人才众筹、人才IPO、人才投行等等，因此，在人才定价模式上，面临着大量的创新和尝试。

4. 价值管理新论

所以，当进入人力资本价值优先的时代，核心问题还是要人力资本进行有效价值管理。但是，无论时代怎么变，还是得回归经典的人力资源价值管理三要素：价值创造、价值评价和价值分配。

五、去中心化、自组织、创客化对基于能力的任职资格的挑战

"互联网+"以后，尤其产业互联网以后，企业组织模式都发生了变化，新的组织模式是去中心化、自组织、创客化，因此，对基于能力的任职资格提出全新挑战。

1. 任职资格标准的挑战：后天看明天

过去，我们在构建任职资格标准的时候，是站在昨天看明天，各种人力资源任职资格标准的设计，依据优秀绩效总结最优实践，形成任职资格体系。基于过去的成功来看明天，来为明天选拔人才。

而在产业互联网时代，我们需要的思维则是站在后天看明天。任职资格标准需要有超前性，需要基于未来，要基于企业战略演绎、文化演绎，不再仅仅是成功关键事件提炼。

2. 任职资格与项目制组织的矛盾

互联网时代，人才无法清晰描述职业发展通道。传统的职能式组织结构中，人的职业生涯可以非常清晰地规划出来。但是以项目为核心的组织结构，像在小米，连职位都没有，人人都是工程师职位，这就面临一个问题：传统的任职资格等级制度在互联网时代面临挑战，传统企业转型时到底还要不要继续坚持搞任职资格。

还比如过去的任职资格很多是基于能力发展通道，是基于岗位，但是现在人可能三分之一的时间在岗位，三分之二的时间在各个项目。今天在这个项目组，明天在那个项目组，对任职资格本身来讲，如何来建立复合式人才标准的任职资格，打造新的成长链成了巨大难题。

过去，岗位对人的要求有一系列标准动作。现在更多是自选动作，没法预先没法确定，这也是职责设计所面临的挑战。

3. 职业发展通道与员工创客化的矛盾

互联网时代，很多企业没有中心，去中心化、员工创客化，员工有一个创意，公司认为好，就可以给你一个项目，做得好，可以发展一个公司，最后员工变成了老板。这种创客模式与传统的职业发展通道相矛盾，完全颠覆旧有的任职资格体系。

而任职资格仍然是人力资源管理的基础工作，需要赋予新的含义，需要创新任职资格的内容、任职资格的方法，以及创新在网络化、项目化组织之中，任职资格的运行基础。

六、员工满意度、敬业度的挑战

新理念：基于回报的需求满足。既要基于贡献给回报也要多方满足员工需求。建立共创、共治、共赢的文化，打造员工服务链与服务价值体验等。

1. 基于回报的需求满足

传统企业现在面临很大问题，是如何提高员工满意度与敬业度的问题。薪酬的设计是基于回报还是员工需求的满足？这个问题看上去很简单，但涉及整个人力资源薪酬体系的重新构建。事实上，在理论上已经出现了纷争。

在华为，这点是非常明确的，薪酬是一种回报，不是一种需求的满足。但在互联网企业，是基于员工的需求满足来开发人力资源产品服务。

因此传统企业现在做薪酬的设计面临两难，是员工为企业做出贡献企业才给予回报，还是先去满足员工需求，再要求员工为企业做贡献？不可回避的事实是，现在很多企业人力资源完全是基于如何先去满足员工需求，提高员工对人力资源产品服务的价值体验。客观来说，企业人工成本肯定大幅上涨。

同时不可忽视的是，最有名的世界级企业是惠普，还有诺基亚，这些企业一味基于员工需求来构建人力资源体系，导致过渡福利化，人工成本居高不下，结果他们倒了。

所以，我现在提出的理念是，基于回报的需求满足，既要基于贡献给回报也要多方面满足员工需求。像建立共创、共治、共赢的文化，打造员工服务链与服务价值体验等。

2. 全面认可激励

另外一个重要举措是，对员工全面认可激励。对组织的价值贡献及工作努力，及时给予特别关注、认可或奖赏，从激励员工开发潜能、创造高绩效，提升员工满意度、敬业度。像员工只要做出有利于公司、有利于客户价值、有利于自我成长的事，都给予肯定或奖励，认可的内容包括：绩效认可、员工发展认可、管理改进认可、文化认可、员工关爱认可、合作认可、客户认可等。包括利用移动互联网随时在手机上进行评价认可、微认可。

七、创新人才激活的挑战

如何解决活力衰退、持续激活的问题，如何创新持续激活的人力资源机制与制度是核心关键。

互联网时代，还有一个挑战是创新人才如何持续激活的问题。资本市场造就大批富翁员工，当这些员工富裕起来，企业靠什么持续激励他们？

互联网企业强调小资、追求工作生活平衡；传统企业强调狼性，互联网人才跟传统企业一结合，狼性跟小资之间如何实现有效协调？比如互联网企业一杯咖啡实现有效沟通，传统企业就认为咖啡、茶点是成本。

现在做企业更需要尊重人性、洞悉人性，但最终要回归到以价值创造为本。可以强调小资，更要引入竞争淘汰机制。

企业经常会称，要让员工幸福，要让员工体验价值，关键让谁幸福，让谁有体验价值。如果这个企业让懒人、庸人、不创造价值的人都幸福了，这个企业离死亡就不远了。

八、人力资源效能的全面挑战

最后一个挑战，是互联网时代最终还是会回归到人力资源效能的管理，如何基于大数据优化人力资源的共享服务，如何提升人才的价值创造力和战斗力，如何开发人力资源效能评估体系，这都是我们现在人力资源管理面临的全新挑战。

——资料来源：中国人力资源网

五、旅游企业人力资源管理的发展趋势

旅游业变革的基本因素取决于旅游市场的多变性、复杂性。如今的旅游市场不是单一市场，旅游市场的细分必然同时促使新的旅游目的地的增加，每个目的地都强烈表现出自己的特征。现在旅游者的需求也越来越多样化。面对游客动机的多样性，旅游业的服务不得不提高它提供给旅游者体验的质量。体验经济的产生代表了一种最基本的转变。这种转变将影响旅游市场中消费的模式和期望。体验经济中，旅游目的地和商业一样，应该识别出产品被卖和消费已不再仅仅是服务，体验的传输也是一种服务。

旅游企业人力资源开发的主体是整个企业，涉及整个企业的经营体系，因此旅游企业人力资源开发实际上是一种整体性人力资源开发，几乎企业的各个部门和所有人员都具有这种职能和责任，各个工作环节都蕴含着人力资源开发的内容。旅游企业应该以"管理者即培训者"、"总经理是总的训导师，部门经理是部门的训导师"、"培养员工是考核每个管理者的重要指标"等理念，在企业内形成一种整体开发的良好氛围。未来的旅游企业人力资源开发将以人力资源配置开发为起点，以人力资源使用开发为难点，以员工培训开发为重点，以员工激励开发为热点进行人力资源的整体开发。

（一）人力资源配置开发

人力资源是企业的第一要素，资源的有限性决定了在开发过程中首先要对人力资源进行优化配置，从而实现员工个体、群体效益最大化。旅游企业的人力资源配置，具体来说，包括岗位配置、组织配置和员工配置三个方面的内容。

（1）**岗位配置**。岗位是工作分工的单元，各个岗位的有机结合就构成了一个有效的组织，所以岗位配置是人力资源配置的基础。企业的岗位设置不能一成不变，而要根据企业经营环境和经营方式的变化而不断调整，比如目前就有酒店为满足客户要求设立了客户关系管理员、电脑技术指导员等新岗位。科学合理地设置岗位，重点是从工作分析出发，制订明确的岗位规范，规定每个岗位的职责和任职资格及任职条件。只有这样，员工录用、考核、培训、晋升等才有据可循。但目前旅游企业对这项工作缺乏主动性、创造性，有的甚至还没有把这项工作纳入人力资源开发的范畴。由于缺乏必要的工作分析和岗位设计，致使一些旅游企业还存在着因人设事、因人设岗的现象。特别是还有不少企业，工作岗位一旦定下来，不管是企业经营战略和经营方向做多大的调整，都不及时加以改变，从而影响和制约了企业的整体经营与发展。

（2）**组织配置**。人力资源的组织配置要充分兼顾企业和员工个人利益，谋求员工与岗位、员工与工作环境、员工与工作条件、员工与工作时间的合理组合，从而降低劳动成本。例如，不同能力、不同性格的员工就应配以不同岗位的工作，同样在时间配置上也可采取多种用工形式、弹性工作安排、紧凑工作安排等方式。当然对于某岗位使用的劳动工具和劳动资料，也必须与员工的个人情况相适宜，比如对洗涤用品中的化学成分有过敏反应的人，酒店无疑就不能为其安排洗涤方面的工作。另外，在组织配置过程中，还要注意根据各个部门的工作情况，合理地安排员工数量，不能在一个企业内部，有的部门员工忙得不可开交，而有的部门则没事可干。忙闲不均对于组织配置人力资源来说，是非常忌讳的，因为它不仅会破坏组织中的公平和公正，而且会打击员工的工作积极性。

（3）**员工配置**。员工配置包括个体配置和群体配置。个体配置要求根据企业实际和岗位要求确保进入质量关，可采取凡进必考的办法，综合运用笔试、面试、素质测评等方式，着力考查员工的综合素质和开发潜力。群体配置则要遵循异质原理，即要谋求企业领导班子和每个部门的员工个体之间在性格、气质、知识、智能、年龄等方面有质的差异，从而使员工群体形成合理的知识结构、学历结构、职称结构、年龄结构、性别结构等，在工作中充分发挥各类人员的互补增强功能。但现在很多旅游企业在配置员工时，往往强调同质性的多，对异质性的关注较少，比如有些酒店在招聘员工时都会提出学酒店专业、有同级酒店工作经验等条件。由于经历和知识结构都差不多，甚至都是同一所学校毕业、在一个酒店共事多年的，员工之间思想的交流、思维的碰撞就很少，其实这对创新、改进工作是不利的。所以，国外一些大的企业在招聘员工时都会有意识地招收各种专业的毕业生，比如美国通用汽车公司每年就招收一些哲学专业的博士生、凯悦酒店集团招社会学专业的大学生等，通过不同专业人才之间的思想碰撞，以促进企业经营管理的创新，增强企业持续发展的能力。

（二）人力资源使用开发

使用也是一种开发，合理地使用人力资源是旅游企业不断发展的根本保证。面临企业制度改革与知识经济发展的新形势，在目前旅游人才又相对紧缺的情况下，旅游企业使用人力资源不仅要有新要求，而且要有新方式。

（1）**使用开发的新要求**。第一，要树立新的人才使用观念。在知识经济条件下，"知识驱动"比"金钱驱动"更重要，员工追求的不仅仅是一份能获得高薪的理想工作，而更是一项有发展前途的事业或职业。因此旅游企业要改变那种认为只要给高薪就能使员工满意的陈旧观念，而要着眼于员工的职业生涯发展，让员工随着企业的发展自身的价值也不断得到提升，使企业的"人在"、"人材"真正变成"人才"、"人财"。第二，在使用过程中要有新的举措。企业员工一经录用、培训，就应用人不疑、知人善任，交给他们富有挑战性的工作任务，这样就能让员工在工作中切实感受到价值的体现，做到人尽其才、才尽其用，使员工使用开发的效益达到最大化。第三，坚持"以人为本"。首先，从"经济人"的角度来关心职工，从物质上满足员工的基本需要，力求使员工的付出与所得相符；其次，从"社会人"的角度来对待职工，实质就是从过去的"让人去适应物"转向"以人为中心"的使用和管理方式;最后,从"文化人"的角度来培养职工,加强培训,让员工不断地接受新知识、新技能的教育和培养。

(2) **使用方式的新突破**。第一,不因循守旧,鼓励公平竞争,克服求全责备的心理,用员工所长,敢于突破各种专业界限、年龄界限和资历界限,多提拔有创造性和开拓精神的年轻员工。第二,建立企业员工内部流动的机制,定期给员工轮换岗位和部门,这样有利于员工在工作过程中综合考虑企业的整体利益,打破部门和岗位壁垒,提高企业整体效益。第三,提倡用人渠道社会化,整合社会各类人力资源为旅游企业所用,不求所有,但求所用,提高企业用工的综合效益。

(三) 员工培训开发

有资料显示,酒店中60%的问题是由于工作人员缺乏培训造成的。培训是企业人力资源开发的核心内容。任何一家旅游企业,当遇到员工工作表现不佳、服务投诉增加、服务质量下降、运营成本骤增、设备更新等问题,都要对员工进行各种培训。要使培训真正达到改善企业经营活动状况、提高员工综合素质、促进企业长远发展的目的,企业培训不仅要和员工的管理、使用相结合,而且要在内容、形式等方面加以变革和创新,以提高实用性和针对性。

(1) **内容创新**。受传统思维方式的影响,目前旅游企业的培训内容仍囿于岗位操作技能、专业知识和企业文化等方面。培训内容创新要求旅游企业突破原来"一维培训"的做法,向"多维培训"的方向发展,把生活技巧、创新思维、潜能开发、团队精神、压力管理、职业道德等纳入企业员工培训的内容,使员工在培训中真正学会如何学习、如何工作、如何生活,从而实现企业培训内涵的升级换代。特别是员工创造力的培养,要作为重要的培训内容予以重视。同时培训还要关注未来旅游企业发展要求员工所拥有的新技能,如信息处理能力、人际交流技能、问题解决能力、创新能力、计算机技能等。

(2) **方法创新**。培训方法要从单一转向多样化,即根据不同的培训目标和不同的培训对象采取不同的培训方法,变灌输为互动、分享、体验和参与,增强培训者与受训者之间的沟通;培训形式要从传统转向科学,采取岗前培训、转岗培训、交叉培训、晋升培训等多种方式;企业要从零散培训转向系统培训,要整合各种资源,建立完整的培训体系。

(3) **组织创新**。培训要致力于建立学习型组织、学习型企业,促使企业实现三个转变,即从"要我学"到"我要学"的转变、"个人学"到"群体学"的转变、"一次学"到"终身学"的转变。这样,旅游企业才能够在相互引导和鼓励的气氛中,累积专业能力,获得持续发展。

(四) 员工激励开发

员工工作效果和水平如何,取决于员工的工作能力和工作态度。工作能力可通过培训来提高，而工作态度只能靠激励来改变，所以，激励是人力资源开发的重要目标之一。但现在令不少旅游企业感到困惑的是，钱花了不少，也建立并实施了一系列的员工激励制度，但收效甚微，员工对工作还是缺乏一种热情和积极性。究其原因，主要是激励内容和激励方式较为单一。

心理学研究表明，对员工最重要的激励因素是：成就感，被赏识、嘉许，工作本身，具有一定的责任，晋升的机会，工资。而进一步的分析表明，即便有时工资被当成是一种满足的重要因素时，往往也总是与其他因素相联系的。所以，激励不仅要力求做到及时、公平、公正、公开，而且只有产生于员工的内心，满足员工的内部需求，并以正强化为主，才会有较好的效果。根据员工的需求，旅游企业的激励可以采取多种方式进行。

（1）**工作激励**。工作激励的目的是希望员工从工作本身找到乐趣，把工作看成是自身一种内在的需要。因此，企业给员工分配工作时要注意多样性（如工作轮换）、确定性（员工有机会看到自己的成果）、完整性（不要让员工只承担工作的一半）、重要性（使员工明确工作不仅仅是为了赚钱，而且承担着一定的责任），同时给予员工工作上足够的自主权，并及时对其工作进行评价。

（2）**目标激励**。没有目标就没有管理，管理就是朝着目标步步逼近的过程。目标是一种努力的方向，明确、合适的目标可以给员工很大的激励作用。因此，企业要不断地为员工设立可以看得到、在短时间内可以达到的目标，并积极引导员工个人目标与企业目标同向，使员工个人的切身利益与企业的集体利益一致。另外，目标设定要有期限，并不断对员工进行反馈，向其指出目标的实现程度或接近目标的程度。但值得注意的是，太高、太远的目标对员工来说，激励作用不会太大。

（3）**环境激励**。好的环境对员工来说，是一种很好的激励因素。具体来说，环境包括制度环境、工作环境、人际环境和心理环境等。因此，企业制订的各种规章制度要有利于员工个体和部门之间的良性竞争，为其工作带来一定的压力和动力；企业的管理者和人力资源部门的工作人员要经常关心员工的工作、学习、生活，帮助员工排忧解难，在企业内创造一种良好的工作、人际和心理氛围，使员工能够在一种轻松、和谐、向上的环境下工作。

（4）**参与激励**。每一名员工都希望参与管理，总想拥有参与企业管理的发言权。因此，旅游企业管理人员和人力资源部门的工作人员要善于给予员工参与管理、参与决策和发表意见的机会，增强员工的参与意识，鼓励员工为企业的经营和发展出谋划策。

（5）**荣誉激励**。每个人都有荣誉感。企业荣誉对员工具有一定的激励作用。因此，企业要设法让员工感觉并认识到荣誉的崇高性，设定一定的荣誉对员工进行激励。当员工因为做出突出成绩获得某种荣誉时，应该受到企业所有人包括总经理的尊重。在某种意义上说，尊严可以产生生产力，这也是荣誉激励的内涵所在。

❓ 复习与思考

一、 名词解释

资源　人力资源　人力资源管理

二、 填空题

1. 人力资源的能动性，主要表现在＿＿＿＿＿＿＿、＿＿＿＿＿＿＿、＿＿＿＿＿＿三个方面。

2. 旅游企业人力资源具有＿＿＿＿＿＿＿、＿＿＿＿＿＿＿、＿＿＿＿＿＿的特点。

3. 人力资源管理的职能是＿＿＿＿＿＿＿、＿＿＿＿＿＿＿、＿＿＿＿＿＿、＿＿＿＿＿＿＿、＿＿＿＿＿＿。

三、 简答题

1. 人力资源的构成有哪些?

2. 人力资源管理的主要内容有哪些?

3. 旅游企业人力资源管理具有哪些特点?

四、 论述题

我国旅游企业人力资源管理面临哪些问题和挑战?

五、 训练题

选择自己所在城市的一家酒店进行人力资源管理状况的调查，分析其人力资源管理中存在的问题。

📖 推荐阅读

1. 王琪延，王保林. 企业人力资源管理 [M]. 北京：中国市场出版社，2010.

2. 李志刚. 旅游企业人力资源开发与管理 [M]. 北京：北京大学出版社，2011.

3. 葛秋萍. 现代人力资源管理与发展 [M]. 北京：北京大学出版社，2012.

4. 张爱华. 旅游企业人力资源管理 [M]. 重庆：重庆大学出版社，2014.

第二章 旅游企业人力资源规划

人力资源规划是企业人力资源管理部门的一项非常重要和有意义的工作。旅游企业人力资源规划是指根据旅游企业在一定时期内的战略目标，评估企业现有人力资源的优劣势，分析企业发展的内外部影响因素，预测人力资源的需求及劳动力市场的供求。

本章主要介绍人力资源的基本概念、需求预测、规划编制。在此基础上，分析旅游企业人力资源规划原则、流程及规划实践。通过本章学习，可以了解人力资源规划的作用，掌握人力资源规划的内容与程序，了解人力资源规划制订的过程。本章的重点是旅游企业人力资源规划原则、流程与实践。

学习目标

知识目标

1. 了解掌握人力资源规划的概念与含义。
2. 掌握旅游企业人力资源规划的内容。

技能目标

1. 了解人力资源规划的制订与实施。
2. 理解旅游企业人力资源总体规划与业务性规划的编制方法。
3. 掌握旅游企业人力资源规划的流程与具体实践。

同程网：O2O 创业要"2"一些

用户通过网站订到票之后去旅游景点消费，从而完成一个完整的消费闭环。然而，在这个 O2O 闭环之中，同程网首席执行官吴志祥发现，游客从订好票以后到去了旅游景点取票，漫长的排队、烦琐的手续成了游客们的又一大痛点，而此痛点，正是线上与线上中的那个"2"。

为了解决这个痛点，吴志祥想了很多办法，包括闸机，或给景点送小的二维码，不过这些方法都只能解决一部分问题。后来，受电影院票机的启发，吴志祥考虑开发智慧票务系统。

于是，吴志祥拿出同程网账上接近 2 亿元现金预算，用 6 个月时间悄悄开发此套系统。然后，再花 3 个月时间去与景区签约。据同程网方面透露，目前智慧票房系统的签约景区已经超过 2000 家，全国的 5A 级旅游景区有近一半已经或计划接入该系统。

按照同程网方面的测算，100 万人次的客流量的景区，一年售票的人工成本大概 50 万元，通过引入智慧票房系统，只需保留两个窗口，可以节省 2/3 的售票能力。这样对于景区来讲，100 万人次客流量可以节省 30 万~40 万。

智慧票务系统，在吴志祥看来，不过是在修通从游客在网上订票到顺利取票的路，而他要修这条路是开放的路，不论游客在哪家旅游网站订了票，都可以在智慧票务机上通过二维码扫描，或者身份证信息顺利取票。

吴志祥认为，所谓 O2O 中间的那个"2"，就是"你要想把这个事情做好，要有点'2'的精神，你要很执着，也要做一些很傻的事。就像我们在各地景区安装这些机器一样，有人会认为你很傻，'一两个亿，你安装这些机器干啥'？但是我们认为很有价值"。

——资料来源：http：//tech.163.com/14/0516/07/9SBO51020009408M.html.

案 例 分 析

1. 在线旅游业快速发展的今天，旅游企业人力资源规划对企业的生存与发展具有怎样的意义？

2. 同程网的人力资源规划如何将众多因素化为有利因素，并进行有效的实施与控制的？

第一节　人力资源规划概述

一、人力资源规划的含义

人力资源规划（Human Resource Planning，HRP），是根据企业的战略目标，科学预测企业在未来环境变化中人力资源的供给与需求状况，制定必要的人力资源获取、利用、保持和开发策略，确保企业对人力资源在数量和质量上的需求，实现组织和个人活动的长远利益。人力资源规划具有战略性、前瞻性和目标性，也体现着组织的发展需求，其实质是组织为实现其目标而制定的一种人力资源政策。

人力资源规划与传统的人事计划不同。人事计划又称劳动力计划，主要涉及的是员工招聘与解聘的问题，在观念上还没能将组织的员工视为资源，因此，这样的计划很少考虑员工的培训与提高等问题，在现代组织中已经很少运用。人力资源规划的特点是，把员工看作资源，并全面考虑组织的需求，根据组织战略和目标，从人力资源的获取、配置、使用、保持和开发等各个环节上统筹考虑，因此能较好地达到组织目标。

人力资源规划包括人力资源的有关政策和具体的规划子系统，通过企业总体的人力资源规划、政策、措施，以及相关的各人力资源规划子系统的共同作用，保证人力资源的供求平衡和人力资源管理活动的有效进行。

课 堂 思 考

旅游企业为何需要进行人力资源规划呢？

二、人力资源规划的重要性

在人力资源管理职能中，人力资源规划具有战略性和应变性。组织发展战略及目标、任务、计划的制订与人力资源战略及计划的制订紧密相连。人力资源规划规定了招聘和挑选人才的目的、要求及原则；人员的培训和发展、人员的余缺都得依据人力资源规划实施和调整；员工的报酬、福利等也是依据人力资源规划中规定的政策实施的。在企业的人力资源管理活动中，人力资源规划不仅具有先导性和战略性，而且在实施企业目标和规划过程中，它还能不断调整人力资源管理的政策和措施，指导人力资源管理活动。因此，人力资源规划处于整个人力资源管理活动的统筹阶段，它为下一步整个人力资源管理活动制定了目标、原则和方法。人力资源规划的可靠性直接关系着人力资源管理工作整体的成败。所以，制定好人力资源规划是企业人力资源管理部门的一项非常重要和有意义的工作。

（1）**有利于组织制定战略目标和发展规划**。人力资源规划是组织发展战略的重要组成部分，同时也是实现组织战略目标的重要保证。

（2）**可以确保组织生存发展过程中对人力资源的需求**。人力资源部门必须分析组织人力资源的需求和供给之间的差距，制定各种规划来满足对人力资源的需求。

（3）**有利于人力资源管理活动的有序化**。人力资源规划是企业人力资源管理的基础，它由总体规划和各种业务计划构成，可以为管理活动（如确定人员的需求量、供给量、调整职务和任务、培训等）提供可靠的信息和依据，进而保证管理活动的有序化。

（4）**有利于调动员工的积极性和创造性**。人力资源管理要求在实现组织目标的同时，也要满足员工的个人需要（包括物质需要和精神需要），这样才能激发员工持久的积极性，只有在人力资源规划的条件下，员工对自己可满足的东西和满足的水平才是可知的。

（5）**有利于控制人力资源成本**。人力资源规划有助于测算出人力资源规划方案的实施成本及其带来的效益。要通过人力资源规划预测组织人员的变化，调整组织的人员结构，把人工成本控制在合理的水平上，这是组织持续发展不可缺少的环节。

三、人力资源规划的目的

人力资源规划的目的是为了实现企业发展的目标。企业为了谋求长期的利益和发展，必须有效地利用人力资源以达到其发展目标。也就是说，企业需要配置一定数量和一定质量的人力资源，提高工作效率，保证企业目标得以实现。企业又要在实现企业目标的同时，有效地通过人力资源规划的落实兼顾企业中的个人利益，将个人的发展目标与企业的发展目标有效地结合起来。

人力资源规划的目标必须始终与企业总体战略目标保持一致。人力资源规划在分析企业内部人力资源现状、预测未来人力需求和供应的基础上，来制订人员增补、晋升和培训计划，满足企业生产经营对人力的需要。由于企业所处的内外部环境时刻都在发展变化，企业目标和战略也随这种变化而进行调整，因而，企业对人员数量和质量的要求都有可能发生变化。所以，人力资源规划的具体方案必须是短期的和灵活的，是一种动态性的规划。人力资源规划是为了确保企业实现这些目标：第一，得到和保持一定数量具备特定技能、知识结构和能力的人员，充分利用现有人力资源。第二，预测企业中潜在的人员过剩或人力不足。第三，建设一支训练有素、运作灵活的劳动力队伍，增强企业适应未知环境的能力。第四，减少企业在关键技术环节对外部招聘的依赖性。

四、人力资源规划的层次

一般而言，人力资源规划包括五个层次：环境（文化）层次、组织层次、人力资源部门层次、人力资源数量层次和具体的人力资源管理活动层次。每个层次都为人力资源规划设定了不同的标准，这些不同的标准又反映为不同的人力资源规划活动。每一个层次都涉及不同的人力资源管理决策。

（1）**环境（文化）层次**。这一层次的人力资源规划活动主要是对环境进行考察。既要考察宏观环境，也要考察微观环境。考察宏观环境，目的在于人力资源的"输入"，而考察微观环境，目的在于组织的"输出"。一个组织的人力资源的决策可能在不同程度上影响到组织在社会上的地位和声望。因为组织的人力资源管理决策可以影响到组织活动的安全性、社会关系等许多方面。组织的人力资源的变化以及由此引发的组织结构的改变等，完全可能引起组织周围的环境因素做出不同的反应，这些不同的反应对组织的发展既可以带来机会也可以带来威胁。环境层次的人力资源规划的标准可以是组织本身的信誉情况，也可以是政府对组织的机构评价以及社区对组织的态度和看法等。

（2）**组织层次**。人力资源规划的建立是一个与组织的整体战略相互作用的过程，并且需要按照组织的整体战略来建立标准和进行决策。这是从组织层次上考虑人力资源规划的根本原因。一般来说，组织就是指整个旅游企业的人力资源组织，但是在一个大型组织中或者是在分权化的组织中，人力资源规划的组织层次也可以是一个部门、一个地区、一个利润中心或者一个分公司等。组织层次的人力资源规划的标准包括组织的科层结构、组织的文化及利润、市场份额和产品质量等各种因素，目的是将这些因素有机地结合起来，使它们相互配合，以利于组织目标的达成。

（3）**人力资源部门层次**。这一层次的工作实际上是把组织的整体目标落实在人力资源活动上，具体化为人力资源规划。典型的决策包括人力资源管理如何为组织的业务发展服务、人力资源管理将使用多少资源、重点的能力方向等。尽管组织的整体目标与人力资源具有密切的关系，但在有些情况下，即使人力资源管理是成功的，整个组织的目标却仍没能很好地实现。因此，也就有必要建立人力资源部门自身的工作目标，这一层次的典型活动是人力资源的战略规划。

（4）**人力资源数量层次**。这是一个重要的接续性环节。一旦人力资源部门层次规划制定以后，接下来的工作就是考虑组织所使用的人力资源的数量及其任用的问题。

因此，人们也将这个层次的规划称之为任用规划，即把适当数量的适当类型的员工在合适的时间安排到合适的工作岗位上的具体计划。任用规划需要考虑这样的问题：分析人力资源的需要、分析人力资源的供给和协调人力资源的供求缺口。这一层次规划所要做出的决策包括人力资源供给和需求预测、需要弥补的缺口大小等。应该指出的是，人力资源规划中的需求分析所描述的是组织未来的人力资源需求。在现代人力资源管理活动中，实际的人力资源需求决策并不是预测未来对员工实体的需要，而是预测未来对员工整体特征的需要，这取决于组织所面临的环境特点。

（5）**具体的人力资源管理活动层次**。这一层次的人力资源规划是把人力资源的任用规划具体化为特定的人力资源管理活动。在这个层次，包括相关员工的数量、活动的成本、活动的结果以及收益或效用。典型的决策包括应该开展哪些具体的人力资源管理活动、每个活动的影响范围等。

课 堂 思 考

知识经济时代，旅游企业人力资源管理该如何创新和优化？

五、人力资源规划的分类

人们一般按照人力资源规划的时限划分类型，但对时限有不同的看法，例如，有人认为短期规划一般是 3~6 个月，中期规划为 6 个月~2 年，长期规划则以 2~5 年为准；但也有人认为，人力资源的战略规划应在 10 年以上。因此，即使都是长期规划，则有的限定在 2~5 年，有的限定在 10 年以上。

组织的性质、规模不同，确定人力资源规划的时限会有重要差别。例如，上海市紧缺人才培训规划就是 10 年以上的规划。我们将人力资源规划分为 3 种类型：长期（战略）人力资源规划、中期人力资源规划和短期（战术）人力资源规划。规划应该为各种人力资源管理活动的继续、扩展和取消提供非常明确的指导。

（1）**长期人力资源规划**。长期人力资源规划一般是指 5~10 年的人力资源规划。组织为了长远发展，特别是为了达到组织的战略目标而制定这样的人力资源规划。长期人力资源规划的制定要着眼于战略目标、宏观的影响和各种制约因素。在一个长期人力资源规划中常常包含若干个中期与短期人力资源规划。

（2）**中期人力资源规划**。制定 2~5 年的规划属于中期人力资源规划。对一个规模较小的组织来说，特别是有着较长历史的组织而言，必须与长期人力资源规划相衔接而制订中期规划，它服从于组织的中期目标。

（3）**短期人力资源规划**。这是组织 2 年以内的人力资源规划，包括年度人力资源规划在内。它是组织为了目前的发展和实现既定的目标而制定的，并且在制定过程中较多地考虑微观的影响与制约因素。

六、人力资源规划的原则

人力资源规划本身的质量好坏不但影响其执行的状况，而且会影响到组织目标的实现。因此，好的人力资源规划既要符合组织的利益，又要有很强的可操作性。人力资源规划要考虑到以下几点：

（1）**充分考虑内部、外部环境的变化**。人力资源规划只有充分地考虑了内、外部环境的变化，才能适应需要，真正做到为企业发展目标服务。内部变化主要指销售的变化、开发的变化，或者说企业发展战略的变化，还有公司员工的流动变化等；外部变化指社会消费市场的变化、政府有关人力资源政策的变化、人才市场的变化等。为了更好地适应这些变化，在人力资源计划中应该对可能出现的情况做出预测和风险变化，最好能有面对风险的应对策略。

（2）**确保企业的人力资源保障**。企业的人力资源保障问题是人力资源规划中应该解决的核心问题。它包括人员的流入预测、流出预测、人员的内部流动预测、社会人力资源供给状况分析、人员流动的损益分析等。只有有效地保证对企业的人力资源供给，才可能进行更深层次的人力资源管理与开发。

（3）**使企业和员工都得到长期的利益**。人力资源规划不仅是面向企业的计划，而且是面向员工的计划。企业的发展和员工的发展是互相依托、互相促进的关系。如果只考虑企业的发展需要，而忽视员工的发展，则影响企业发展目标的达成。优秀的人力资源计划，一定是能够使企业获取长远发展利益的计划，一定是能够使企业和员工共同发展的计划。

（4）**人力资源规划必须与组织的经营目标相结合**。组织的经营目标是指组织在一定时期内的经营方向和经营计划，组织的各项活动必须围绕经营目标的实现而进行。人力资源管理同样必须以此为基础，组织的人员配置、培训和教育必须与经营目标决定的岗位设置、人员素质要求及各种协作、合作关系配合，而且对组织员工的激励必须与工作目标相结合。只有这样，才能充分调动员工的积极性、主动性和创造性，从而保证组织目标的实现。

七、企业人力资源规划的程序

（一）相关信息资料的搜集与整理

信息资料是制定人力资源规划的依据，信息资料的质量如何，对人力资源规划工作的质量影响很大。与人力资源规划有关的主要信息资料包括内部信息和外部信息，具体来说包括企业的经营战略和目标、职务说明书、企业现有人员情况、员工的培训、教育情况等。

（二）人力资源需求预测

人力资源的供给和需求预测是人力资源规划的核心部分，也是技术要求最高的部分，供需预测的准确性直接决定着人力资源规划的成败。人力资源需求预测是指以企业的战略目标、发展规划和工作任务为出发点，综合考虑各种因素的影响，对企业未来某一时期所需人力资源的数量、质量等进行预测的活动。例如，扩大生产、增加产品和服务，人力资源需求量增加；自动化水平提高，需求量减少，且对员工的技能要求也随之变化。

1. 企业人力资源需求预测的影响因素

人力资源的需求预测，首先要分析影响人力资源需求的因素。影响人力资源需求的因素很多，概括起来主要有两大方面：

（1）**企业内部因素**。第一，企业的发展。由于企业的发展需要增加职工数量或提高现有职工的素质。而企业的发展或规模的扩大一般会反映在企业的综合经营计划上（包括长期的计划和年度的计划），所以可以根据企业的综合计划来预测企业对职工数量、结构和技能等方面的需求。第二，现有人力结构状况。企业现有的人力结构状况如何，会影响到企业对人力资源的需求。因此，应对企业现有人员的数量、类别、素质和年龄结构进行分析。对人员数量的分析，主要是分析现有人员数量是否与企业现有的工作量或业务量相适应。对人员类别的分析，主要是分析企业各类不同人员的构成是否合理，需要做何调整。人员素质分析，就是分析现有人员的年龄结构是否合理，是否需要补充新人等。

（2）**企业外部的因素**。第一，宏观经济环境。如政府的各种法令和产业政策、财政金融以及市场需求、供给状况等都会影响到企业的投资和发展决策，从而影响企业对人力资源的需求。第二，技术的发展状况。如自动控制技术的广泛应用和电脑的普及，会促使一些企业的劳动率大幅度提高，导致企业对人员需求特别是对第一线的生产工人需求的大幅度减少。第三，市场竞争状况。由于市场竞争激烈，要求企业不断提高劳动生产率，降低成本，同时要提高质量，开发新产品，以便在竞争中处于有利地位。所有这些因素，都会影响到企业对人力资源的需求。

课 堂 思 考

旅游企业人力资源需求如何预测，具体而言有哪些方法呢？

2. 企业人力资源需求预测的方法

（1）**经验预测法**。经验预测法是人力资源预测中最简单的方法，它适合于较稳定的小型企业。经验预测法，顾名思义就是用以往的经验来推测未来的人员需求。不同管理者的预测可能有所偏差。可以通过多人综合预测或查阅历史记录等方法提高预测的准确度。

（2）**现状规划法**。现状规划法假定当前的职务设置和人员配置是恰当的，并且没有职务空缺，所以不存在人员总数的扩充。人员的需求完全取决于人员的退休、离职等情况的发生。所以，人力资源预测就相当于对人员退休、离职等情况的预测。人员的退休是可以准确预测的；人员的离职包括人员的辞职、辞退、重病（无法工作）等情况，所以离职是无法准确预测的。通过对历史资料的统计和比例分析，可以更为准确地预测离职的人数。现状规划法适合于中、短期的人力资源预测。

（3）**模型法**。模型法是通过数学模型对真实情况进行实验的一种方法。模型法首先要根据企业自身和同行业其他企业的相关历史数据，通过数据分析建立起数学模型，根据模型去确定销售额增长率和人员数量增长率之间的关系，这样就可以通过企业未来的计划销售增长率来预测人员数量增长。模型法适合于大、中型企业的长期或中期人力资源预测。

（4）**专家讨论法**。专家讨论法适合于技术型企业的长期人力资源预测。相关领域的技术专家由于把握技术发展的趋势，所以能更加容易地对该领域的技术人员状况做出预测。为了增加预测的可信度，可以采取二次讨论法。在第一次讨论中，各专家独立拿出自己对技术发展的预测方案，管理人员将这些方案进行整理，编写成企业的技术发展方案。第二次讨论主要是根据企业的技术发展方案来进行人力资源预测。

（5）**定员法**。定员法适用于大型企业和历史久远的传统企业。由于企业的技术更新比较缓慢，企业发展思路非常稳定，所以每个职务和人员编制也相对确定。这类企业的人力资源预测可以根据企业人力资源现状来推算出未来的人力资源状况。在实际应用中，有设备定员法、岗位定员法、比例定员法和效率定员法等几种方式。

（6）**自下而上法**。自下而上法，顾名思义，就是从企业组织结构的底层开始的逐步进行预测的方法。具体方法是，先确定企业组织结构中底层的人员预测，然后将各个部门的预测层层向上汇总，最后确定企业人力资源总体预测。由于组织结构底层的员工很

难把握企业的发展战略和经营规划等，所以他们无法制订出中长期的人力资源预测方案。这种自下而上的方法适合于短期人力资源预测。

（三）人力资源供给预测

人力资源的供给和需求预测是人力资源规划的核心部分，也是技术要求最高的部分，供需预测的准确性直接决定着人力资源规划的成败。在进行人力资源供给预测时，需要仔细地评估企业内部现有人员的状态和他们的运动模式，即离职率、调动率和升迁率。

1. 预测企业内人力资源状态

在预测未来的人力资源供给时，首先要明确的是企业内部人员的特征：年龄、级别、素质、资历、经历和技能。必须收集和储存有关人员发展潜力、可晋升性、职业目标以及采用的培训项目等方面的信息。技能档案是预测人员供给的有效工具，它包含每个人员技能、能力、知识和经验方面的信息，这些信息的来源是工作分析、绩效评估、教育和培训记录等。技能档案不仅可以用于人力资源规划，而且可以用来确定人员的调动、提升和解雇。

2. 人员流动分析

预测未来的人力资源供给不仅要了解目前供给的状态，而且必须考虑人员在组织内部的运动模式，即人员流动状况。人员流动通常有以下几种形式：死亡和伤残、退休、离职、内部调动等。制定人力资源规划，需要知道人员流动模式和变动率，包括离职率、调动率和升迁率，可以采取随机模型计算出来。企业人员变动率，即某一段时间内离职人员占员工总数的比率，由下式得出：年内离职人员／年内在职员工平均数×100%。

3. 人力资源供给预测方法

（1）**德尔菲法**（Delphi）。在人力资源规划中，通常将德尔菲法用于人力资源需求预测方面。但作为一种方法而言，它同样适用于人力资源供给预测。具体做法是：首先，将要咨询的内容写成若干条意义明确的问题寄给专家，由他们以书面形式予以回答。其次，由一位中间人集中归纳汇总专家意见，并将意见反馈给各位专家，在此基础上要求专家重新考虑其预测，并说明修改的原因。再次，将以往所要求的资料清单汇总分析，并与前一阶段里各个估计值的差距一并发给专家。最后，专家传阅在前一阶段各个估计值的差距，据此做出最后的估计并说明估计的经过和理由。

（2）**替换单法**。此方法是在对人力资源彻底调查和现有劳动力潜力评估的基础上，指出公司中每一个职位的内部供应源。具体而言，即根据现有人员分布状况及绩效评估的资料，在未来理想人员分布和流失率已知的条件下，对各个职位尤其是管理阶层的接班人预做安排，并且记录各职位的接班人预计可以晋升的时间，作为内部人力供给的参考。经过这一规划，由待补充职位空缺所要求的晋升量和人员补充量即可知道人力资源供给量。

（3）**供给与需求平衡**。在确知人员的供给与需求之后，将两者进行对比，决定预测期内某一时期企业对人员的净要求，即人员的需求值与供给值之差。在对人员供给和需求进行平衡时，不仅要确定整个企业的净需求，而且要确定每一岗位的净需求，这是因为在总需求与总供给平衡的情况下，某些岗位的人员可能短缺。而另一些岗位的人员则有剩余。同时，在人员供求进行平衡时，要对人员短缺岗位对人员技能的需求与人员剩余岗位的剩余人员所拥有的技能进行比较，以便于在进一步的人力资源规划中采取相应的政策和措施来解决人员剩余与短缺问题。

（四）制定人力资源规划政策与措施

在进行了人力资源需求与供给预测之后，人力资源管理人员要根据预测的结果，制定出切实可行的人力资源政策与措施，处理预期中的人力资源过剩或短缺的问题。

1. 人力资源短缺时

如果预测的结果是人力资源短缺，主要采取两种办法：利用现有人员和从外部招聘新雇员。

（1）**利用现有人员**。将某些人员调到人员短缺的工作岗位上；培训某些人员将他们提拔到人员短缺的岗位；鼓励员工加班；提高劳动生产率等。提高劳动生产率是较为可行的一种方法，为了提高员工的劳动生产率，可以采取以下措施，如为员工加薪，提供经济上的激励；提高员工的工作技能，以便他们能用较少的工作时间生产出较多的产品或降低劳动成本；鼓励员工提供建议和措施，重新设计工作程序和方法，提高产出；利用高效的机器或设备等。

（2）**从外部招聘新雇员**。从外部招聘新雇员要受到劳动力市场状况的影响，如果所需要劳动力种类在劳动力市场上处于过剩状态，招聘就很容易。相反，如果同类人员在劳动力市场上处于紧缺状态，招聘难度就大得多。

2. 人力资源过剩时

（1）**重新安置**。如果企业内部的剩余人员只是局部的，可以采取重新安置的办法来解决剩余人员问题，亦即，当只是某些岗位出现剩余人员，而另一些岗位却存在短缺现象时，就可以把剩余人员安置到需要人员的岗位上去。不过，重新安置的一个前提是剩余人员必须具有新工作岗位所需的技能和知识。因此，重新安置需要提早计划，提前培训。人力资源规划要求企业人力资源管理人员综合运用计划、培训和调配手段来管理企业的人力资源。

（2）**永久性裁员**。但是，要注意的是，即使在西方市场经济国家，采取这种方法也是十分谨慎的，因为它不仅涉及员工本人及家庭的利益，而且也会对整个社会产生影响。只有在企业经营出现严重亏损，生产难以为继或生产不可能恢复的情况下，才采取这种方法。在裁员之前，企业会告知员工目前企业的经营状况，困难所在，并尽力为剩余人员寻找新的工作岗位。在企业内部确实无法安置的情况下，方可进行裁员。

（3）**降低人工成本**。包括暂时解雇、减少工作时间、工作分组和降低工资等。以上这些措施是西方市场经济国家企业通常采取的办法。这些办法的优势在于，当预测到企业出现过剩人员时，不是简单地将其裁掉，而是留有缓冲余地，让企业和员工共同分担困难。如果员工个人不愿维持工作不充分、低工资的现状，可以自愿另谋高就。

八、人力资源规划的编制

（一）人力资源规划的制定流程

人力资源规划流程是从流程的起点"组织内外人力资源信息的收集"开始，经历一个并行的阶段"人力资源供给与需求预测"，再根据供需平衡的需要制订实施计划并执行，最后是对人力资源规划的反馈与评估（图2-1）。

（1）**制订职务编写计划**。根据公司发展规划，综合职务分析报告的内容，来制订职务编写计划。编写计划陈述公司的组织结构、职务设置、职位描述和职务资格要求等内容。制订职务编写计划是描述公司未来的组织职能规模和模式。

（2）**根据公司发展规划，结合公司人力资源盘点报告制订人员盘点计划**。人员配置计划陈述了公司每个职务的人员数量，人员的职务变动，职务人员空缺数量等。制订配置计划的目的是描述公司未来的人员数量和素质构成。

（3）**预测人员需求**。根据职务编制计划和人员配置计划，使用预测方法来预测人员需求预测。人员需求中应陈述需求的职务名称、人员数量、希望到岗时间等。最好形成一个标明有员工数量、招聘成本、技能要求、工作类别，及为完成组织目标所需的管理人员数量和层次的分列表。

（4）**确定员工供给计划**。人员供给计划是人员需求的对策性计划。主要陈述人员供给的方式、人员内外部流动政策、人员获取途径和获取实施计划等。通过分析劳动力过去的人数、组织结构和构成以及人员流动、年龄变化和录用等资料，就可以预测出未来某个特定时刻的供给情况。预测结果可以勾画出组织现有人力资源状况以及未来在流动、退休、淘汰、升职以及其他相关方面的发展变化情况。

（5）**制订培训计划**。为了提升公司现有员工的素质，适应公司发展的需要，对员工进行培训是非常重要的。培训计划中包括培训政策、培训需求、培训内容、培训形式、培训考核等内容。

（6）**制订人力资源管理政策调整计划**。计划中应明确计划内的人力资源政策的调整原因、调整步骤和调整范围等。其中，包括招聘政策、绩效政策、薪酬与福利政策、激励政策、职业生涯政策、员工管理政策等。

（7）**编写人力资源部费用预算**。其中主要包括招聘费用、培训费用、福利费用等费用的预算。

（8）**关键任务的风险分析及对策**。每个公司在人力资源管理中都可能遇到风险，如招聘失败、新政策引起员工不满等，这些事件很可能会影响公司的正常运转，甚至会对公司造成致命的打击。风险分析就是通过风险识别、风险估计、风险驾驭、风险控制等一系列活动来防范风险的发生。

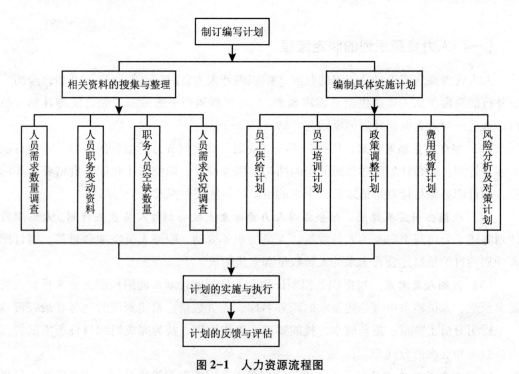

图 2-1　人力资源流程图

（二）制定人力资源规划时应当注意的问题

制定人力资源规划应充分考虑到以下几点：

（1）**全局性**。人力资源战略规划的制定应从全局的角度考虑问题，应具有全局的思想，概括总体及各局部之间联系的宏观问题。对影响总体或全局的某些重要局部问题也应包括在其中。

（2）**长期性**。人力资源战略规划的制定，应着眼于解决相当长时期发展的问题，而不是短期内的发展问题。有些问题目前看来是有利的，但长远看可能是有害的，应坚持长远利益的思想。

（3）**重点性**。人力资源的发展是多方面的，而人力资源规划应该是重要的工作内容。要抓住人力资源发展主要矛盾的主要方面，即关键的问题、关键的环节、关键的内容。只要抓住关键要素，人力资源的战略规划才能发挥作用。

（4）**层次性**。人力资源战略规划是有层次的，总战略规划下面应有子战略及单元战略。只有分清层次，才能使其成为目标一致的一个系统。

（5）**发展性**。人力资源战略规划应体现出总体发展的特征，任何工作都是在不断向前发展的，人力资源的工作也是如此。因此战略规划的各层次都应体现出发展性。

（6）**指导性**。人力资源战略规划是今后人力资源工作的方向和目标以及实现目标的途径和对策，从而指导着人力资源的宏观实践工作。

（7）**创新性**。人力资源的战略规划是未来人力资源宏观工作的指导，而未来组织内外的影响因素都不可能与过去一致。所以，每一期的战略规划都应该具有创新性，以适应新环境或新时期的要求。

（8）**稳定性**。作为战略规划被确定下来后，在总体上应保持相对的稳定性，不能任意调整，朝令夕改。因为战略调整的代价是昂贵的。只有相对稳定，才便于执行。

（9）**适应性**。人力资源战略规划要适应外部环境和内部环境。当社会经济整体上的形势处于大发展时期，相关的政策、法规等环境都有利于发展战略的实施，这时组织的战略规划应与之适应以求得较大的发展。

（10）**可行性**。任何的战略规划都要实施，只有在制定规划时保证它的可行性，战略规划才不至于成为美好的幻想。

案 例

启动全球招聘　同程旅游战略全面升级

近日，同程旅游正式启动在线旅游史上最大规模招聘。据悉，此次招聘面向全球，计划招募100 位专线批发 CEO、100 位海外分公司 CEO 和 1000 位全国所有地级市的储备总经理。另外，还将提供大量专线经理和产品经理的岗位。

招聘启事显示，同程旅游除了向应聘成功者提供极具竞争力的薪酬体系和股权激励计划外，还将提供全面的培训体系、持续的职业规划、多维的晋升空间和专业的评价激励。

而此次招聘的工作地点囊括中国港澳台、美国、日本、韩国、泰国、澳大利亚、新西兰、欧洲等地点，以及马尔代夫、普吉岛、巴厘岛等近 20 个热门海岛。

根据同程旅游的部署，2016 年拟将人力和资源向重点出发城市配置，省级城市至少部署 200 人团队，地级城市至少部署 50 人团队。"出发地是我们整个 O2O 闭环的重要一环，我们将加强对出发地的投入力度，深化与本地供应商的合作，建立更加完善的本地化产品运营体系，为用户提供完美服务体验。"同程旅游总裁马和平表示。

——资料来源：东方财富网（http：//stock.eastmoney.com/news/1354，
20160118586575760.html）

案 例 分 析

在同程旅游全面战略升级的大背景下，同程启动全球招聘以满足企业发展的需要，打造 O2O 闭环模式，你认为同程旅游薪酬体系和激励机制能吸引旅游中高端精英人才吗？

第二节　旅游企业人力资源规划的制定

旅游企业人力资源规划可分广义和狭义两种。广义的旅游企业人力资源规划是指旅游企业根据其发展战略、目标及内外环境的变化，预测未来组织的任务和环境对组织的要求，以及为完成任务和满足要求而制定和实施相应人力资源政策、措施的过程。狭义的旅游企业人力资源规划是指旅游企业对未来人力资源供求情况进行预测，为保证满足未来需要而提供人力资源的过程。主要包括三方面的含义：规划要适应不断发展变化的旅游业内外部环境的需要，规划的对象包括企业内外的人力资源，旅游企业人力资源规划是一项全方位的系统工程。需要评价旅游企业现有的人力资源状况，据此，预估将来需要的人力资源，进而制订满足未来人力资源需要的行动方案。

一、旅游企业人力资源政策的制定

旅游企业的人力资源政策是根据不同的情景灵活制定的。情景主要有三种：人力资源供不应求，人力资源供过于求以及人力资源供需平衡。

（一）人力资源供不应求时

（1）**内部招聘与选拔**。内部招聘与选拔是一种成本相对较低的解决员工短缺的方法。当企业出现人员不足时，首先应考虑将员工从员工过剩的岗位转移到员工短缺的岗位。内部招聘可以节约许多费用，因为任何外部招聘和选拔都会有一个适应新工作的初始成本和寻求安排新员工的重置成本。内部招聘和选拔还可以与员工的职业发展结合起来，不仅节约了选聘费用，而且有利于调动员工的劳动积极性，激发其工作热情。

（2）**加班加点**。企业工作量临时增加时，在符合国家政策和法律的前提下，可以适当增加员工的工作时间，通过利用现有人员加班加点，可以节约招聘成本，增加员工收入。但加班加点只能是权宜之计，不能成为长期政策。

（3）**增加工作项目**。当企业某类员工短缺，在人才市场上又难以招聘到相应的员工时，可以通过提高员工待遇、增加员工的工作项目或责任范围的方法来解决。

（4）**技能培训与开发**。只要成本适当，可以对那些缺乏新岗位技能的员工进行培训。

（5）**外部招聘和选拔**。在依靠企业内部调节仍然无法解决员工短缺的情况下，就需要进行外部招聘。对于需要长期雇佣的岗位，外部招聘是必需的手段。另外，聘用临时工是企业外部招聘员工的一种特殊形式。

（6）**外包**。当企业业务繁忙却无法招聘到所需数量的临时工或招聘成本过高时，可以将一部分工作外包出去。

（二）人力资源供过于求时

（1）**鼓励提前退休**。在遵守政策法规的条件下，企业可以适当地放宽退休的年龄和条件限制，鼓励更多的员工提前退休。提前退休使企业减少员工比较容易，但这种方法也存在一定的问题：一是成本较高；二是会有一些企业还需要的员工也离开了企业。

（2）**减少工作时间**。通过减少工作时间，增加无薪假期调节人员过剩，可以使企业减轻财政上的负担，同时避免企业需要员工时再从外部招聘员工。

（3）**岗位自然减少**。即通过自然减员的方式减少人力资源的需要量。当企业出现员工退休、离职等情况时，对空闲的岗位不再进行人员补充，只有当空缺的岗位会影响到整个组织的正常运作时，才需要补充该岗位空缺。采取自然减少人员补充的方式往往数量有限。

（4）**减少工资或限制工资增长**。在很多情况下，裁员或减员会引起员工和工会的反对，甚至会在全体员工中产生不必要的恐慌。企业可以通过限制工资增幅或者适当减少工资的办法来降低人工成本，提高市场竞争力。

（5）**裁员**。裁员是一种万不得已的办法。裁员就意味着一部分员工要失业，而失业对个人来说是十分痛苦的事情。因此企业在裁员时，一定要慎重考虑。

（三）人力资源供求平衡时

当企业人力资源处于供求平衡状态时，企业并非无事可做。因为外部环境的变化可能使该企业的吸引力降低，员工随时有离开企业的可能性；企业技术的进步会使部分员工的技能落后等。所以，即使企业人力资源出现供求平衡状态，企业也需要未雨绸缪，适当补充或精减人员，加强员工的培训和开发，增强企业适应能力。

课堂思考

旅游企业在制定人力资源规划时需要考虑哪些因素，遵循怎样的原则呢？

二、旅游企业人力资源规划原则

旅游企业的人力资源政策是根据不同的情景灵活制定的。旅游企业人力资源规划的目标是确保企业各类工作岗位在适当的时机，获得适当的人员（包括数量、质量、层次和结构等），实现人力资源的最佳配置，最大限度地开发和利用人力资源潜力，有效地激励员工，保持智力资本竞争的优势。具体来说：得到和保持一定数量具备特定技能、知识结构和能力的人员；充分利用现有人力资源；能够预测企业组织中潜在的人员过剩或人力不足；建设一支训练有素、运作灵活的人员队伍，增强企业适应未知环境的能力；减少企业在关键技术环节对外部招聘的依赖性。好的人力资源规划既要符合组织的利益，又要有很强的可操作性。制定人力资源规划应考虑以下几点：

（1）**充分考虑内部、外部环境的变化**。人力资源规划只有充分地考虑了内、外部环境的变化，才能适应需要，真正地做到为企业发展目标服务。内部变化主要指销售的变化、开发的变化、公司员工的流动变化等；外部变化指社会消费市场的变化、政府有关人力资源政策的变化、人才市场的变化等。为了更好地适应这些变化，在人力资源规划中应该对可能出现的情况进行预测和风险分析，最好能有面对风险的应对策略。

（2）**确保企业的人力资源保障**。企业的人力资源保障问题是人力资源规划中应该解决的核心问题。它包括人员的流入预测、流出预测、人员的内部流动预测、社会人力资源供给状况分析、人员流动的损益分析等。只有有效地保证了对企业人力资源供给，才可能去进行更深层次的人力资源规划和开发。

（3）**使企业和员工都得到长期的利益**。人力资源规划既是面向企业的计划，也是面向员工的计划。企业的发展和员工的发展是互相依托、互相促进的关系。如果只考虑企业的发展需要，而忽视了员工的发展，则会有损企业发展目标的达成。优秀的人力资源规划，一定能够使企业和员工实现长期利益的计划，一定是能够使企业和员工共同发展的计划。

（4）**必须与组织的经营目标相结合**。组织的经营目标是指组织在一定时期内的经营方向和经营计划，组织的各项活动必须围绕着经营目标的实现来进行。人力资源管理同样必须以此为基础，组织的人员配置、培训和教育必须与经营目标决定的岗位设置、人员素质要求及各种协作、合作关系配合，而且对组织员工的激励必须与工作目标相结合。只有这样，才能充分调动员工的积极性、主动性和创造性，从而保证组织目标的实现。

三、旅游企业人力资源规划流程

人力资源规划流程是从组织内外人力资源信息的收集开始的，经历人力资源供给和需求预测，再根据供需平衡的需要确定实施计划并执行，最后是对人力资源规划的反馈和评估。

（1）**制订职务编写计划**。根据公司发展规划、综合职务分析报告的内容，制订职务编写计划。编写计划应陈述公司的组织结构、职务设置、职位描述和职务资格等内容。

（2）**制订员工配置计划**。结合公司人力资源分析报告、制订人员配置计划。人员配置计划，应包括公司每个职务的人员数量、人员的职务变动、职务人员空缺数量等内容。制订配置计划的目的是描述公司未来的人员数量和素质构成。

（3）**预测人员需求**。根据人员配置计划，使用预测方法来预测未来企业人员需求。人员需求中应陈述需求的职务名称、人员数量、希望到岗时间等，最好形成一个标明有员工数量、招聘成本、技能类别，以及为完成组织目标所需的管理人员数量和层次的分类表。

（4）**制订员工供给计划**。人员供给计划是人员需求的对策性计划，主要陈述人员供给的方式、人员内外部流动政策、人员获取途径和获取实施计划等。通过分析劳动力过去的人数、组织结构以及人员流动、年龄变化和录用等资料，就可以预测出未来某个特定时刻的供给情况。预测结果勾画出组织现有人力资源状况以及未来在流动、退休、淘汰、升职以及其他相关方面的发展变化情况。

（5）**制订培训计划**。为了提升公司现有员工的素质，适应公司发展的需要，对员工进行培训非常重要。培训计划包括培训政策、培训需求、培训内容、培训形式、培训考核等内容。

（6）**编写人力资源部费用预算**。主要包括招聘费用、培训费用、福利费用等方面的预算。

 课 堂 思 考

假如你是旅行社人力资源部经理，思考编制一份旅行社人力资源规划需要考虑哪些因素，具体编制过程包括哪些程序。

四、旅游企业人力资源规划的实施与控制

实施与控制是人力资源规划最后的也是十分重要的一环。如果前面的规划制定得十分理想，但是在执行过程中出了问题，就将前功尽弃，实施与控制人力资源规划主要包括以下四个步骤：

（1）**执行**。执行是最重要的步骤，在执行过程中要注意以下几点：第一，按计划执行；第二，在执行前要做好准备工作；第三，执行时应全力以赴。

（2）**检查**。检查是不可缺少的步骤，否则可能会出现使执行流于形式，使执行缺少必要的压力，从而不能掌握第一手信息等问题。检查者最好是实施者的上级，至少是平级，切忌是实施者本人或实施者的下级。检查前，检查者要列出检查提纲，明确检查目的与检查内容。检查时要根据提纲逐条检查，千万不要随心所欲或敷衍了事。检查后，检查者要及时、真实地向实施者沟通检查结果，以利于激励实施者，使之更好地实施项目。

（3）**反馈**。反馈是执行人力资源计划各个环节的一个重要步骤。提供反馈，可以知晓原来计划中的哪些内容是正确的，哪些是错误的，哪些不够全面，哪些比较符合实际情况，哪些需要加强，哪些需要引起注意等重要的信息。反馈可以由实施者进行，也可以由检查者进行，或者两者共同进行。

（4）**修正**。修正是最后一个步骤，谁也不能保证人力资源规划一经制定就完全正确。因此，根据环境的变化、实际情况的需要、实际中的反馈信息等，及时修正原计划中的一些项目显得十分必要。一般来说，修正一些小的项目，或修正一些项目中的局部内容，涉及面不会很大。但如果要修正一些大的项目，或要对原计划中的许多项目进行修正，或要对预算做较大的修正，往往需要经过最高管理层的首肯。

案　例

香港万达旅游公司的人力资源规划

香港万达旅游公司在制定人力资源总体规划时的指导思想是积极为业务发展服务，激励全体员工的积极性、创造性，更好地完成公司的目标任务。根据这些规划指导思想各部门制定的具体政策内容非常广泛，涉及员工的衣、食、住、行等各个方面。

该公司的人力资源规划具有以下特点：

（1）灵活性。在制定具体的人事政策时，必须考虑到公司的经济承担能力，人员编制、工资福利、晋升、奖励、辞退等各个方面都要根据需要和实际情况来决定。例如，公司总的编制就是根据业务变化来决定的。做法是每年由分公司自行确定编制数目，再由人力资源部根据总的业务与成本预测综合审批。

（2）竞争性。在总体规划下的人事政策必须适应竞争的需要，才能留住人才。例如，公司下属饭店的员工，工资水平属于同行的中上等，在其他福利待遇、培训政策和工作环境上更优于同行，以适应更多雇员追求发展和良好的工作环境的就业观点。因此，该饭店员工的平均流动率低于同类饭店。

（3）严肃性。公司制定员工人事管理政策时，必须遵守当地的法律规定。人力资源由熟悉当地法律规定的人员负责员工的管理，公司与员工相互都必须按劳工合同议定的条款办事，谁违反了谁就得负法律责任。

（4）自主权。人事政策在不违背当地法律规定的前提下，对一些特殊问题可以根据具体情况作出决定，如高于规定标准的各种福利待遇等。

公司制定人力资源规划的程序图，如图2-2所示。

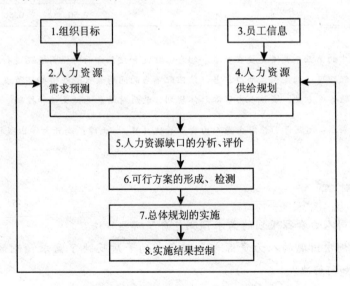

图2-2　香港万达旅游公司人力资源规划程序图

　　其中，预测一般是通过利用历史数据和可靠的比例关系，并根据业务变化、生产率变化趋势加以修正而得出的，因此，历史数据占有很重要的地位。但是，最近出现这样一件事情，该公司财务部有一名员工辞职了，财务部经理要求人力资源部招聘一名新员工，但是人力资源部经理要求财务部为需要一名员工提供充分的依据。财务部经理说："你说我将不得不为需要一名员工提供证据，这是什么意思？我的员工中刚刚有一名辞职了，而我现在需要一个人来顶替他。我在这里工作的 6 年间，我这个部门一直有 7 名员工，也许很早以前就这样了。如果过去我们需要他们，那么将来我们肯定也需要他们。"这就是争论的开头。

　　从香港万达旅游公司人力资源规划程序图中可以看出，人力资源规划的第四个要素就是供给预测。该企业供给预测是估计现有人员中哪些人将来还能留在企业中。现以公司下属饭店为例，该饭店前台年初共有员工 31 人，其中接待 21 人，领班 4 人，主管 2 人，副经理 2 人，经理 2 人。前台上一年员工流动表，如表 2-1 所示。

表 2-1　香港万达旅游公司前台上一年员工流动表

流动率（%）		终止时间					流出率（%）	总量
		接待	领班	主管	副经理	经理		
起始时间	接待	0.85	0.05				0.10	1.00
	领班		0.75				0.25	1.00
	主管			0.50	0.50			1.00
	副经理			0.50	0.50			1.00
	经理					0.50	0.50	1.00

　　规划过程中的第五个要素是要在数量、组合、技能和技术方面对供需情况进行对比，这种对比使人力资源经理可以确定供需缺口，并评价匹配不当的问题最可能在哪些环节发生。然后公司通过制订和检验备选方案，实施人力资源总体规划，最后对结果进行反馈和控制。

　　——资料来源：赵西萍．旅游企业人力资源管理［M］．天津：南开大学出版社，2001.

案 例 分 析

　　1. 该公司人力资源规划的需求预测包含了哪些方法？

　　2. 本案例中出现的人力资源部和财务部的矛盾反映了需求预测的什么问题？你认为应该如何解决？

？ 复习与思考

一、 选择题

1. 人力资源规划是一项系统的战略工程，它以（　　）为指导。

A. 企业外部条件　　　　　　B. 企业内部条件

C. 企业未来需求　　　　　　D. 企业发展战略

2. 人力资源规划的流程有（　　）。

A. 制订职务编写计划　　B. 制订员工配置计划　　C. 预测人员需求

D. 制订员工供给计划　　E. 制订培训计划

二、 名词解释

人力资源规划　　　　　　　德尔菲法

三、 简答题

1. 人力资源规划的原则有哪些？

2. 人力资源规划的程序是怎样的？

3. 旅游企业人力资源规划的方法有哪些？

4. 制定旅游企业人力资源规划时应该注意哪些问题？

四、 论述题

1. 旅游企业人力资源规划应遵循怎样的流程，请思考怎样制定合理的旅游企业人力资源规划。

2. 影响企业人力资源的因素有哪些，请结合实例分析。

五、 案例分析

绿色化工公司

白士笛三天前才调到人力资源部当助理，面对桌上那一堆文件、报表，有点晕头转向，副总经理李勤直接委派他在 10 天内拟出一份本公司五年人力资源计划。他觉得要编制好这计划，必须考虑下列各项关键因素：

首先是本公司现状。公司共有生产与维修工人 825 人，行政和文秘性白领职员 143 人，基层与中层管理干部 79 人，工程技术人员 38 人，销售员 23 人。

其次，据统计，近五年来职工的平均离职率为 4%，没理由预计会有什么改变。不过，不同类型职工的离职率并不一样，生产工人的离职率高达 8%，而技术和管理人员的离职率只有 3%。

再次，按照既定的扩产计划，白领职员和销售员要新增 10%~15%，工程技术人员要增加 5%~6%，中、基层干部不增也不减，而生产与维修的蓝领工人要增加 5%。

最后有一点特殊情况要考虑：最近本地政府颁布新政策，要求当地企业招收新职工时，要优先考虑妇女和下岗职工。本公司一直未曾有意地排斥妇女和下岗职工，只要他们来申请，就会按同一种标准进行选拔，并无歧视，但也未予特殊照顾。如今的现实却是，销售员几乎全是男的，只有一位女销售员；中、基层管理干部除两人是妇女外，其余也都是男的；工程师里只有三名是妇女；蓝领工人中约有 11% 是妇女和下岗职工，而且都集中在底层的劳动岗位上。

白士笛的规划需包括各类干部和职工的人数，要从外界招收的各类人员的人数，以及如何贯彻市政府关于照顾妇女和下岗职工政策的计划。此外，绿色化工公司刚开发出几种有吸引力的新产品，所以预计公司销售额五年内会翻一番，白士笛还得提出一项应变计划以备应付这种快速增长。

——资料来源：胡华. 旅游企业人力资源管理［M］. 郑州：郑州大学出版社，2011.

根据以上案例，回答如下问题：

1. 白士笛在编制计划时要考虑哪些因素？他应该制订一项什么样的招工计划？
2. 请根据案例中给出的条件制订该公司的人力资源计划。

推荐阅读

1. 胡八一. 人力资源规划实务［M］. 北京：北京大学出版社，2008.
2. 赵西萍. 旅游企业人力资源管理［M］. 天津：南开大学出版社，2001.
3. 方振邦. 绩效管理［M］. 北京：中国人民大学出版社，2003.

旅游企业工作分析

　　工作分析是旅游企业人力资源管理活动的基础平台，几乎所有的旅游企业人力资源管理活动，如人力资源规划、招聘、培训与开发、绩效管理、薪酬管理、职业生涯管理等，都需要由工作分析提供准确有效的依据。

　　本章首先介绍了工作分析的含义和作用，并具体介绍了工作分析的具体流程，然后重点介绍了工作分析的具体内容和方法，并在此基础上对工作分析的结果——企业岗位规范和职位说明书进行具体描述。本章的重点是旅游企业工作分析的具体内容和方法。

学习目标

知识目标

1 理解旅游企业工作分析的概念、作用。

2 了解旅游企业工作分析的一般程序。

3 掌握旅游企业工作分析的主要内容。

技能目标

1 掌握旅游企业工作分析的一般程序。

2 掌握旅游企业工作分析的主要方法。

3 学会编写企业岗位规范和职位说明书。

案 例

巧用工作分析，防范用工风险

　　一天，某旅游公司人力资源部经理接到报告，新招聘来的一名国内全陪导游员张某，因为血液黏稠，在岗期间总是迷糊、瞌睡，有时还会感觉视物不清。国内部经理认为其不胜任全陪导游工作，要求予以辞退。因为该员工还在试用期，人力资源部经理认为，张某被证明了不符合公司"员工守则"当中聘用员工"身体健康状况符合岗位劳动强度要求"的通用条款，依据《中华人民共和国劳动合同法》第39条规定，随即通知张某办理离职手续。但张某却提出异议，认为自己身体状况符合岗位劳动强度要求，拒绝办理离职手续。

　　人力资源部经理查阅了公司内部管理文件，查找有关导游岗位的身体健康详细标准。但由于公司人员众多、岗位名称十分繁杂，各岗位的身体健康标准并没有明确的描述和界定，也没有作为必要标准写入《员工守则》。因为缺乏执行依据，人力资源部经理无法辞退张某。

——资料来源：中国人力资源开发网.

http：//www. chinahrd. net/article/2013/03-08/12449-1. html.

案 例 分 析

　　工作分析在旅游企业人力资源管理中的地位和作用是什么？

第一节　旅游企业工作分析概述

　　人力资源管理是对人进行的管理。在企业内部这种管理并不是抽象的，它总是以企业所承担或所从事的活动为基础来进行。而一个企业所进行的活动最终都要落实在具体的职位上，表现为职位所对应的工作。因此，为了更好地进行人力资源管理，首先必须对企业内部各个职位的工作活动进行充分的了解，而这正是工作分析所要完成的任务。

一、工作分析的含义

　　工作分析（Job Analysis），也可以叫作职位分析、岗位分析或职务分析，是指了解企业内的一种职位并以一种格式把与这种职位有关的信息描述出来，从而使其他人能了解该职位的过程。工作分析是人力资源管理的一项基础性工作，一个企业是否进行了工作分析及工作分析质量的好坏都对人力资源管理的各环节具有重要的影响。具体来说，工作分析就是要为管理活动提供与工作有关的各种信息。

作为人力资源管理的一项职能活动，工作分析同样具备任何一种活动所必备的基本要素。这一活动的主体是工作分析者，客体是企业内部的各个职位，内容是与各个职位有关的情况，结果是工作说明书，也可以叫作职位说明书或者岗位说明书。

通过工作分析，要回答或者说要解决以下两个主要的问题：第一，某一职位是做什么事情的？这一问题与职位上的工作活动有关，包括职位的名称、工作的职责、工作的要求、工作的场所、工作的时间以及工作的条件等一系列内容。第二，什么样的人来做这些事情最合适？这一问题则与从事该职位的人的资格有关，包括专业、年龄、必要的知识和能力、必备的证书、工作的经历以及心理要求等内容。

二、与工作分析相关的基本概念

（1）**行动**。行动（Action）是指工作活动中不便再继续分解的最小单位。比如，秘书接听电话前拿起电话是一个行动，司机开车前插入钥匙也是一个行动。

（2）**任务**。任务（Task）是指工作活动中为达到某一目的而由相关行动直接组成的集合，是对一个人从事的事情所做的具体描述。例如复印文件，为了达到最终的工作目的，复印员必须从事以下具体行动：①启动复印机；②将复印纸放入复印机内；③将要复印的文件放好；④按动按钮进行复印。也就是说，复印文件这一任务，是由上述4项行动直接组成的一个集合。

（3）**职责**。职责（Responsibility）是由某人在某一方面承担的一项或多项任务组成的相关任务集合。例如，监控员工的满意度是人力资源专员的职责，这一职责由下列5项任务组成：①设计满意度的调查问卷；②进行问卷调查；③统计分析问卷调查的结果；④向企业高层反馈调查的结果；⑤根据调查的结果采取相应的措施。

（4）**职位**。职位（Poition）是由一个人完成的一项或多项相关职责组成的集合，又称岗位。例如，人力资源部经理这一职位，它所承担的职责有：员工的招聘录用、员工的培训开发、企业的薪酬管理、企业的绩效管理、员工关系的管理等。在企业中的每一个人都对应着一个职位或岗位，因此从理论上说职位的数量应该等于人员的数量，企业有多少人员相应地就有多少职位。

（5）**职务**。职务（Headship）是指主要职责在重要性和数量上相当的一组职位的统称。比如，某公司人力资源部设有两个副经理的职位，一个主要分管招聘录用和培训开发；另一个主要分管薪酬管理和绩效管理。虽然这两个职位的工作职责并不完全相同，但是就整个人力资源部来说，这两个职位的职责重要性和数量比较一致，因此这两个职位可以统称为副经理职务。和职位不同，职位与员工是一一对应的，而职务却并非一一对应。

一个职务可能不止一个职位，如上面所举的例子，副经理职务就有两个职位与之对应。

（6）**工作**。工作（Job）是指一个或一组职责类似的职位所形成的组合。一项工作可能只涉及一个职位，也可能涉及多个职位。例如在企业中，产品销售是一项工作，它是由销售员、销售经理等职位组成。

（7）**职业**。职业（Profession）是由不同组织中的相似工作组成的跨组织工作集合。例如，教师职业、秘书职业等。

（8）**职业生涯**。职业生涯（Career）是指一个人在其工作生活中所经历的一系列职位、工作或职业。例如，某人刚参加工作时是学校的老师，后来去了政府机关担任公务员，最后又到了公司担任经理，那么老师、公务员、经理就构成了这个人的职业生涯。再如，某人的职业和工作单位虽然没有发生过变化，但是他从办事员开始，经过主管、副经理、经理，一直干到副总经理，那么办事员、主管、副经理、经理、副总经理就形成了这个人的职业生涯。

三、工作分析在人力资源管理中的地位和作用

全面深入地进行工作分析，可以使企业充分了解工作的具体特点和对工作人员的行为要求，为做出人力资源决策奠定坚实的基础（图3-1）。

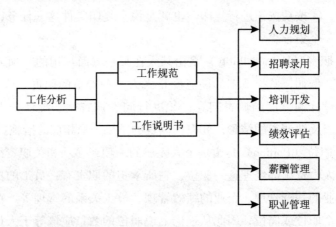

图3-1　工作分析在人力资源管理中的地位

（1）**工作分析是人力资源规划设计的基础**。工作分析详细地说明了各个职位的特点及要求，界定了工作的责权关系，明确了工作群之间的内在联系，从而为确定组织的机构及职位设计提供依据，是人力资源规划设计的基础。

（2）**工作分析是招聘和录用的基础**。招聘和录用的直接目的是获得组织所需的员

工，招聘和录用的标准必须依据工作说明书所要求的任职资格来制定，这样才能获得最能胜任岗位的员工。

（3）**有利于员工培训与开发**。一方面，虽然旅游企业在选拔和任用员工时最大限度地选择合适的人员，但在实践中也很难使所选用的人在知识、技能、能力、个性等方面完全达到工作要求；另一方面，随着旅游企业的发展，工作内容也会发生变化，所以，旅游企业要适时对员工进行培训。通过工作分析，提供工作内容和任职人员条件等完整的信息资料，使旅游企业可据此制定员工培训和开发政策。

（4）**有利于科学评估员工绩效**。通过工作分析，每一职位的内容都有明确界定。把工作说明书上的要求与员工的实际表现比较，从而评估员工的工作绩效。这样，以工作分析为依据对员工实绩进行评估就比较公平、合理，从而达到科学评估员工绩效的目的。

（5）**工作分析是合理制定薪酬标准的基础**。工作分析通过了解各项工作内容、工作所需技能、工作危险程度等因素来确定不同的工作在组织中不同的价值，从而为决定合理的薪酬提供依据。

（6）**有效的工作分析为员工的职业发展提供参考**。工作分析的结果，明确规定的职业的任职要求，对工作所需的知识、技能、心理和生理素质都有不同的规定。这些规定对员工选择自己的职业发展道路有较大的参考价值，也是组织对员工进行职业生涯规划的参照系。

第二节　旅游企业工作分析的实施与流程

工作分析是对组织内部各项工作进行系统分析和全面评价的过程。在旅游企业人力资源管理系统中，它是一项技术性很强的工作。为了保证工作分析的效果，在实际操作中需要考虑工作分析的时机、参与者的角色与职责安排以及工作分析实施程序等。

一、工作分析的时机选择

1. 组织与职位变革时机

企业组织处于不断变化的外部环境中，同时企业的内部管理也会随着外部环境的变化而需要相应地做出变革。现代企业组织与职位变革需要建立在工作分析的基础上。

现代企业组织与职位变革具有组织规模精简、结构扁平化、业务流程再造等趋势。只有通过工作分析，才能清楚地知道在特定背景下哪些职位贡献更多的价值，哪些职位相比之下不太重要，从而作出对职位进行删减、添加或合并的决策。通过工作分析，获取职位之间、部门之间以及组织与外部业务合作伙伴所构成的作业流程关系，是业务流程再造的前提。因此，当企业组织与职位面临变革时，是进行工作分析的较好时机。

2. 企业迈入规范化管理时期

企业组织内部管理的规范化是我国中小型民营企业成长过程中的必要环节，只有建立规范化的企业管理体系，才能为二次创业与新一轮的增长奠定管理基础。当企业面临内部管理上的混乱危机、需要运用制度来进行内部规范化管理时，首先要明确各个职位的职责、责任、权限、汇报关系等信息，这个过程就是工作分析的过程。通过科学合理的工作分析，建立规范健全的企业内部管理制度，是实现规范化管理的基本步骤。

3. 企业人力资源管理的变革时期

企业组织变革带动内部管理的相应变革，同时也是企业人力资源管理体系变革的初始动力。企业人力资源管理体系变革包括人力资源重新规划、员工招聘体系的建立与创新、培训与发展体系的建立与完善、薪酬绩效管理体系的变革等。几乎每一次人力资源管理活动的变革与创新，都建立在工作分析这一前提下。因此，当企业面临人力资源管理体系变革时，是进行工作分析的良好时机。

二、工作分析参与者的角色与职责安排

工作分析是企业组织内部实施的一项系统性工作，是全员参与的重要管理提升项目。工作分析的有效实施，不仅需要工作分析领导小组的全程领导、实施，更需要企业高层领导、企业各部门中层管理干部、基层员工甚至顾客、客户的有效参与。在工作分析的整个系统流程中，各个参与主体扮演者不同的角色。

对于工作分析小组来说，其人员构成一般包括企业人力资源部经理、岗位分析专家、特定职位的工作内容方面的专家、岗位分析工作人员等。其主要承担的职责如下：

第一，工作分析需求的评估与论证。

第二，工作分析项目计划编写。

第三，工作分析流程设计与进程安排。

第四，工作分析项目实施。

第五，工作分析目的协调。

第六，工作分析项目的评估。

工作分析有效实施的一个重要条件是企业高层领导的支持。企业高层领导参与工作

分析能提高工作分析项目在员工心目中的重要性，领导的宣讲和动员会提高一般员工，特别是与人力资源部平级的经理们的重视程度；同时，高层领导对工作分析工作性质的介绍，有助于消除员工对工作分析的预期偏差和恐惧心理。

企业的业务部门经理在工作分析中也起着重要作用。他们要与工作分析小组就工作分析的进程和时间安排进行协调，调动部门员工参与岗位工作分析的积极性，提高部门员工对岗位工作分析的认识，巩固和维持岗位工作分析成果的运用，为工作分析人员提供必要的岗位工作分析信息，对员工岗位工作分析的访谈结果进行核准等。

对于一般员工，其职责主要是提供岗位先关信息，并确保相关信息的准确、真实。其参与环节主要包括：岗位分析访谈的参与、岗位分析问卷的填写、岗位分析结果的运用等环节。

三、旅游企业工作分析的程序

一般来说，工作分析的整个过程要经过准备阶段、信息收集阶段、分析阶段、运用阶段、反馈调整阶段5个步骤来完成（图3-2）。

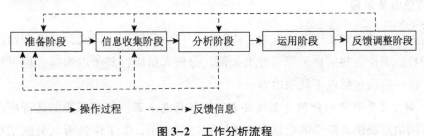

图3-2 工作分析流程

1. 准备阶段

由于工作分析人员在进行分析时，要与各工作现场或员工接触，因而分析人员应该在办公室内研究该工作的书面资料。同时，要协调好与企业主管人员之间的合作关系，以免导致摩擦或误解。在这一阶段，主要完成以下几项任务：

（1）**明确工作分析的总目标、总任务**。根据总目标、总任务，对企业现状进行初步了解，掌握各种数据和资料。

（2）**确定工作分析的目的和用途**。有了明确的目的，才能正确确定分析的范围、对象和内容，规定分析的方式、方法，并弄清应当收集什么资料、到哪儿去收集、用什么方法去收集。也就是说，要明确分析资料到底是用来干什么的、是要解决什么问题的。工作分析的目的不同，所要收集的信息和要使用的方法也会不同。

（3）**成立工作分析小组**。为了保证工作分析的顺利进行，在准备阶段还要成立一个工作分析小组，从人员上为这项工作的开展做好准备。小组的成员一般由以下三类人员组成：一是企业的高层领导；二是工作分析人员，主要由人力资源管理专业人员和熟悉本部门情况的人员组成；三是外部的专家和顾问，他们具有这方面的丰富经验和专门技术，并对企业内各项工作有明确概念，可以防止工作分析的过程出现偏差，有利于结果的客观性和科学性。小组成员确定之后，赋予他们进行分析活动的权限，以保证分析工作的协调和顺利进行。

（4）**明确分析对象**。为保证分析结果的正确性，应该选择有代表性、典型性的工作。

（5）**对工作分析人员进行培训**。为了保证工作分析的效果，还要由外部的专家和顾问对本企业参加工作分析小组的人员进行业务上的培训。

（6）**建立良好的工作关系**。为了搞好工作分析，还应做好员工的心理准备工作，建立起友好的合作关系。例如，由各部门抽调参加工作分析小组的人员，部门经理应对其工作进行适当的调整，以保证他们有充足的时间进行这项工作；在企业内部对这项工作进行宣传，消除员工不必要的误解和紧张。

2. 信息收集阶段

分析人员为使研究工作迅速有效，应制订一项执行计划。同时，要求管理部门提供有关的信息。无论这些信息来源与种类如何，分析人员应将其予以编排，也可用图表方式表示。这一阶段包括以下几项内容：

（1）**制订工作分析的时间计划进度表，选择信息来源**。信息来源的选择应注意：①不同层次的信息提供者提供的信息存在不同程度的差别；②工作分析人员应站在公正的角度听取不同的信息，不要事先存有偏见；③使用各种职业信息文件时，要结合实际，不可照搬照抄。

（2）**根据工作分析的目的，选择收集信息的内容、方法和系统**。信息收集的方法和分析信息适用的系统由工作分析人员根据企业的实际需要灵活运用。由于分析人员有了分析前的计划，对可省略和重复之处均已了解，因此可节省很多时间。但是分析人员必须切记，这种计划仅仅是预定性质，以后必须将其和各单位实际情况相验证，才不会导致错误。

（3）**收集工作的背景资料**。这些资料包括公司的组织结构图、工作流程图以及国家的职位分类标准，如果可能的话，还应当找来以前保留的工作分析资料。组织结构图指明了某一职位在整个企业中的位置以及上下级隶属关系和左右的工作关系；工作流程图指出了工作过程中信息的流向和相关的权限，这些都有助于更加全面地了解职位的情况。职位分类标准和以前的工作分析资料也有助于更好地了解职位的情况，但是在使用这些资料时要注意绝对不能照搬照抄，而应当根据企业现时的具体情况，有选择地加以利用。

（4）**收集职位的相关信息**。在完成以上的工作之后，就可以正式开始收集职位的相关信息了。一般来说，工作分析中需要收集的信息主要有以下几类。①工作活动，包括承担工作所必须进行的与工作有关的活动和过程、活动的记录、进行工作所运用的程序、个人在工作中的权力和责任等。②工作中的人的活动，包括人的行为，如身体行动以及工作中的沟通；作业方法分析中使用的基本动作；工作对人的要求，如精力的耗费、体力的耗费等。③在工作中所使用的机器、工具、设备以及工作辅助用品，如电话、计算机、传真机、汽车、对讲机、仪器等。④与工作有关的有形和无形因素，包括完成工作所要涉及或者要运用的知识，如公司的会计需要运用会计方面的知识，法律事务主管需要懂得法律知识等；工作中所加工处理的材料；所生产的产品或提供的服务。⑤工作绩效的信息，如完成工作所耗费的时间、所需要投入的成本以及工作中出现的误差等。需要注意的是，这里只是收集与绩效相关的信息，并不是要制订与各项工作相对应的绩效目标，后者是分析阶段所要完成的任务。⑥工作的背景条件，包括工作时间、工作地点，如是在室内还是在室外；工作的物理条件，如有没有噪声、是不是在高温条件下等。⑦工作对人的要求，包括个人特征，如个性和兴趣；所需要的教育与培训水平；工作的经验等。上述的工作信息，一般要从以下几个渠道来获得：工作执行者本人、管理监督者、顾客、分析专家、职业名称辞典以及以往的分析资料。在通过这些渠道收集工作分析所需的信息时要注意：由于各种主客观原因的存在，不同的信息源提供的信息会存在一定程度的差异。例如，工作执行者本人在提供信息时往往会夸大工作的难度。而顾客在提供信息时也往往会从自己的利益出发，从而导致某些信息特别是与绩效有关的信息高于实际的情况。因此，工作分析人员应站在中立的立场来听取各方面不同的意见，条件允许或者必要的时候还要亲自实践一下有关的工作活动，以期掌握比较准确可靠的信息。

3. 分析阶段

在收集完与职位相关的信息之后，就要进入到工作分析的下一个阶段，即分析阶段。在这一阶段需要进行以下几项工作：

（1）**整理资料**。将收集到的信息按照工作说明书的各项要求进行归类整理，看是否有遗漏的项目。如果有的话，要返回到上一个步骤，继续进行调查收集。

（2）**审查资料**。资料进行归类整理以后，工作分析小组的成员要一起对所获工作信息的准确性进行审查。如有疑问，就要找相关的人员进行核实，或者返回到上一个步骤，重新进行调查。

（3）**分析资料**。如果收集的资料没有遗漏，也没有错误，那么接下来就要对这些资料进行深入的分析。也就是说，要归纳总结工作分析的必需材料和要素，揭示出各个职位的主要成分和关键因素。在分析的过程中，一般要遵循以下几项基本原则。①对工作活动是分析而不是罗列。工作分析是反映职位上的工作情况，不是一种直接的反映，而要经过一定的加工。分析时，应当将某项职责分解为几个重要的组成部分，然后再将其重新进行组合，而不是对任务或活动进行简单列举和罗列。例如对公司前台小姐转接电话这项职责，经过分析后应当这样描述，"按照公司的要求接听电话，并迅速转接到相应的人员那里"，而不应该将所有的活动都罗列上去，"听到电话铃响后，拿起电话，放到耳边，说出公司的名字，然后询问对方的要求，再按下转接键，转接到相应的人员那里"。②针对的是职位而不是人。工作分析并不关心任职者的任何情况，它只关心职位的情况。目前的任职者被涉及的原因，仅仅是他通常最了解情况。例如某一职位本来需要本科学历的人来从事，由于各种原因，现在只是由一名中专生担任这一职位，那么在分析这一职位的任职资格时就要规定为本科，而不能根据现在的状况将学历要求规定为中专。③分析要以当前的工作为依据。工作分析的任务是为了获取某一特定时间内的职位情况，因此应当以目前的工作现状为基础来进行分析，而不能把自己或别人对这一职位的工作设想加到分析中去。只有如实地反映出职位目前的工作状况，才能够据此进行分析判断，发现职位设置或职责分配上的问题。根据实践经验，在分析资料的过程中，如果觉得分析起来比较困难，这说明对职位情况的了解还不是很深入，或者收集的资料还不是很全面，需要返回到上两个阶段继续了解和收集。

4. 运用阶段

这是整个工作分析过程中最重要的一个阶段，这一阶段的任务是：

（1）**编写工作说明书**。根据对资料的分析，将获得的信息予以整理并写出报告。首先要按照一定的格式编写工作说明书的初稿；其次反馈给相关的人员进行核实，意见不一致的地方要重点进行讨论，无法达成一致的还要返回到第二个阶段，重新进行分析；最后形成工作说明书的定稿。至于工作说明书如何编写，我们将在下面进行详细的说明。

（2）**工作分析总结**。对整个工作分析过程进行总结，找出其中成功的经验和存在的问题，以利于以后更好地进行工作分析。

（3）**运用分析结果**。将工作分析的结果运用于人力资源管理以及企业管理的相关方面，真正发挥工作分析的作用。

这是对工作分析的验证，只有通过实际的检验，工作分析才具有可行性和有效性，才能不断适应外部环境的变化，从而不断地完善工作分析的运行程序。此时的工作主要有两部分：

其一，培训工作分析的运用人员。这些人员在很大程度上影响着分析程序运行的准确性、运行速度及费用，因此，培训运用人员可以增强管理活动的科学性和规范性。

其二，制定各种具体的应用文件。近几年，随着人力资源管理的逐渐升温，很多企业投入了大量的人力和物力来进行工作分析。但是在这项工作结束以后，却将形成的职位说明书束之高阁，根本没有加以利用，这无疑是一种极大的浪费。需要强调的是，作为人力资源管理的一项活动，工作分析是一个连续不断的动态过程；企业决不能有一劳永逸的思想，不能认为做过一次工作分析以后就可以不用再做了，而应当根据企业的发展变化随时进行这项工作，要使工作说明书能及时地反映职位的变化情况。

5. 反馈调整阶段

控制活动贯穿于工作分析的始终，是一个不断调整的过程。随着时间的推移，任何事物都在变化，工作也不例外。企业的生产经营活动是不断变化的，这些变化会直接或间接地引起企业分工协作体制发生相应的调整，从而也相应地引起工作的变化。因此，一项工作要有成效，就必须因人制宜地作些改变。另外，工作分析文件的适用性只有通过反馈才能得到确认，并根据反馈修改其中不适应的部分。所以，控制活动是工作分析中的一项长期的重要活动。

第三节　旅游企业工作分析的内容与方法

一、旅游企业工作分析的具体内容

旅游企业在组织体制确定之后与实施人事措施之前，必须对每种工作的工作说明和所需的特殊心理品质及特殊能力加以分析研究，并作书面记录，作为人力资源开发与管理的依据。工作分析具体包括以下内容。

（1）**工作主体**。从事某项工作的人就是该工作的责任人。工作分析应对从事该工作人员学历及文化程度、专业知识与技能、经验、兴趣、体格、行为特点等资格要求进行描述。

（2）**工作内容**。工作分析应具体阐述员工在旅游企业里所从事的工作内容，包括所要完成的工作任务、工作职责、工作流程等，每项工作都要用一个动词加以描述。描述体力工作常用的动词有搬运、清洗、整理、运送等，描述智力工作常用的动词有计划、分析、检讨等，有些工作是智力与体力的结合才能完成，如销售、购买、修理等。

（3）**工作时间**。工作时间指工作的具体时间，如上班时间、是否倒班以及如何倒班等。

（4）**工作环境**。工作环境指工作的物理环境和社会环境。物理环境包括温度、光照度、通风设备、安全措施、建筑条件以及工作的地理环境；社会环境依赖于工作职位与部门，主要包括工作团体的情况、社会心理气氛、同事之间以及部门之间的关系等。

（5）**工作方式**。工作分析应根据工作任务的内容和性质要求，明确完成工作所需的资料、机器设备、材料以及确定员工完成工作活动的方法和程序。

（6）**工作原因**。工作原因说明工作性质与重要性，即工作对该岗位工作者的意义所在。

（7）**工作关系**。工作关系是指确定该项工作的隶属关系，明确工作内容之间的联系和工作中与其他人员的联系。员工一方面要为本职工作所面对的对象（包括企业内的员工和企业外的客户）负责；另一方面要明确上下级关系，对上级负责。

二、旅游企业工作分析的方法

（一）资料分析法

1. 资料分析法的定义

资料分析法是指通过查阅、参考相关的文献资料来达到工作分析目的的一种工作分析方法。它利用的是原有资料，所以分析成本低，且工作效率较高，不失为一种经济有效的工作方法。

相关的文献资料包括作业统计和人事档案等。作业统计是对每个员工的出勤、产量、质量、消耗的统计，这为了解员工的工作内容、负荷以及建立工作标准提供了重要依据。在收集工作分析信息时，应对这些记录认真考虑，仔细分析。人事档案是每个组织都具备的，从中可以反映出任职者的基本资料，比如性别、年龄、受教育程度以及受培训的经历等。这些企业现有的材料，收集起来比较方便，有利于降低工作分析的成本。但是，在实际应用的时候，要确认其与实际情况之间是否存在差异。例如，有的企业对岗位责任制的执行并不严格，工作的实际履行情况与责任制规定相差甚远，或者是对作业统计的记录并不真实，可能存在水分。因此，有必要运用其他的方法做进一步的调查。

案　例

某旅行社计调人员岗位责任制

一、职责

计调部是旅行社旅游工作的计划、协调、调配部门，其工作职能在于对内接待、安排旅游团，对外计划、协调、发团等多种职能。

二、工作标准

1. 计调部的工作人员应广泛收集和了解不断变化的旅游市场信息及同行相关行情。对同行旅行社推出的常规、特色旅游线路逐一分析，力推本公司的特色线路及旅游方案；

2. 修改、制定和完善公司各常规线路的行程及具体安排，及时制定出符合客户要求的旅游线路及报价；

3. 在每次旅游团旅游完毕回团后，有关导游、司机报账时，计调人员要严格把关，并与财务部仔细核对每一个账目，确保准确无误；

4. 计调部在每次安排公司带团出去的陪同人员出团时，应把全陪人员所带团队的各方面具体情况及事项分别详细地告知全陪人员，以及全陪人员带团在外旅游过程中有可能出现的问题要作全方位的考虑，以防出现差错；

5. 计调部人员按季节及时掌握各条线路的成本及报价，以确保对外报价的可靠性、可行性及准确性；

6. 计调部要加强同外联人员的联系，及时了解、掌握、分析反馈的信息，然后进行消化、吸收、落实；

7. 在不同的时间，有针对性地修改和完善公司各常规线路的行程及具体安排，及时制定出符合实时旅游市场需求的旅游线路及报价；

8. 定期做好客户维护工作，应随时做到开发新客户、维护老客户；

9. 定期组织部门进行业务沟通及培训；

10. 团款收取，团队出票前必须确保已收到组团社机票全款和80%的接款、对于门市部必须确保出票前将团款（散客全款，团队80%团款）汇入集团，团队返回三日内必须及时回访并催收尾款（特批情况除外），与财务部仔细核对账目，确保公司资金安全；

11. 按规定整理公司团队资料，做好归档工作；

12. 常规业务操作为轮流制，交接工作必须以书面形式，一旦业务接手则需尽心尽职完成；

13. 熟练掌握团队操作流程；工作仔细、认真；对客户态度友善、具有亲和力，任何时候不得与客户发生争吵；对公司正常办公用品、软件、公司网站前后台能熟练使用。

三、任职条件

具有较强的责任心，工作有计划性，清楚自己每天的工作；掌握与客户、合作地接社和导游的谈判技巧；有风险和法律意识，对旅游相关法规要了如指掌；具备较强的市场意识及分析能力，计调人员应随时广泛收集和了解不断变化的旅游市场信息及竞争对手相关行情，对竞争对手推出的各种产品进行全方位分析，找出对手弱点，完善本公司产品，针对对手弱点力推本公司特色线路及旅游方案。

案 例 分 析

结合旅行社计调的岗位责任制，从资料中分析出该岗位的具体工作内容。

2. 资料分析法操作步骤

①确定工作分析的对象，即要针对什么样的工作岗位进行分析。

②选择可获得资料的渠道，可以来自组织，也可以来自个人，如员工、部门主管、企业高层领导等。

③收集可利用的原始资料。比如，企业的组织结构图、岗位责任制文本文件、现有的工作说明书、企业流程图等。通过这些资料，对每个工作的任务、责任、权力、任职资格等有一个大致的了解。

④从所获资料中筛选出与所分析工作相关的信息。

⑤对相关信息加以整理分析。

⑥描述这些信息，作为下一步分析工作的参考。

3. 资料分析法的优缺点

优点：分析成本较低，工作效率较高；能够为进一步工作分析提供基础资料、信息。

缺点：一般收集到的信息不够全面，尤其是小型企业或管理落后的企业往往无法收集到有效、及时的信息；一般不能单独使用，要与其他工作分析法结合起来使用。

（二）问卷调查法

1. 问卷调查法的定义

问卷调查法是一种应用非常普遍的工作分析方法。其基本过程是首先设计并分发问卷给选定的员工，要求在一定的期间内填写，以获取有关的信息。

问卷调查法通常是比较节省工作分析人员的时间与经费的一种方法，也是调查对象数目较大时获得信息的方法。问卷调查法的成败至少取决于三个方面：一是问卷的设计能否包括一切问题；二是各个问题设计是否适当、贴切，从而使回答者可以在要求的范围内正确地提供相当标准化的答案；三是如果答卷无强制性，则问卷会不会因太详尽而影响回收率。

2. 调查问卷的类型

调查问卷的类型分结构性问卷和非结构性问卷。前者是对某工作任务与职责的大量描述，由员工选择与判断哪些是本工作的任务与职责；后者是事先不提供任何有关某工作的任务与职责的描述，而是由接受问卷调查的员工结合平时工作体会来说明填写。一般调查问卷介于两者之间，即既有结构性问卷，也有非结构性问卷（如表 3-1 所示）。

表 3-1 调查问卷范例

姓名：	工作名称：
部门：	工作编号：
主管姓名：	主管职位：
1. 任务综述（请简单说明你的主要工作）	
2. 特定资格要求（说明完成由你担任的职务需要什么学历、证书或许可）	
3. 设备（列举为完成本职工作需要使用的设备或工具等） 设备名称　　　　　　　平均每周使用小时数	
4. 日常工作任务（请你尽可能多地描述日常工作，并根据工作的重要性和每项工作所花费的时间由高到低排列）	
5. 工作接触（请你列出在公司或公司外所有因工作而发生联系的部门和人员，并依接触频率由高到低排列）	
6. 决策（请说明你的日常工作中包含哪些决策）	
7. 文件记录责任（请列出需要由你准备的报告或保存的文件，并说明文件交给谁）	
8. 工作条件（请描述你的工作环境与条件）	
9. 资历要求（请描述胜任本工作的人最低应达到什么要求）	
10. 其他信息（请写出前面各项中没有涉及的，但你认为对本职务很重要的其他信息）	

填表人：　　　　　　　　　　　日期：

3. 问卷调查法的操作步骤

①事先征求被调查员工直接上级的意见，得到他们的支持。

②提前通知员工，向他们说明此项工作分析的意义，并需要提供安静的场所和充足的时间。

③向员工分发调查问卷，并说明填写问卷调查表的注意事项。

④向员工强调，在填写问卷时不是填写自己的相关事项，而是填写在其职位的合格员工应该达到的标准。

⑤鼓励员工真实地填写工作分析调查问卷，消除员工的顾虑。

⑥工作分析人员要随时解答员工在填写问卷过程中的疑问。

⑦工作分析人员对手绘的问卷进行分析与归纳，并做好详细的记录。

⑧工作分析人员描述出该工作岗位的信息。

⑨征求任职者及其直接上级的意见，得到反馈后，再对该工作岗位进行描述并予以必要的修改和补充。

⑩在此基础上编写工作说明书。

4. 问卷调查法的优缺点

优点：获得信息速度快，能在短时间内同时调查许多员工；结构性问卷所获取的信息比较规范化、数据化，因而便于统计分析。

缺点：问卷结构及事先应提出什么问题难度较大，比较费工；由于是"背靠背"的一种方法，因而不易了解接受问卷调查者的工作态度与工作动机等较深层次的内容。

5. 问卷调查法的注意事项

①设计问卷时，须注意以下几点：明确要获得何种信息，将信息化为可操作的项目或问题；设计问卷时要注意科学性、合理性，每个问题的目的要明确，语言应简洁易懂，必要时可附加说明；调查表的调查项目可根据工作分析的目的不同加以调整。

相关链接 🔍 搜索

问卷调查项目的选择

工作分析中需要注意的一个问题：工作分析的目的不同，工作分析的重点就会有所不同，所以应根据工作分析的目的对一些调查项目做相关调查。请将合适的选项填入下面对应的表格中。

项目示例：

A. 工作责任　　　　B. 工作时间　　　　C. 工作复杂性

D. 劳动强度　　　　E. 工作危险性　　　　F. 工作活动内容

表3-2　工作分析调查项目表

工作分析目的	调查项目
明确工作职责	1.
工作设计和再设计	2.
制订培训计划	3.
人力资源开发	4.
进行绩效考核	5.

参考答案 1. AF　2. ABCDEF　3. CEF　4. CF　5. ACF

---

②使用调查问卷时，须注意以下几点：使用调查问卷的人员，一定要受过工作分析的专业训练；对于一般企业，尤其是小企业，不必使用标准化的问卷，因为成本太高，可考虑使用定性分析法或开放式问卷；在调查时对调查表中的项目应进行必要的说明和解释；对调查表提供的信息应做认真的鉴定，结合实际情况，做必要的调整。

（三）访谈法

1. 访谈法的定义

访谈法是由分析人员分别访问工作人员本人或其主管人员，以了解工作说明中原来填写的各项目的正确性，或对原填写事项有所疑问，以访谈方式加以澄清的方法。因此，访谈法的作用一是对于观察所不能获得的资料，可由此获得；二是对已获得的资料加以证实。

相关链接 🔍搜索

访谈法中各类访谈对象的作用

- 上游供给者：提供上游工作对其工作职责任职资格的要求。
- 下游接受者：通过对上游目标工作的满意度评价校对其工作职责，从结果的角度提出任职资格建议。
- 同事：提供与工作相关的直接信息。
- 下级：从下级角度发现目标工作的职责盲区及期望上级扮演的角色。

——资料来源：作者收集整理

---

2. 访谈的主要内容

为了保证访谈的效果，在访谈前一般都要准备一个大致的提纲，列出需要提问的主要问题，这些问题主要包括：

①你平时需要做哪些工作？

②主要的职责有哪些？

③如何去完成它们？

④在哪些地点工作？

⑤工作需要怎样的学历、经验、技能或专业执照？

⑥基本的绩效标准是什么？

⑦工作有哪些环境和条件？

⑧工作有哪些生理要求和情绪及感情上的要求？

⑨工作的安全和卫生状况如何？

3. 访谈的形式

访谈的形式可分为个人访谈、集体访谈和管理人员访谈三种。个人访谈法主要是在各职位的工作职责之间有明显差别时使用；集体访谈法则主要在多名员工从事同样的工作时使用。由于有些工作可能主管与现职人员的说明不同，分析人员必须把双方的资料合并在一起，予以独立的观察与证实的权衡。这不仅需要运用科学的方法，还需要有可被人接受的人际关系技能。因此，应该把这三种方式加以综合运用，这样才能对工作分析真正做到透彻了解。

4. 访谈法的优缺点

优点：访谈法能够简单、迅速地收集工作分析资料，适用性强；既可以获得标准和非标准的资料，也可获得体力和脑力劳动的资料。由于工作者本身也是自己行为的观察者，因此，他可以提供常常不易观察到的情况。总之，工作者可以提供从任何其他来源都无法获得的资料。

缺点：分析人员对某一工作固有的观念会影响对分析结果的正确判断。而工作者，可能出于对自身利益的考虑，采取不合作的态度或有意无意地夸大自己应承担的责任和工作的难度，容易引起工作分析资料的失真和扭曲。若分析人员和被调查者相互不信任，应用该方法具有一定的风险性。因此，访谈法不能单独作为信息收集的方法，只适合与其他方法一起使用。

5. 访谈法的注意事项

①尊重工作者，接待要热情，态度要诚恳，用语要适当。

②营造一种良好的气氛，使工作者感到轻松愉快。

③分析人员应该启发和引导，取得所需信息，对重大原则问题应避免发表个人看法和观点。

④访谈结束后，将收集到的材料请任职者和他的直接上司仔细阅读一遍，以便做修改和补充。

（四）工作日志法

1. 工作日志法的定义

工作日志法就是由职位的任职者本人按照时间顺序记录工作过程，然后经过归纳提炼取得所需资料的一种方法。这种方法适用于工作循环周期短、工作状态稳定的职位；适用于确定工作职责、工作关系以及劳动强度等方面的信息。

2. 工作日志法的操作步骤

运用工作日志法进行工作分析，流程方便简捷，易于操作。一般来说分为以下几步：

①由工作分析人员设计出详细的工作日志表。

②发放给任职者，要求其认真填写工作内容与工作过程信息。

③收回工作日志表，并对信息进行分析与整理。

④检查记录和分析结果，可选择任职者的直接主管来承担。

⑤修正、补充进而得到新的分析结果。

3. 工作日志法的优缺点

优点：所获得的信息比较全面，可靠性很高，适用于与获取有关工作职责、工作内容、工作关系、劳动强度等方面的信息，所需费用也较低。

缺点：使用范围较小，不适用于工作循环周期较长、工作状态不稳定的职位，且信息整理量大，归纳工作烦琐。由于工作执行者填写时的疏忽，在一定程度上影响工作。

表 3-2　工作日志表及填写示例

工作日志

姓名：

职位：

所属部门：

直接上级：

从事本业务工龄：

填写期限：自　　年　　月　　日至　　年　　月　　日

说明：

1. 在每天工作开始前将工作日志放在手边，按工作活动发生的顺序及时填写，切勿在一天结束后一并填写。

2. 要严格按照表格要求进行填写，不要遗漏任何细小的工作活动。

3. 请您提供真实的信息，以免损害您的利益。

4. 请您注意保管，防止遗失。

日期	12月2日	工作开始时间	8：00	工作结束时间	18：00
序号	工作活动名称	工作活动内容	工作活动结果	时间消耗	备注
1	复印	协议文件	4张	6分	存档
2	起草公文	贸易代理委托书	800字	1.25小时	报上级审批
3	计算机录入	经营数据	2屏	1小时	承办
4	接待	参观	3人	35分	承办

（五）观察法

1. 观察法的定义

观察法是工作分析人员到现场实地去查看员工的实际操作情况，予以记录、分析、归纳，并整理为适用的文字资料的方法。在分析过程中，应经常携带员工手册、分析工作指南，以供参考运用。

2. 观察法操作步骤

第一步：准备阶段

①收集现有文献资料（组织结构图、员工手册、旧的工作说明书），对工作形成总体的概念（工作目标、工作任务、工作流程等）。

②准备一份工作分析观察提纲，作为观察的依据。

③若有辅助观察设备（摄像机、有关仪器等），也应提前准备好。

④对于事先所得的模糊但很重要的信息，应做好注释，以备正式观察时有所注意。

第二步：观察阶段

①确保所选择的观察对象具有代表性。

②选择不同的员工在不同的时间内进行观察。

③以标准格式记录所观察到的结果（重要的工作内容与形式等）。

第三步：面谈阶段

①观察后要与员工面谈，请员工自己补充。

②与该员工的直接主管面谈，了解工作整体情况。

第四步：合并信息阶段

①合并从各个方面所得的信息（现有文件资料、观察员工的资料、与员工面谈的资料、与主管面谈的资料），形成一个综合的工作描述。

②工作分析人员应随时补充资料。

③结合所列提纲，明确任务，保证每一项都已得到回答或确认。

第五步：核实阶段

①工作分析人员认真检查整个工作描述，并在遗漏或含糊的地方做标记。

②核实阶段应以小组形式进行，把所得的工作描述分发给员工及其主管。

③员工及其主管核实并反馈。

④召集所有参与对象，确定工作描述相关信息最终的完整性及精确性。

3. 观察法的优缺点

优点：工作分析人员通过观察法能够比较全面和深入地了解工作要求；适用于那些主要用体力活动来完成的工作，如装配工人，保安人员等。

缺点：不适用于脑力劳动成分比较高的工作，以及处理紧急情况的间歇性工作，如律师、教师、急救站的护士、经理等；对有些员工而言难以接受，他们会觉得自己受到监视或威胁，从而从心理上对工作分析人员产生反感，同时也可能造成操作动作变形；不能得到有关任职者资格要求的信息。

4. 观察法的注意事项

①观察员的工作应相对稳定，即在一定时间内，其工作内容、程序、对工作人员的要求没有明显的变化；

②适用于大量标准化的、周期较短的以体力活动为主的工作，不适用于脑力活动为主的工作；

③要注意工作行为本身的代表性；

④观察人员尽可能不要引起被观察者的注意和干扰他们的工作；

⑤观察前要有详细的观察提纲（如表3-3所示）和行为标准。

表3-3 工作分析观察法提纲（部分）

被观察者姓名：	日 期： 年 月 日
观察者姓名：	观察时间：
工作类型：	工作部分：
观察内容： 1. 什么时候开始正式工作？ 2. 上午工作多少小时？ 3. 上午休息几次？ 4. 第一次休息时间从_____到_____ 5. 第二次休息时间从_____到_____ 6. 上午完成产品多少件？ 7. 平均多长时间完成一件产品？ 8. 与同事交谈几次？ 9. 每次交谈约多长时间？ 10. 室内温度_____度？ 11. 上午抽了几支香烟？ 12. 上午喝了几次水？ 13. 什么时候开始午休？ 14. 出了多少产品？ 15. 搬了多少次原材料？ 16. 工作场所的噪声分贝是多少？	

（六）关键事件法

1. 关键事件法的定义

关键事件法，又称关键事件技术，它是由上级主管者记录员工平时工作中的关键事件：一种是做得特别好的，一种是做得不好的。在预定的时间，通常是半年或一年之后，要求分析人员、管理人员、本岗位人员，将工作过程中的"关键事件"详细地加以记录，并在大量收集信息后，对岗位的特征和要求进行分析研究的方法。关键事件法是由美国学者福莱·诺格（John C·Flanagan）和伯恩斯（Baras）在1954年共同创立的，其主要原则是认定员工与职务有关的行为，并选择其中最重要、最关键的部分来评定其结果。

2. 关键事件分析法的操作步骤

①识别岗位关键事件。运用关键事件分析法进行工作分析，其重点是对岗位关键时间的识别。这对调查人员提出了非常高的要求，一般从领导、员工或其他熟悉职务的人那里收集一系列职务行为的事件，然后描述"特别好"或"特别坏"的职务绩效。非本行业、对专业技术了解不深的调查人员很难在很短时间内识别该岗位的关键事件是什么。

②识别关键事件后，调查人员应记录关键事件的信息和资料。

关键事件的记录可由任职者的直接主管或其他目击者去完成，按照行为发生的顺序来记录。为了给确定任职资格提供事实依据，往往需要大量的有效和无效的关键事件，并把它们划分成不同的类别和等级。实际操作的步骤如下：

A. 把每一关键事件记录在卡片上。

B. 让多位有经验的工作分析者对所有卡片进行分类，分类的标准可以统一，也可以不统一。对那些分类有争议的事件要讨论，直到取得一致意见。

C. 对类别予以准确的概括和定义，如表3-4所示，将所有放在一起的七个关键事件概括为"打字员准确、整洁的工作作风与能力"。

表3-4　商务中心打字员关键事件分析

分析对象	商务中心打字员
关键事件	1. 注意打印稿中不正确的地方，检查并改正 2. 修饰每侧都是方边的稿件，使它看起来像打印版 3. 检查即将寄出的打印文件并纠正错误 4. 当怀疑有不适合的打印时，查阅有关手册 5. 检查图表位置 6. 检查字体大小、位置及其他专业数据等关键信息 7. 查验字典
概括命名	打字员准确、整洁的工作作风与能力

D. 资格条件比较，从关键事件分类与概括中，可得出数个任职资格条件。

③将上述各项信息资料详细记录后，可以对这些信息资料做出分类，并归纳总结出该岗位的主要特征、具体控制要求和员工的工作表现情况。

3. 关键事件法的优缺点

关键事件法的主要优点是研究的焦点集中在职务行为上，因为行为是可观察的、可测量的。同时，通过这种职务分析可以确定行为任何可能的利益和作用。

①为你向下属人员解释绩效评价结果提供了一些确切的事实证据。

②确保你在对下属人员的绩效进行考察时，所依据的是员工在整个年度中的表现（因为这些关键事件肯定是在一年中累积下来的），而不是员工在最近一段时间的表现。

③保存一种动态的关键事件记录还可以使你获得一份关于下属员工是通过何种途径消除不良绩效的具体实例。

但这个方法也有两个主要的缺点：

①费时，需要花大量的时间去收集关键事件，并加以概括和分类；

②关键事件的定义是显著的对工作绩效有效或无效的事件，但是，这就遗漏了平均绩效水平。而对工作来说，最重要的一点就是要描述"平均"的职务绩效。利用关键事件法，对中等绩效的员工就难以涉及，因而全面的职务分析工作就不能完成。

（七）工作分析方法与人力资源管理活动

为了更好地评估每种工作分析方法应用于人力资源管理活动的效果，表 3-5 给出了工作分析方法与各种人力资源管理活动之间的相互关系，供工作分析人员参考。

表 3-5　工作分析方法与人力资源管理活动的关系

目的＼方法	工作说明	考核	面试	工作评估	培训方案设计	绩效评估系统	职业生涯规划
工作日志法		※	※		※	※	
关键事件法	※	※	※		※		
观察法		※	※				
访谈法	※	※	※		※		
问卷调查法	※	※	※	※	※	※	※

注："※"号代表方法和目的相适应。

（八）不同工作分析方法的比较

在前面的内容里，共介绍了六种工作分析方法，面对不同的方法，表 3-6 列出了各种方法的优缺点和适用情况，以供进行工作分析方法选择时参考。

表 3-6

方法	优点	缺点	适用情况
观察法	更全面、深入地了解工作要求	1. 不适用于以脑力为主的工作、间歇性的工作、周期较长的工作 2. 不能得到任职者资格的相关信息	1. 标准化、周期较短、以体力为主的工作 2. 事务性的工作
访谈法	1. 可了解任职者的工作态度、动机等更深层次的内容 2. 有助于沟通 3. 简单、迅速	1. 成本较高 2. 员工会夸大或弱化某些职责	以脑力为主的工作
问卷调查法	1. 成本低、速度快 2. 调查范围广	1. 设计问卷成本高 2. 缺少沟通	任职者具备一定阅读理解能力的所有工作
工作日志法	1. 经济、有效 2. 所获信息可行	1. 使用范围小 2. 整理信息的工作量大	1. 周期较短、状态稳定的工作 2. 复杂烦琐的工作
关键事件法	1. 准确 2. 广泛用于人力资源管理活动	1. 费时 2. 遗漏了平均绩效水平	识别挑选标准、确定培训内容、进行绩效评估的行为观察时适用
资料分析法	1. 成本低 2. 工作效率较高	缺乏灵活性	比较常见、正规且有一定历史的工作

第四节　旅游企业岗位规范与职位说明书

一、旅游企业岗位规范

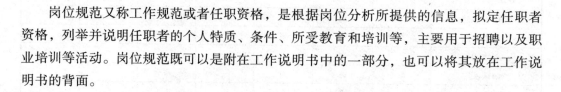

岗位规范又称工作规范或者任职资格，是根据岗位分析所提供的信息，拟定任职者资格，列举并说明任职者的个人特质、条件、所受教育和培训等，主要用于招聘以及职业培训等活动。岗位规范既可以是附在工作说明书中的一部分，也可以将其放在工作说明书的背面。

（一）工作规范的内容

（1）**资历要求**。资历要求包括教育背景和工作经历。教育背景是指对任职者专业、学历的要求，以及所受相关的培训、所获得的职业证书等；工作经历是指任职者有无相关工作经历以及从事相关工作时间的长短。

（2）**技能要求**。技能包括基本技能、专业技能和其他技能。例如，任职者的领导、组织、协调、创新、分析能力，信息处理能力，人际交往能力和表达沟通能力。

（3）**心理素质**。心理素质指个性心理特点。如各种感觉、知觉能力，记忆、思维、语言、操作活动能力，应变能力、兴趣爱好、性格类型等。

（4）**职业品质**。除一般的社会道德要求外，对职业品质也会有所要求，如敬业精神、职业态度、职业纪律等。

（5）**身体素质**。身体素质主要是岗位对身体的特殊要求。例如，身高、体型、力量、耐力、运动协调性、身体健康状况等。

（二）制定岗位规范的要求

（1）**区别对待不同性质的工作**。根据上述岗位规范的一般内容，在制定岗位规范时，要根据工作性质和岗位分析的不同结果区别对待。对性质简单、固定且条件可以列举的工作（如专业人员、技术员等），任职资格可以直接根据个人资格条件（如学历、培训、资格证书等）列举，基本可以满足岗位的要求；凡是不属于上述类别者，制定岗位规范时，可以根据岗位分析的结果，预测影响该工作绩效的个人条件是什么，进而确定胜任此项工作必需的资格条件。

（2）**满意的标准而不是最优的标准**。岗位规范所列举的任何资格条件要求，都应该建立在完成工作确实必需的内容之上，即岗位规范应该反映取得令人满意的工作绩效必需的资格条件，而不是最理想的候选人应该具备的条件。制定工作规范的标准应该是满意的标准，而不是最优的标准。

（3）**注意任职者的个性特质**。关于岗位规范，不同专家提出了不同的内容要求，在制定工作规范时，可以参考这些内容进行具体而详细的描述，但同时要切实地根据不同的工作性质和组织对岗位的特殊要求来制定，这样才能保证岗位规范的适用性。在实际工作中，更多的企业可能更加强调任职者的资格和能力要求，而对于任职者的个性特质（如意志水平、性格特点）往往缺乏必要的考虑，致使招聘的新员工在实际工作中不能面对工作压力，缺乏达到目的的意志和决心，不能与他人保持良好的合作关系，从而影响个人工作绩效和组织绩效。

二、工作说明书的编写

工作说明书，通常又称职务描述或工作描述，指用书面形式对组织中各种岗位的工作性质、工作任务、工作职责与工作环境所作的统一要求。一份工作说明书必须包括该项工作区别于其他工作的信息，提供有关工作是什么、为什么做、怎么做及在哪儿做的清晰描述。它的重要功能是让员工了解工作概要、建立工作程序与工作标准，阐明工作任务、责任与职权，有助于员工的聘用、考核和培训。

（一）编写内容

（1）**工作名称**。工作名称是指旅游企业对一定的工作活动所规定的职位名称或职位代码，以便于对各种工作进行识别、登记、分类以及确定企业内外的各种关系。工作名称位于工作说明书的开头部分，有识别和确定某项岗位的作用，主要内容有职务头衔、职务所在部门、岗位分析者及其向谁报告、最近修改岗位说明书的时间和编号等。其中，职务头衔是其主要内容，工作名称应该规范，最好根据有关职业分类辞典中所规定的名称来命名。

（2）**工作概要**。工作概要，也称工作摘要，是对主要工作的简要说明。要求用一句话对职务的工作内容进行简明扼要的描述，指出工作目的，但是要避免将工作的具体任务、方式等细节写进去。

（3）**工作关系**。工作关系指任职者与企业内外其他人之间的关系，包括该项工作受谁监督，此工作监督谁，此工作可晋升的职位、可转换的职位以及可迁移至此的职位，与哪些部门的职位发生联系等。

（4）**工作职责**。工作职责是工作说明书的主体部分，应清楚而详细地罗列工作的主要职责、工作任务等。

（5）**工作权限**。工作权限是界定工作人员在活动内容上的权限范围，包括决策的权限、对他人实施监督的权限以及经费预算的权限等。

（二）编写要求

（1）**内容详尽完整**。工作说明书中对工作内容的描述，如工作任务、工作职责、工作权限等一定要详尽完整，其中每个项目的描述都可以单独使用，但是详尽并非琐碎，不能把工作描述变为动作的分析和分解。

（2）**语言简洁、逻辑性强**。语句构成要简洁、规范、有逻辑性，每一句话都应该表达动作、对象、目的，并以动词起句；语句的排列应该按照工作的基本性质、职位高低、资格条件的重要性排序。

（3）**用词标准**。使用词汇应该具体，避免抽象概念，除非必要，不用形容词，避免使用难以理解的技术习惯词汇，尽可能使用数学语言。

案例

某机场要客接待室主任工作说明书

第一部分　岗位规格说明

一、基本资料

岗位名称：要客接待室主任　　　　岗位评价：……

岗位编码：160201　　　　　　　　定员标准：1 人

直接上级：要客部经理　　　　　　分析日期：2012 年 1 月

二、岗位职责

（一）概述

在要客部经理的领导下，全权负责进出港重要客人及股份公司领导和要客部领导交办的要客在候机楼内的接待工作；贵宾休息室的预订、调配和结算；专机、包机业务联系。

（二）工作职责

1. 要客接待主任要根据要客部战略目标和经营管理体制，制定本部门的各项规章制度并监督实施。

2. 全权负责进出港要客在候机楼内的接待工作。

3. 协调海关、边防、公安分局、各大航空公司等部门的关系，保证要客顺利进出港，树立要客部最佳服务形象。

4. 负责要客信息的搜集整理和报道，贵宾休息室的预订、调配和结算，以及相关的复印、打字、传真和订票等商务工作。

5. 拓展包机及商务飞机的服务领域，协调有关部门确保商务活动的顺利进行。

6. 制订本部门的工作计划、业务学习计划及考核办法，抓好本部门的工作纪律，定期对下属员工的工作进行监督检查。

7. 全面负责本部门员工的思想政治工作，对党、团、工会、女工等项党群工作进行指导监督。

8. 定期向要客部领导汇报本部门工作业务开展情况，及员工的思想政治状况，充当上下级之间的桥梁和纽带。

三、其他职责

完成领导交办的其他临时工作。

四、监督及岗位关系

（一）所受监督和所施监督

1. 所受监督：要客接待室主任直接受要客部经理的监督指导。

2. 所施监督：对下属的主任助理、商务中心工作人员、接待人员、包机业务员等进行直接监督指导。

（二）与其他岗位关系

1. 内部联系：本岗位与贵宾休息室有业务上的协调和配合关系；与综合办公室有指导和协调关系。

2. 外部联系：本岗位与全国各大航空公司、海关、边防、卫生检疫、护卫中心、公安警卫等部门有业务上的合作关系。

五、工作内容及工作要求

（一）工作内容

（1）要客接待室主任要根据要客部战略目标和经营管理体制，制定本部门的各项规章制度并监督实施。

（2）全权负责进出港在候机楼内的接待工作。

（3）协调海关、边防、公安分局、各大航空公司等部门的关系，保证要客顺利进出港，树立要客部最佳服务形象。

（4）负责要客信息的搜集整理和报道，贵宾休息室的预订、调配和结算，以及相关的复印、打字、传真和订票等商务工作。

（5）拓展包机及商务飞机的服务领域，协调有关部门确保商务活动的顺利进行。

（6）制订本部门的工作计划、业务学习计划及考核办法，定期对下属员工的工作进行监督检查。

（7）定期向要客部领导汇报本部门工作业务开展情况，以及员工思想情况，充当上下级之间的桥梁和纽带。

（二）工作要求

（1）规章制度的制定应根据本部门工作的实际，切实可行，确保有效实施，监督有力。

（2）协助办理要客登接机免检手续和 VIP 证件、贵宾停车场的管理工作，确保要客满意率达 100%。

（3）确保与有关部门关系通畅。要客登机准时率到达 100%。

六、劳动条件和环境

本岗位属于手工工作，室内坐姿结合室外行走进行，属于较轻体力劳动，工作环境温度、湿度适中，无噪声、粉尘污染，照明条件良好。

七、工作时间

本岗位实行每周 40 小时的标准工时制。

第二部分　员工规格要求

八、资历

1. 工作经验：具有三年以上接待服务的相关工作经验。

2. 学历要求：具有大专以上文化程度。

九、身体条件

本岗位要求身体健康，精力充沛，具有一定的协调力、控制力、调整力和记忆力。

十、心理品质及能力要求

1. 智力：具有较强的学习力、理解指令和原理的能力及推理判断能力。

2. 语言能力：口头和书面语言表达能力。

3. 具有一定的组织领导能力、管理能力、计划能力及实施运作能力。

4. 严谨、细心，善于发现问题，并能及时作出判断。

5. 具有较强的安全意识和保密意识。

十一、所需要知识和专业技能

（一）担任本岗位职务应具备的专业知识和技能

1. 掌握服务接待规范或相关专业知识。

2. 具有一定的外语水平，能够运用英语进行简单的听、说、读、写。

3. 具有一定的计算机水平，能够使用计算机办公自动化软件。

4. 具有公关意识，善于把握市场动态和接受先进的管理经验。

5. 具有丰富的社会经验。

（二）招聘本岗位员工应考核的内容

1. 政治思想素质和对民航服务行业的热爱程度。

2. 服务规范、安全保密等专业知识。

3. 计算机操作知识。

4. 英语水平。

（三）上岗前应接受的培训内容

1. 了解要客部的主要职能和责任，熟悉股份公司和要客部现行各项规章制度。

2. 掌握要客部人员分工情况，了解下属部门业务进展情况。

3. 服务意识、安全意识、保密意识。

（四）上岗后应继续教育训练的内容

1. 服务规范、安全保密知识。

2. 公共关系学、社会学和心理学知识。

十二、绩效管理

从德、能、勤、绩四个方面对员工进行考核，以领导评定为主，自我评定和同级评定为辅进行，其中领导评定占70%，同级评定占20%，自我评定占10%。

（一）本岗位工作考核的内容

1. 德：良好的职业道德修养，敬业爱岗，忠于职守。

2. 能：（1）业务能力：服务行业专业知识和实际运用能力；日常行政管理能力和处理突发事件的能力；公关和协调能力。（2）管理水平：具有一般的计划、组织、控制和决策能力。

3. 勤：出勤率达到98%。

4. 绩：（1）是否按工作计划和领导的指令圆满完成工作任务；（2）是否能够实现计划规定的经济管理目标；（3）各业务组的工作状况有无改善，工作绩效有无提高；（4）对整个机场的服务工作影响程度。

（二）岗位工作从时间角度考核要求

1. 定期听取本部门人员的工作汇报。

2. 每月向要客部经理提交书面工作报告 2 次。

3. 根据工作进展情况，随时向要客部经理提出合理化意见和建议。

4. 每年年初，制订全年工作计划，年末根据工作完成的实际情况，向上级作述职报告。

（三）考核结果的分析和反馈

由上级领导对考核结果进行核实及可靠性分析，以保证考核结果的真实性，并将考核结果与同期指标和工作要求相比较，及时将分析结果反馈给本人。

案 例 分 析

本职位说明书的描述包括了工作说明书的哪些内容？

？ 复习与思考

一、名词解释

工作分析　工作说明书　岗位规范

二、填空题

1. 工作分析，是指了解企业内的一种＿＿＿＿＿＿并以一种＿＿＿＿＿＿把与这种职位有关的信息描述出来，从而使其他人能了解这种＿＿＿＿＿＿的过程。

2. 工作说明书通常又称职务描述或工作描述，指用书面形式对组织中各种岗位的＿＿＿＿＿＿、＿＿＿＿＿＿、＿＿＿＿＿＿与＿＿＿＿＿＿所作的统一要求。

三、简答题

1. 工作分析在人力资源管理实践中具有什么作用？

2. 工作分析中，各岗位分析的参与者分别承担什么样的角色和职责？

3. 最常用的工作分析方法各自具有哪些优缺点？适用条件是什么？

四、 案例分析

X 景区旅游服务部经理的工作说明书

李飞从某大学人力资源管理专业毕业后，应聘到某 5A 级景区的人力资源部。人力资源部经理请李飞为景区中层管理岗位编写工作说明书，并且把景区以前的工作说明书给李飞做参考，以下是该景区旅游服务部景区的工作说明书。

例：旅游服务部经理工作职责

1. 统筹策划各项工作安排，积极推进工作任务，制订工作计划；

2. 负责本部门的工作人员和业务培训；负责部门的绩效管理和考核；

3. 不断改善服务措施和技能，确保日常工作有序运行；

4. 根据实际科学完善部门制度化管理，规范服务流程；

5. 提升服务意识，针对项目探索和开展个性化服务；

6. 做好游客咨询工作，创新开展便捷服务，提高游客满意度。

看了工作说明书之后，李飞陷入了沉思。

问题：

该景区旅游服务部经理的工作说明书是否需要修改完善？为什么？

📖 推荐阅读

1. 刘志明. 工作锚 [M]. 北京：中国劳动社会保障出版社，2012.

2. 吴小苹，胡志国. 旅游企业人力资源管理 [M]. 天津：天津大学出版社，2014.

第四章 旅游企业员工招聘与配置

　　人员招聘即组织通过劳动力或人才市场获取人力资源的活动。它是组织根据自身发展的需要，依照市场规则和本组织人力资源规划的要求，通过各种可行的手段及媒介，向目标公众发布招聘信息，并按照一定的标准来招募、聘用组织所需人力资源的全过程。作为人力资源管理中的重要环节，人员招聘涉及规划、途径、组织和实施等许多方面。它是组织获取人力资源的第一环节，也是人员选拔的基础。

　　本章主要介绍了旅游企业员工招聘的基本概念、内容、流程，不同招聘方式的优缺点，人员测评的内容及形式。通过学习本章，可以了解旅游企业员工招聘的内容与程序，了解各种招聘的优缺点，掌握人员测评的方式方法。本章的重点是旅游企业人员招聘和人员测评的实践。

学习目标

知识目标
1 掌握员工招聘的概念与内容。
2 熟悉员工招聘的渠道和方式。
3 掌握员工测评的方式方法。

技能目标
1 掌握面试的基本程序及面试提问技巧。
2 能够设计员工招聘的相关表格。

案例

小赵和小张的烦恼

　　小赵和小张同在宏泰酒店的销售部门工作。小赵比小张早来公司工作三年。当小张刚开始进入宏泰酒店工作时，小赵出于销售团队建设的考虑，给予了小张无微不至的关怀和帮助。尤其当小张初来乍到，客户资源很少，销售业绩欠佳时，小赵主动帮助小张介绍客户并告诉他一些实战方面的营销技巧。对此，小张对小赵感激不尽，经常请小赵吃饭。一来二去，两个人就成为了非常要好的朋友。随着小张的不断努力和小赵的帮助，很快两人的销售业绩基本旗鼓相当，而且小张的业绩发展趋势有超过小赵的迹象，但由于两人关系密切，对此小赵并无防范和嫉妒之心。

　　然而，一件意想不到的事情打破了这个局面。公司的销售主管突然高薪被人"挖"走了。酒店高层震惊不已，要求销售经理尽快在销售队伍中采取内部招聘的方式选拔一名销售主管，人力资源部门负责协助其工作。于是，销售经理和招聘主管马上发布了此消息。小张和小赵由于近些年来出色的业绩，通过层层选拔成为了此次招聘的热门人选。销售经理通过对两人的档案和近三年的销售业绩进行全面衡量，认为小张的发展潜力更大，决定录用小张为销售主管。

　　在得知这一消息后，小张显得非常高兴，而小赵却感到很沮丧。在接下来的一个月里，小赵就一直在这种沮丧与压抑中度过，最后决定离开宏泰酒店，寻求新的发展。小张同样也过得并不快活，由于其并不具备管理能力，资历又浅，很难管理好整支销售队伍，每天只能身心疲惫地工作。

　　——资料来源：胡华．旅游企业人力资源管理［M］．郑州：郑州大学出版社，2010.

 案 例 分 析

　　1. 此案例的问题出在哪里？

　　2. 如果你是酒店高层管理人员会如何处理这件事？在两者之间，你倾向于选谁？

第一节　招聘概述

一、招聘的定义

　　员工招聘，是指"招募"与"聘用"的总称，即组织根据自身发展的需要，依照市

场规则和本组织人力资源规划的要求，通过各种可行的手段及媒介，向目标公众发布招聘信息，并按照一定的标准来招募、聘用组织所需人力资源的全过程，是组织人力资源管理中的重要环节。

二、旅游企业招聘的重要性

（1）**招聘是旅游企业人力资源工作的基础**。招聘是人力资源管理中其他各项工作的基础。旅游企业人力资源管理所包括的各个环节，从招聘、培训、考核、薪酬到人力资源保护、劳动关系、奖惩与激励制度等环节中，人员的招聘是基础。如果招聘的人员不能够胜任，或不能满足企业要求，那么，企业人力资源管理的工作效益就得不到提高。

（2）**招聘是旅游企业人力资源投资的重要形式**。从人力资源投资的角度出发，招聘也是旅游企业人力资源投资的重要形式。人员的招聘与录用无疑将花费企业的费用。如果人员招聘与录用工作出现失误，对企业产生的影响将是极大的。员工的等级越高，招聘工作就越难开展，其招聘成本也就越大。要衡量一位招聘来的管理人员的作用，需要花费很长的时间才能确切评价。尤其是在人才竞争激烈的 21 世纪，能否招聘到关键性的人才，对企业的发展是非常重要的。因此，如果企业的招聘与录用工作的质量高，不仅能为企业招聘到优秀人员，而且能为企业减少由于录用人员不当带来的损失。

（3）**招聘能够提高旅游企业的声誉**。招聘工作需要进行严密的策划。一次好的招聘策划与活动，一方面，可以吸引众多的求职者，为应征者提供一个充分认识自己的机会；另一方面，既是企业树立良好公众形象的机会，也是企业一次好的广告宣传。成功的招聘活动，可以使企业在公众心目中留下美好的印象。

（4）**招聘能够提高旅游企业员工的士气**。旅游企业在不断发展的时期，自然会产生一些空缺职位，企业需要从外部寻找合适的人选来填补空缺，使企业的发展不至于受到限制。引进新员工可以带来新的思想，使员工队伍具有新的活力。招聘工作不仅影响到企业的未来，而且关系到员工个人的前程，对企业和个人都有着重要的作用和意义。

（5）**招聘能够提高旅游企业员工的流动率**。企业的人员流动受到多种因素的影响。一个有效的招聘和甄选系统，能促进员工通过合理流动，找到适合的岗位，职能匹配、群体相容，并调动人的积极性、主动性和创造性，使员工的潜能得以充分发挥，人员得以优化配置。例如，招聘和甄选过程中信息的真实与否，会影响应聘者进入企业以后的流动。如果企业向外部传递的信息不真实，只展现企业好的一面，隐瞒差的一面，职工入职后会对企业产生不信任，从而降低工作热情，最终可能导致人员的高流动性。反之，如能精心准备，坦诚相对，就会有助于降低人员的流动性。

三、招聘的原则

（1）**全面原则**。即对应聘人员从品德、知识、能力、智力、心理素质、工作经验和业绩进行全面考试、考核和考查。因为一个人能否胜任某项工作或者发展前途如何，是由其多方面因素决定的，特别是非智力因素对其将来的作为起着决定性作用。

（2）**平等原则**。即对所有应聘者要一视同仁，不得人为地制造各种不平等的限制或条件和各种不平等的政策，提供平等竞争的机会，不拘一格地选拔、录用各方面的优秀人才。在招聘中应坚持平等就业、相互选择、公平竞争、禁止未成年人就业、照顾特殊群众、先培训后就业、不得歧视妇女等原则。由于旅游企业的原因订立无效劳动合同或违反劳动合同者，旅游企业应承担相应的责任。

（3）**公开原则**。即把招考单位、种类、数量，报考的资格、条件，考试的方法、科目和时间，一律面向社会公告周知，公开进行。贯彻落实公开原则，一方面，可以给予社会上的人才以公平竞争的机会，达到广招人才的目的；另一方面，可以使招聘工作置于社会的公开监督之下，防止不正之风的蔓延。

（4）**合适原则**。合适原则是招聘的根本目的和要求。人们的专长和能力只有与他们的工作要求和职位相一致时，才能得到充分发挥。这就要求旅游企业人力资源管理部门遵照量才适用的原则。所谓量才适用，就是根据每个人的专长和能力、志向与条件，做到才以致用、各得其所、各尽其才。实行这项原则，一方面，要借助于工作分析，明确各个职位的要求与条件；另一方面，还要明确了解个人专长、才能和志向、性格等，只有全面地了解人，才能合理地使用人。能力测验、性格测验、兴趣测验等方法有助于我们了解人的专长、才能、志向和性格。只有坚持这个原则，才能广揽人才，选贤任能，为单位引进或为各个岗位选择最合适的人员。为此，应采取科学的考试考核方法，精心比较，谨慎筛选。特别是要依法办事，杜绝不正之风。

（5）**竞争原则**。即通过考试竞争和考核鉴别确定人员的优劣和人选的取舍。为了达到竞争的目的，第一，要动员、吸引较多的人员报考；第二，要严格考核程序和手段，科学地录取人选，防止徇私舞弊等现象的发生，通过激烈而公平的竞争，选择优秀人才。企业应通过简历分析、结构化面试、心理和行为测验、业绩考核、资信调查等一系列方法来确定申请者的优劣和决定人员的取舍，而不是靠个人的直觉、印象等来选人。这样有利于增强选聘、录用的科学性。

第二节　招聘的流程

招聘流程是指从招聘计划开始到录用结束的整个过程，它是利用各种先进的技术吸引应聘者，反复挑选测试，最后决定人选的一系列程序。具体步骤如图4-1所示。

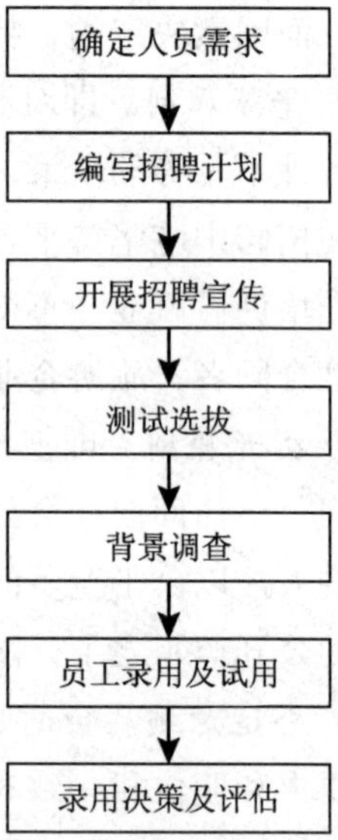

一、确定人员的需求

这一阶段的主要工作是准确地把握有关部门对各类人员的需求信息，确定人员招聘的种类和数量。具体步骤为：

（1）由公司进行统一的人力资源规划，或由各部门根据长期或短期的实际工作需要，提出人力需求。

（2）由人力需求部门填写"人员需求表"。人员需求表可包括如下内容：所需人员的部门、职位；工作内容、责任、权限；所需人数以及采用何种录用方式；要求的学历、经验，其他需要说明的内容。

（3）人力资源部审核，对人力需求及资料进行确认，综合平衡，并对有关费用进行估算，提出是否受理的具体建议，报送主管总经理审批。

二、编写招聘计划

在确定组织人员需求之后，需要编写详细的招聘计划。人员招聘计划作为人力资源管理的重要组成部分，为招聘活动提供了一个基本的框架，能够避免人员招聘录用过程中的盲目性和随意性。

招聘计划的编写内容一般包括：招聘信息的发布时间和发布渠道；招聘小组人员名单；招聘预算；招聘工作时间表；招聘广告样稿。

图4-1　企业招聘流程图

三、开展招聘宣传

如果企业选择在公司外部招聘，可以使用面向社会登报招聘、参加人才交流会及劳务市场现场招聘、网络招聘等方式进行宣传；如果企业在组织内部选拔人才，可以采用布告公开宣传等方式，但要注意公示期的时间长短。不管是内部招聘还是外部招聘，招聘的宣传期越长，宣传范围越广，招聘的效果越好。

四、测试选拔

测试包括初次筛选、面试、笔试等环节。招聘测试是人员招聘录用工作程序的重要组成部分，也是招聘录用工作的进一步展开。通过对应聘者施以不同的考试和测验，可以就他们的知识、能力、个性品质、职业倾向、动机和需求等方面加以评定。

五、背景调查

调查的内容可以分为两类，一是通用项目，如毕业学位的真实性、任职资格证书的有效性；二是与职位说明书要求相关的工作经验、技能和业绩，不必面面俱到。背景调查可以委托中介机构进行，选择一家具有良好声誉的咨询公司，提出需要调查的项目和时限要求即可。如果工作量较小，也可以由人力资源部操作，建议根据调查内容把目标部门分为两类，分头进行调查：一是学校学籍管理部门。在该部门查阅的应聘者教育情况，能够得到最真实可靠的信息，持假文凭者此时就会被发现。二是历任雇佣公司。从雇主那里原则上可以了解到应聘者的工作业绩和表现。有的雇主为防止优秀员工被挖走，而故意低调评价手下干将，以打消竞争对手的意图，所以应加以识别。

六、员工录取及试用

员工被录取以后，一般进入试用期，试用期的主要目的是通过工作实践，考查试用人员对工作的适宜性，同时为试用员工提供了进一步了解组织及工作的机会。事实上，这一阶段也是组织与员工进行双向选择的一个过程。

试用周期一般为 3 个月，特殊岗位的试用期可为 6 个月。试用期内工作优异者，经部门推荐、考核通过，可提前结束试用期，正式录用。对在试用期违反公司规章、工作程序的员工，考虑到其对新环境的不熟悉，应本着教育的原则予以纠正和帮助。

七、录用决策及评估

通过招聘评估中招聘信度和效度的评估，可以了解招聘过程中所使用的方法的正确性与有效性，从而不断积累招聘工作的经验与修正不足，提高以后招聘工作的质量。

案　例

最快地找到目标应聘者

A公司是一家合资企业，由于业务发展的需要，公司拟招聘一名采购经理。公司人事部门拟了一份招聘启事，其主要内容如下：

A公司招聘采购经理的启事

大专以上学历，3年相关工作经验，较好英语和计算机能力，有高度工作责任感和沟通协调能力。主要工作职责是联系供货公司，及时准确地在规定时间内将企业各部门所需货物发送至指定地点，并确保货物的质量和价格符合企业的要求。

看似一则短短的招聘启事，其中却透露出一些招聘以外的信息。在中国有很多这样的招聘启事：大专以上学历，2年相关工作经验，能熟练操作OFFICE者优先。

两种招聘启事是有本质差别的。上述合资企业启事中有较详细的工作职责，明确告诉了应聘者今后的职责范围和应负责任，同时，对应聘人员的四条要求也是"有根有据"的。而另一则招聘启事却没有对职责规定作出详细规定。

A公司找到合适人选，关键得益于这份成功的招聘启事，严格规定了岗位要求，显示出非常强的针对性。

——资料来源：环球网校

 案例分析

思考一份成功的招聘启事都需要具备什么条件？

第三节　招聘的渠道和方法

旅游企业招聘渠道按照招聘人员来源方式不同可分为内部招聘和外部招聘，一个组织在进行招聘活动的时候，是采取内部招聘还是外部招聘，取决于多种因素，主要考虑招聘职位的要求、组织的文化、外部环境资源状况等。

一、内部招聘

内部招聘是指企业在出现职务空缺后，从企业内部选择合适的人选来填补这个位置。内部招聘使员工有一种公平合理、公开竞争的感觉，它会使员工更加努力奋斗，为企业的发展增加积极的因素。

（一）内部招聘的主要来源渠道

（1）**提升**。从内部提拔一些合适人员来填补空缺是常用的办法。内部提升给员工提供了机会，使员工觉得在组织中个人职业生涯发展是有前途的，对于鼓舞士气、稳定员工队伍是有利的。同时由于被提升的员工对组织较为了解，对新的工作也可以较快适应。

（2）**工作调换**。员工调动是企业经常性的人事管理活动，调动的目的是为了使全体员工能够更好地适应本职工作，充分发挥每个员工的特长，做到人尽其才。通过正常的人事调动，可以激发员工的创造性、积极性，更好地为企业生产经营活动服务。员工调动是人才的合理流动，既包括企业内部的流动，也包括企业间的流动。员工调动一般用于中层管理人员，调动时调动人员职位层级高低通常不发生变化。

（3）**工作轮换**。工作轮换是指在组织的不同部门或在某一部门内部调动员工的工作，目的在于让员工积累更多的工作经验。工作轮换有利于促进雇员对组织不同部门的了解，从而对整个组织的运作形成一个完整的概念；有利于提高雇员的解决问题能力和决策能力，帮助他们选择更合适的工作；有利于部门之间的了解和合作。工作轮换还可以减少员工工作的单调性，提高员工的工作质量，从长期的角度来看可以提高企业的生产效率。

（4）**内部人员重新聘用**。组织由于一段时间经营效益不佳，会暂时让一些员工下岗待聘，当组织情况转好时，再重新聘用。当离岗期比较长时，应使他们尽快磨合上岗，减少企业损失。

（二）内部招聘的主要方法

（1）**内部员工推荐**。由本组织员工根据组织的需要推荐其熟悉的合适人员，供用人部门和人力资源部门进行选择和考核。由于推荐人对用人企业与被推荐者比较了解，使得被推荐者更容易获得企业与职位的信息，便于其决策，也使企业更容易了解被推荐者，因此这种方法较为有效，成功的概率较大。在企业内部最常见的推荐法是主管推荐，其优点在于主管一般比较了解潜在候选人的能力，由主管提名的人选具有一定的可靠性。

（2）**布告法**。布告法的目的在于企业中的全体员工都了解到哪些职位空缺，需要补充人员，使员工感觉到企业在招聘人员这方面的透明度与公平性，有利于提高员工士气。布告法是在确定了空缺职位的性质、职责及其所要求的条件等情况后，将这些信息以布告的形式，公布在企业中一切可利用的墙报、布告栏、内部报刊上，尽可能使全体员工都能获得信息，所有对此岗位感兴趣并具有此岗位任职能力的员工均可申请此岗位。

（3）**档案法**。人力资源部门都有人员档案，从中可以了解到员工在教育、培训、经验、技能、绩效等方面的信息，帮助用人部门与人力资源部门寻找合适的人员补充职位空缺。员工档案对员工晋升、培训、发展有着重要的作用。因此，员工档案应力求准确、完备，对员工在职位、技能、教育、绩效等方面的变化应及时做好记录，为人员选择与配备做好准备。

（三）内部招聘的优点和缺点

1. 内部招聘的优点

（1）**对员工产生较强的激励作用**。对获得晋升的员工来说，由于自己的能力和表现得到企业认可，会产生强大的工作动力，其绩效和对企业的忠诚度便随之提高。对其他员工而言，由于组织为员工提供晋升机会，从而感到晋升有望，工作就会更加努力，增加对组织的忠诚和归属感。这样，内部招聘就把员工的成长与组织的成长联为一体，形成积极进取追求成功的气氛，达成美好的愿景。

（2）**有效性更强，可信度更高**。由于企业对该员工的业绩评价、性格特征、工作动机以及发展潜力等方面都有比较客观的认识，信息相对外部人员来说比较充分，所以在一定程度上可以减少选择的风险，从而减少用人方面的失误，提高人事决策的成功率。

（3）**与外部招聘相比，内部员工适应性更强**。从运作模式看，现有的员工更了解本组织的运作模式。与从外部引进的新员工相比，他们能更好地适应新工作。从企业文化角度来分，内部员工已经认同并融入企业文化，与企业形成事业和命运的共同体，更加认同企业的价值观和规范，有更高的企业责任心和对企业的忠诚度，进入新的岗位的适应性也更强。

（4）**费用低**。内部招聘可以节约高昂招聘费用，如广告费、招聘人员和应聘人员的差旅费等，同时可以省去一些不必要的培训，减少了间接损失。另外，本企业候选人已经认可企业现有的薪酬体系，其工资待遇要求会更符合企业的现状。

2. 内部招聘的缺点

（1）**容易造成"近亲繁殖"**。同一组织内的员工有相同的文化背景，可能产生"团队思维"现象，抑制了个体创新。尤其是当组织内重要职位由基层员工提拔时，容易导致企业思维僵化，不利于组织的长期发展；同时，过多的内部招聘可能会使组织变得封闭，不断从内部提拔人才也会造成员工安于现状，企业难有更大发展。

（2）**易引发领导和员工之间的不团结**。在用人方面的分歧常常是高层领导之间产生矛盾的焦点，这涉及领导的权力分配，会在企业政治方面引起异常激烈的明争暗斗，并对员工的士气和没有被晋升的员工的工作表现产生消极的影响，特别是在几个同事申请同一职位时更是如此。在一个职位有空缺时，许多雇员都会被考虑补充那个职位，当然大部分会被否决，一些被否决的候选人可能会产生怨恨。这样就可能形成不健康的冲突，导致组织内人际关系紧张。一项研究发现，被否决晋升的雇员会比获得晋升的对手表露出更强的愤愤不平情绪和表现出更高的旷工率。

课 堂 思 考

内部招聘对旅游企业有哪些好处？

二、外部招聘

（一）外部招聘的主要方法

（1）**广告招聘**。广告招聘是应用很广泛的一种方法，可以比较容易地从劳动力市场中招聘到所需的人才。其传播媒体可以是大学校园里的布告栏、专业技术杂志、报纸和电视等。广告的作用，一方面是可将有关工作的性质、要求，雇员应该具备的资格等信息提供给潜在的应聘者；另一方面是向申请人告知公司或企业的优势。广告的内容应该真实，虚假的广告会引起雇用后的很多问题。随着现代社会人才竞争的愈演愈烈，为了吸引更多高素质的应聘人员，招聘广告的设计是很重要的。一份优秀的广告要充分显示出组织对人才的吸引和组织自身的魅力。一份好的广告应有：使人过目不忘的广告词；突出的企业标志；应说明招聘的岗位、人数、所需的资格条件，并写清楚待遇。

（2）**校园招聘**。校园招聘是许多企业采用的一种招聘渠道，企业人员到学校张贴海报，开展宣讲会，吸引即将毕业的学生前来应聘。对于部分优秀的学生，可以由学校推荐，对于一些较为特殊的职位也可通过学校委托培养后，企业直接录用。选择学校时要考虑几个因素，其中一个因素是要明确所招人员的岗位类型。如果一个企业需要控制污染的专业人才，那么招聘人员必须去那些设有环境研究专业的学校。企业或组织的规模是选择学校的另一个因素，大的公司可能到全国各地的大学去招聘，而小的公司则主要在本地的大学招聘。良好的校园招聘不仅可以招到优秀的人才，而且可以宣传企业，扩大企业的知名度。

相关链接　🔍搜索

用生不用熟，外企用人观念不同

　　外企普遍认为，自己培养的刚毕业的大学生，不会唯利是图，轻易跳槽。例如，松下公司注重自己造才，从不挖墙脚。他们认为优秀人才很难"拣到"，也很难"控制"，最好自己用心去培养，从内部提拔人才。基于此，每年他们都将"造才"目光瞄准各高校的毕业生，精挑细选，再经过系统培训，力争使其成为公司可用之才。

　　无论对国内企业还是跨国企业来说，人才流失都是制约企业发展的关键因素之一，特别是经过多年培养出的中、高级人才，掌握企业核心技术的人才，一旦跳槽就会对企业造成难以弥补的损失。一家外企中国地区负责人曾表示，"员工从业经验可以慢慢培养，品行才是决定其发展的关键因素。你可以用高薪挖来的人，别人同样也可以挖走"。有人直言不讳，"忠诚度正是一些有从业经验者最为欠缺的"。另外，应届大学生城府不深，不会"窝里斗"，容易形成积极进取的团队精神，也是被外企看好的一大优势。

　　有经济学者认为，民营企业人才流失情况严重，正是由其"短视"所致，招聘员工总希望马上产生效应，而忽略了对其的培养和投资。在人才选择和培养方面，外企无疑视野要开阔得多，也走在了前列。

——资料来源：中国人力资源网

　　（3）**委托各种劳动就业中介机构招聘**。企业可以利用各种人才市场、劳务市场，各种职业介绍所进行招聘。这种招聘方法具有选择面大、可信性强、招聘速度快的特点。例如，用人单位可花一定的费用在人才市场设点，吸引应征者前来咨询应聘，通过面对面交流，能较快地招聘到所需的中高级人才和专门人才。

　　（4）**网上招聘**。网上招聘是招聘人才的一种新型途径，它招聘范围广，信息量大，可挑选余地大，应聘人员素质较高。企业通常可以通过两种方式进行网络招聘，一是在企业自己的网站上发布招聘信息，搭建招聘系统；二是与专业招聘网站合作，如中华英才、前程无忧、智联招聘等网站，通过这些网站发布招聘信息，利用专业网站已有的系统进行招聘活动。网络招聘没有地域限制，受众人数大，覆盖面广，而且时效较长，可以在较短时间内获取大量应聘者信息，但是随之而来的是其中充斥着许多虚假信息和无用信息，因此网络招聘对简历筛选的要求比较高。

　　（5）**猎头招聘**。高级人才和特殊人才最好通过好的猎头公司猎取。不过这种方法费用较高，通常要付该职位年薪的 20%～30%。

（二）外部招聘的优点和缺点

1. 外部招聘的优点

（1）**人员选择范围广泛**。同内部招聘相比，从外部招聘具有更广泛的人员选择范围，在技术、能力和数量方面都有很大的选择空间。

（2）**有利于带来新思想和新方法**。外部招聘来的员工会把新的技能和想法带进组织。这些新思想、新观念、新技术、新方法、新价值观、新的外部关系，使得企业充满活力与生机，能帮助企业用新的方法解决一直困扰组织的问题。这对于需要创新的企业来说就更为关键。

（3）**大大节省了培训费用**。从外部获得有熟练技术的工人和有管理才能的人往往要比内部培训更节省培训成本，特别是在组织急需这类人才时显得尤为重要。这种直接的"拿来主义"，不仅节约了培训经费和时间，而且节约了获得实践经验所交的"学费"。

2. 外部招聘的缺点

（1）**外部招聘选错人的风险比较大**。这是因为外部招聘在吸引、联系和评价员工方面比较困难。

（2）**需要更长的培训和适应阶段**。即使是一项对组织来说很简单的工作，员工也需要对组织的人员、程序、政策和组织的特征加以熟悉，而这需要大量的时间。

（3）**影响内部员工的积极性**。如果组织中有胜任能力的人未被选用或提拔，即内部员工得不到相应的晋升和发展机会，内部员工的积极性可能会受到影响。

（4）**外部招聘可能费时费力**。与内部招聘相比，无论是引进高层人才还是中低层人才，都需要相当高的招聘费用，包括招聘人员的费用、广告费、测试费、专家顾问费等。

> **案 例**
>
> ### L 公司的校园招聘之道
>
> 总部位于欧洲的 L 公司在是世界最大的化妆品集团之一，其经营活动已遍及 150 多个国家和地区，在世界各地拥有员工 5 万多人。该公司在企业管理，特别是校园战略性人才招聘上有一套成熟而有效的管理方法。正是因为它的战略性的招聘，使自己的品牌得到了不断的提升，更是聚集了大量的人才。

　　企业人力资源开发常规的方法是，把某一个员工招进公司，从那一刻起开始给他职业培训，为他设计职业发展道路，等等。L公司思路则与其他公司不同，它提出了"提前进行人力资源开发"的思路，认为创造与人才接触的机会，才是人力资源发展的第一步。对于校园招聘，很多企业都在搞，但是它们收到的效果却是非常有限的，因为常规的企业并没有把活动放进自己企业的人才管理体系，除招聘外最多是为了推广自己的产品。与这些企业不同，L公司"提前进行人力资源开发"的第一步就是要让大学生们在大二、大三的时候就开始了解L公司的企业文化、价值观、市场策略，了解L公司的产品和管理。公司希望这些大学生在将来入职的那一刻就能起飞，加快他们迈向成功的步伐，也可减少企业后期培训的投入。

　　在有了人力资源提前开发的思路之后，L公司不断进行校园活动的推广，但是逐渐发现，这些活动如果只是平铺下去的话，效果并不好，打造一个品牌性的学生参与度高的比赛才是重要工作，于是该公司的"全球在线商业策略大赛"逐渐发展开来。竞赛模拟新经济环境下国际化妆品市场的现状，结合商业竞争的各主要要素，让每一位渴望成为未来企业家的大学生有机会在虚拟但又近乎现实的网络空间里，通过运用他们的专业知识和技能，管理和运行一个企业，并根据竞争状况对本公司的主要产品在研发、预算、生产、定价、销售、品牌定位和广告投入等方面做出全方位的战略性决策。这项赛事主要考察各参赛队伍对公司运作、战略制定与实施、市场开拓和培育、财务数值分析以及市场变化的综合分析和随机应变的能力。

　　L公司认为，在全球大学内招聘最好的人才，是公司的生命和活力之源。经过几年的比赛，"全球在线商业策略竞赛"已成为检测参赛学生战略性思考能力的一项重要而有效的工具，公司也因此有机会近距离地观察参赛选手的表现。通过运用这种国际化的招聘工具，L公司成功吸引了来自全球的精英，并长久地保持自身的活力。

——资料来源：新浪网

　　1. L公司的成功之处在哪里？

　　2. 其他公司能否复制L公司的招聘方式？

第四节　人员选拔

　　人员选拔，是根据工作岗位的需要选择合适的人选，把合适的人放到适当位置的一系列过程。人员选拔的方法主要有面试、笔试、心理测试、情景模拟等。

一、面试

面试是一种经过精心设计，在特定场景下，以面对面的交谈与观察为主要手段，由表及里的测评应试者有关素质的一种方式。面试时间通常大约 30 分钟，所提问题为 10 个左右。

相关链接　搜索

初试中细节影响求职者对企业的判断

每位职业人士都有过求职的经历。我们可以设想一个情景：当你到达面试地点后，负责招聘的人员亲切地接待自己，并安排在休息室等候且提供饮水，若遇到负责面试的人员此时有事，负责接待的人员会真诚地表示歉意并告知明确的等候时间；若与负责面试的人员会面时，面试官也非常有礼貌地与自己沟通，通过高效率的沟通了解自己的能力和告知企业的要求，寻求企业和个人需求之间的有效匹配。

我们没有理由不相信，这样的面试，即便不成功，企业也会给求职者留下良好的印象。相反，那些对求职者不负责任，任意浪费求职者时间、无视求职者存在的企业，不仅很难招聘到合适的人才，而且会给求职者及其朋友留下负面的印象。因此，招聘人员必须提升自身素质，确保为求职者留下良好的形象，维护企业的品牌形象。

——资料来源：慧聪网

（一）面试的分类

1. 根据面试的结构化（标准化）程度分类

可以分为结构化面试、非结构化面试和半结构化面试三种。结构化面试就是面试题目、面试实施程序、面试评价等方面都有统一明确的规范的面试；非结构化面试对与面试有关的因素不作任何限定，也就是通常没有任何规范的随意性面试；半结构化面试只对面试的部分因素有统一要求的面试，如规定有统一的程序和评价标准，但面试题目可以根据面试对象而随意变化。

（1）**结构化面试**。结构化面试是指依据预先确定的内容、程序、分值结构进行的面试形式。面试过程中，招聘者必须根据事先拟定好的面试提纲逐项对求职者进行测试，不能随意变动面试提纲。求职者也必须针对问题进行回答。面试各个要素的评判也必须按分值结构合成。也就是说在结构化面试中，面试的程序、内容以及评分方式等标准化程度都比较高，使面试结构严密，层次性强，评分模式固定。

（2）**非结构化面试**。非结构化面试就是没有既定的模式、框架和程序，招聘者可以"随意"向求职者提出问题，而对求职者来说也无固定答题标准的面试形式。招聘者提问的内容和顺序都取决于其本身的兴趣和现场求职者的回答。这种方法给谈话双方以充分的自由，招聘者可以针对求职者的特点进行有区别的提问。虽非结构化面试形式给面试的招聘者以自由发挥的空间，但这种形式也有一些问题。它容易受招聘者主观因素的影响，面试结果无法量化以及无法同其他被测者的评价结果进行横向比较等。

（3）**半结构化面试**。半结构化面试就是介于非结构化面试和结构化面试之间的一种形式。它结合两者的优点，有效地避免了单一方法上的不足。

总的来说，面试的方法有很多优势，面试过程中的主动权主要控制在招聘者手中，具有双向沟通性，可以获得比材料法中更为丰富、完整和深入的信息，并且使面试可以做到内容的结构性和灵活性相结合。

2. 根据面试对象的多少分类

可分为单独面试和小组面试。单独面试是一次只有一个应考者的面试，现实中的面试大都属于此类。单独面试的优点是能够给应考者提供更多的时间和机会，使面试能进行得比较深入。单独面试又分为两种类型，一种类型是只有一位考官负责整个面试过程，这种面试方式大多在较小的单位录用较低职位的人员时采用；另一种类型是多个考官面试一位应考者，这种形式广泛地应用在国家公务员录用面试和大型企业的招聘面试中。小组面试则是多名应考者同时面对考官的面试，考官同时要对多名应考者进行评价。小组面试的优点是效率比较高，而且便于同时对不同的应考者进行比较，不足之处是一位应考者的表现会受到其他应考者行为的影响。

3. 根据面试方式的不同分类

可以将面试区分为压力性面试和非压力性面试。压力性面试是将应考者置于一种人为的紧张气氛中，让应考者接受诸如挑衅性的、非议性的、刁难性的刺激，以考查其应变能力、压力承受能力、情绪稳定性等。典型的压力式面试，是以考官以穷究不舍的方式连续就某事向应考者发问，且问题刁钻棘手，甚至逼得应考者穷于应付。考官以此种"压力发问"方式逼迫应考者充分表现出对待难题的机智灵活性、应变能力、思考判断能力、气质性格和修养等方面的素质。非压力性面试是在没有压力的情境下考查应考者有关方面的素质。

案 例

不一样的招聘

小陈是快要毕业的大学生，得知一家公司在招销售人员，认真准备了简历来到了面试现场。"那次面试是在一个大教室，来了很多人，但同学们进教室后都选择离讲台较远一些的后排坐下，随后就开始和旁边的同学或者与自己一起来的同学聊起天来。"小陈回忆说。这时前排座位空荡荡，而对于平时就喜欢坐在第一排听课的小陈来说，在这样的场合要勇敢坐到第一排也算是个挑战，但他还是决定坐到第一排去。理由很简单："这样面试老师提出的问题我能听得清楚些。"此时的教室形成了两个极端，第一排一个人，后面直到第四排才开始有同学坐并且也没坐满。

正当大家都在窃窃私语等待面试开始时，面试官说话了，"第一排这位同学，你被录取了。"这让大家都感到有些惊讶甚至不解。面试官告诉现场的同学，求职者的积极性非常重要，尤其是销售岗位的人员，更应该主动接近我们的目标客户，在面试现场，我们就是求职者的目标客户。就这样，小陈顺利进入了这家公司。

——资料来源：世界经理人

案 例 分 析

面对这样的招聘方式，你有何感想？

（二）面试的技巧

（1）**布置好面试场景**。面试的场景要安静、明亮，有一定的音响设备和摄像设备，以便于其他人员了解应聘者。面试的场景还要设计好主试与被试的位置，一般情况下，面试官与应试者的距离在 1~1.5 米之间。过近，易造成应试者紧张；太远，面试官可能会看不到应试者的反应，影响判断的准确性。

（2）**注意提问技巧**。面试官开始与应试者接触，提问应自然、亲切、渐进、聊天式地导入；所问的问题应通俗、简明、有力，同时应注意选择适当的提问方式。

（3）**注意倾听技巧**。在倾听应试者回答时，面试官要给对方一种对他感兴趣、在很认真地听他回答的感觉，同时伴以和蔼的表情与柔和的目光与微笑，要正确应用目光和点头的作用。不要在应试者开始回答时随意点头、摇头、皱眉等，以免对应试者有暗示的作用，泄露答案。要注意从言辞、音量等方面区别应试者的内在素质。

（4）**注意观察技巧**。观察时防止以貌取人，先入为主，要坚持目的性、客观性、全面性与典型性原则。面试官在面试中不要带着任何主观意志，一切应本着实事求是的原

则，从应试者的实际表现出发进行测评，从多方面去把握应聘者的内在素质，不能仅凭某一个行为反应就下断言。

表4-2　某企业面试情况记录表

姓　　名		性　　别	
报考部门		报考工种	
志　　愿	1. 2. 3.		
评分等级	A. 优　　　　B. 良　　　　C. 中　　　　D. 差		
项　　目	评分		评语
外貌/仪表			
礼貌/态度			
灵活性/反应			
智慧/判断力			
性格/个性			
自信心			
工作知识			
面试意见			
主考签名	年　　月　　日	人力资源部意见 年　　月　　日	

二、笔试

　　笔试是一种与面试对应的测试，是考核应聘者水平的重要工具。这种方法可以有效地测量应聘者的基本知识、专业知识、管理知识、综合分析能力和文字表达能力等素质及能力的差异。笔试的优点是一次能够出十几道乃至上百道试题，考试的取样较多，对知识、技能和能力的考核的信度和效度都较高，花费时间少，效率高，成绩评定标准比较客观。笔试的缺点主要表现在不能全面地考查应聘者的工作态度、品德修养以及组织管理能力、口头表达能力和操作技能等。

　　笔试在员工招聘中有相当大的作用，尤其是在大规模的员工招聘中，它可以使企业一下子把员工的基本水平了解清楚，然后可以划分出一个基本符合需要的界限。笔试的适用面广，费用较少，可以大规模地运用。一般来说，在企业组织的招聘中，笔试作为应聘者的初次竞争，成绩合格者才能继续参加面试或下一轮测试。笔试一般可以分为标准化笔试和结构化笔试两种方式。

（一）标准化笔试

标准化笔试是通过受试者填写严格的文字材料评价受试者特征的测试形式。纸笔测试和计算机测试都属于这一类。其特点是：①所用材料都是经过系统地分析人才和职位的情况；②所填材料是两项或多项选择题；③回答方式是封闭的，只能任选一项；④实测过程是标准化的过程，一般是限定时间或限定答题方法；⑤对结果的统计和解释也是相对严格和封闭的。

该测试方法有快速、便于统计的优点，但因设置为选择题的形式，限制了求职者才能的发挥，思路的扩散；选择项或前后题目之间的关系，对求职者可能会起到一定的提示作用，影响求职者测试的独立性，不利于反映求职者的真实情况。因此，标准化笔试经常被作为一种辅助性的或初步性的测试。

（二）结构化笔试

结构化笔试是指通过受试者填写开放性的文字材料评价求职者特征的测试形式，其特点为：①所用材料都是经过系统地分析人才和职位的情况，再经结构化而确立的；②测试题具有引导性、复杂性和可开阔性。求职者可以广开思路、深入细致地分析问题，可以充分展现自己的才华；③每位求职者可以充分展现自己的个性和特点；④本测验的测试内容可以依据具体的岗位灵活设置。该测试方法能克服标准化方法过于简单的缺点，更接近于求职者的真实情况。但评判的难度较大，评判结论易受阅卷者的主观影响。因此，有效地采用结构化方式的前提是测试前制定严格细致的评估标准，并对阅卷者进行相应的评判培训。

为了保证笔试的效度，在其实施过程中应注意以下几点：第一，命题是笔试的首要问题，命题恰当与否，决定着考核的效果。无论是招聘管理人员和专业人员的命题，还是招聘普通文员的笔试命题，都必须既能考核求职者的文化程度，又能体现出空缺职位高低、工资特点和特殊要求。命题过于简单或复杂都不利于测评和选拔。第二，在拟定笔试参考答案时，应确定评阅计分规则。各个考题的分值应与基本考核内容的重要性及试题难度成正比，若分值分布不合理，总分数不能有效地表示受测者的真正水平。第三，要本着客观、公正、不徇私情的原则检阅求职者试卷。为此，应防止阅卷人看到求职者姓名等相关信息。阅卷人应共同讨论评分的宽严尺度，并建立严格的成绩复核制度以及处罚徇私舞弊者的纪律。

三、心理测试

心理测试是指通过一系列手段，将人的某些心理特征数量化，来衡量个体心理因素水平和个体心理差异的一种科学测量方法。心理测试的内容包含能力测试、性格测试和职业兴趣测试等。

（一）能力测试

（1）**普通能力测试**。主要包括思维能力、想象能力、记忆能力、推理能力、分析能力、数学能力、空间关系判断能力、语言能力等方面的测试。

（2）**特殊职业能力测试**。特殊职业能力是指那些从事特殊的职业或职业群所需要的能力。该项测试的目的在于选拔那些具有从事某项特殊职业的人才。

（3）**心理运动机能测试**。主要包括两大类，即心理运动能力测试和身体能力测试。

（二）性格测试

性格测试的目的是为了了解应聘者的性格特质，主要方法有自陈量表式测验和投射测验。

1. 自陈量表式测验

自陈量表法就是让被试按自己的意见，对自己的人格特质进行评价的一种方法。自陈量表通常由一系列问题组成，一个问题陈述一种行为，要求被试者按照自己的情形来回答。常用的自陈量表有：

（1）**明尼苏达多项人格测验**。这是现今国外最流行的人格测验之一，此量表由美国明尼苏达大学编制，内容包括健康状态、情绪反应、社会态度、心身性症状、家庭婚姻问题等 26 类题目，可鉴别强迫症、偏执狂、精神分裂症、抑郁性精神病等。

（2）**卡特尔 16 种人格因素测验**。这是美国伊利诺伊州立大学经过几十年的系统观察和科学实验编制而成的一种比较精确的测验。这一测验能以约 45 分钟的时间测量出16 种主要人格特征。本测验在国际上颇有影响，具有较高的效度和信度，广泛应用于人格测评、人才选拔、心理咨询和职业咨询等工作领域。

2. 投射测验

在投射测验中，给受测者一系列的、可以作多种解释的图片、绘画，要求受测者叙述自己的看法等内容。受测者的动机、态度、情感以及性格等，就会在回答的过程和内容中不知不觉地投射反映出来，从而了解受测者的若干人格特征。常用的投射方法有：

（1）**罗夏克墨迹测验**。由瑞士精神医学家罗夏克于 1921 年设计。该测验共包括 10 张墨迹图片，5 张彩色，5 张黑白。主试每次按顺序给受测者呈现一张，同时问受测者："你看到了什么"、"这可能是什么东西"或"你想到了什么"等问题。受测者可以从不同角度看图片，做出自由回答。主试记录受测者的语言反应，并注意其情绪表现和伴随的动作。

（2）**主题统觉测验**。该测验由美国心理学家默里编制，由 30 张模棱两可的图片和一张空白图片组成。图片内容多为人物，也有部分风景，但每张图片中都至少有一件事物。每次给受测者呈现一张图片，让受测者根据看到的内容编故事，从所编故事中推测其若干人格特征。

（三）职业兴趣测试

美国职业心理学家霍兰德创立的人格类型理论对人才测评的发展产生了重要的影响。霍兰德在其所著的《职业决策》一书中描述了 6 种人格类型的相应职业。在人格和职业的关系方面，霍兰德提出了将人的人格分为 6 种类型：实际型、研究型、艺术型、社会型、企业型与传统型。特定类型人格的人，便会对相应职业类型中的工作或学习感兴趣。

（1）**实际型**。这类人喜欢有规则的具体劳动和需要基本操作技能的工作，因其缺乏社交能力，不适应社会性质的职业。具有这种类型人格的人其典型的职业包括技能性职业（如一般劳工、技工、修理工、农民等）和技术性职业（如制图员、机械装配工等）。

（2）**研究型**。这类人具有聪明、理性、好奇、精确、批评等人格特征，喜欢智力的、抽象的、分析的、独立的定向任务这类研究性质的职业，但缺乏领导才能。其典型的职业包括科学研究人员、教师、工程师等。

（3）**艺术型**。这类人具有想象、冲动、直觉、无秩序、情绪化、理想化、有创意、不重实际等人格特征，喜欢艺术性质的职业和环境，不善于事务性工作。其典型的职业包括艺术方面的（如演员、导演、艺术设计师、雕刻家等）、音乐方面的（如歌唱家、作曲家、乐队指挥等）与文学方面的（如诗人、小说家、剧作家等）。

（4）**社会型**。这类人具有合作、友善、助人、负责、圆滑、善社交、善言谈、洞察力强等人格特征，喜欢社会交往、关心社会问题、有教导别人的能力。其典型的职业包括教育工作者（如教师、教育行政工作人员）与社会工作者（如咨询人员、公关人员等）。

（5）**企业型**。这类人具有冒险、野心的人格特征，喜欢从事领导及企业性质的职业，独断、自信、精力充沛、善社交等，其典型的职业包括政府官员、企业领导、销售人员等。

（6）**传统型**。这类人具有顺从、谨慎、保守、实际、稳重、有效率等人格特征，喜欢系统条理的工作任务。其典型的职业包括秘书、办公室人员、计事员、会计、行政助理、图书馆员、出纳员、打字员、税务员、统计员、交通管理员等。

上述的人格类型与职业关系也并非绝对的一一对应。霍兰德在研究中发现，尽管大多数人的人格类型可以主要地划分为某一类型，但个人又有着广泛的适应能力，其人格类型在某种程度上相近于另外两种人格类型，则也能适应另外两种职业类型的工作。也就是说，某些类型之间存在着较多的相关性，同时每一类型又有种极为相斥的职业环境类型。根据霍兰德的人格类型理论，在职业决策中最理想的是个体能够找到与其人格类型重合的职业环境。一个人在与其人格类型相一致的环境中工作，容易得到乐趣和内在满足，最有可能充分发挥自己的才能。因此，在职业选拔与职业指导中，首先就要通过一定的测评手段与方法来确定个体的人格类型，然后寻找到与之相匹配的职业种类。为了确定个体的人格类型，就需要大量运用人才测评的手段与方法，霍兰德本人也编制了一套职业适应性测验来配合其理论的应用。

四、情景模拟

情景模拟具有信息量大、形象逼真的特点，但其成本较高，需要有专门的场所，一般用于管理人员的选拔。常用的情景模拟方法有：小组讨论、管理游戏和角色扮演。

（一）小组讨论

小组讨论中典型的形式是无领导小组讨论，主试一般是坐在讨论室隔壁的暗室中，通过玻璃洞或电视屏观察整个讨论情形，通过扩音器倾听组员们的讨论内容，看谁善于掌控会议节奏，善于集中正确意见并说服他人，达成一致决议。

在这种形式中，主试评分的依据标准是：发言次数多少，是否善于提出新的见解和方案，敢于发表不同意见，支持或肯定别人的意见，坚持自己的正确意见；是否善于消除紧张气氛，说服别人，调解争议问题，创造一个使不大开口的人也想发言的气氛，把众人的意见引向一致；看能否倾听别人意见，是否尊重别人，是否侵犯他人发言权；还要看语言表达能力如何，分析问题、概括或总结不同意见的能力如何等。

（二）管理游戏

管理游戏，又称管理竞赛，是指几组管理人员模拟真实的公司经营，并做出各自的决策来互相竞争的一种开发方法。在管理竞赛中，将应聘者分为几个小组，每个小组都要在激烈的模拟市场竞争中与其他小组进行各种形式的博弈。管理游戏的优点是真实感强，富有竞争性，又能使参与者马上获得客观的反馈信息，故能引起被试者的浓厚兴趣。

（三）角色扮演

角色扮演主要是用以测评人际关系处理能力的情景模拟活动。在这种活动中，面试官设置了一系列尖锐的人际矛盾与人际冲突，要求被试扮演某一角色去处理各种问题和矛盾。主试通过对被试在不同人员角色的情景中表现出来的行为进行观察和记录，确定应聘者的素质潜能。

第五节 招聘评估

一、招聘评估的概念

招聘评估主要指对旅游企业招聘的结果、招聘的成本和招聘的方法等方面进行评估。一般在一次招聘工作结束之后，要对整个评估工作做一个总结和评价，目的是进一步提高下次招聘工作的效率。

二、招聘评估的作用

（1）**有利于组织节省开支**。通过招聘评估中的成本与效益核算，就能够使招聘人员清楚费用支出情况，对于其中非应支出项目，在今后招聘中加以去除，因而有利于在今后的招聘工作中节约开支。

（2）**检验招聘工作的有效性**。通过招聘评估中录用员工数量评估，可以分析招聘数量是否满足原定的招聘要求，及时总结经验和找出原因，从而有利于改进今后的招聘工作和为人力资源规划修订提供依据。

（3）**检验招聘工作成果与方法的有效性程度**。通过对录用员工质量评估，可以了解员工的工作绩效、行为、实际能力、工作潜力与招聘岗位要求之间的符合程度，从而为改进招聘方法、实施员工培训和为绩效评估提供必要的、有用的信息。

三、招聘评估的内容

一个完整的招聘过程的最后，应该有一个评估阶段。招聘评估包括招聘成本评估、录用人员评估和撰写招聘总结三个方面。

（一）招聘成本评估

招聘成本效益评估是指对招聘中的费用进行调查、核实，并对照预算进行评价的过程。它是鉴定招聘效率的一个重要指标。招聘成本评估指标包括招聘成本、选拔成本、录用成本、安置成本和离职成本等。

（1）**招聘成本**。招聘成本是指为吸引和确定企业所需要的人才而支出的费用，主要包括广告费、劳务费、材料费、行政管理费等。招聘所花费的总成本低，录用人员质量高，则招聘效果好；反之，则招聘效果有待提升。总成本低，录用人数多，则招聘成本低；反之则招聘成本高。做招聘成本评估之前，应该制定招聘预算。每年的招聘预算应该是全年人力资源开发与管理的总预算的一部分。招聘预算中主要包括：招聘广告预算、招聘测试预算、体格检查预算、其他预算。

（2）**选拔成本**。它由对应聘人员进行人员测评与选拔，以作出决定录用与否时所支付的费用所构成。

（3）**录用成本**。录用成本是指经过对应聘人员进行各种测评考核后，将符合要求的合格人选录用到企业时所发生的费用，主要包括入职手续费、安家费、各种补贴等项目。

（4）**安置成本**。安置成本是指企业录用的员工到其上任岗位时所需的费用，主要是指为安排新员工所发生的行政管理费用、办公设备费用等。

（5）**离职成本**。离职成本是指因员工离职而产生的费用支出（损失），它主要包括以下4个方面：①因离职前的员工工作效率的降低而降低企业的效益；②企业支付离职员工的工资及其他费用；③岗位的空缺产生的问题，如可能丧失销售的机会、潜在的客户、支付其他加班人员的工资等；④再招聘人员所花费的费用。

（二）录用人员评估

录用人员评估是指根据招聘计划对录用人员的质量和数量进行评价的过程。录用人员的数量可用以下几个数据来表示。

（1）**录用比公式：录用比＝录用人数/应聘人数）×100%**。录用比越小，相对来说，录用者的素质越高；反之，则可能录用者的素质较低。

（2）**招聘完成比公式：招聘完成比＝（录用人数/计划招聘人数）×100%**。如果招聘完成比等于或大于100%则说明在数量上全面或超额完成招聘计划。

（3）**应聘比公式：应聘比＝应聘人数/计划招聘人数×100%**。如果应聘比越大，说明发布招聘信息效果越好，同时说明录用人员可能素质较高。

（三）撰写招聘总结

在招聘活动结束后，企业通常要将活动内容和结果进行整理，在整理的基础上完成招聘小结，为下一次成功招聘打好基础。

1. 测评与选拔报告的撰写

在对职位申请者实施了测评并做出了录用决定之后，人力资源部应向企业提交一份测评与选拔报告。按形式分，人员测评与选拔结果的报告可以分为分数报告、等级报告、评语报告。当然，这三种形式并不是完全独立的，它们之间存在递进关系。一般来说，分数报告是等级报告的基础，而评语报告也是综合考虑分数和等级的结果而做出的。在测评中，一般同时采用多种测评方法来对应聘者进行考核，所以通常使用多个指标来描述员工的优缺点，并对每一指标做出规范的文字说明。而且，对测评和选拔的结果进行分析时，应该综合员工以前的工作表现或自传材料，采用定性和定量相结合的方法，也就是综合应用分数报告、等级报告和评语报告。同时，要注意让员工本人积极参加结果的分析过程。只有这样，测评与选拔的结果才能更真实地反映员工的实际水平，因为我们知道，对任何员工的评价，都是员工遗传特征、测评前的学习和经历，以及测评情景三方面因素共同影响的结果。

通常我们会采用一些综合和分析的技术来形成最后的测评与选拔的报告，报告的内容一般可以分为分项报告与综合报告。所谓分项报告是按主要测评指标逐项测评并直接报告，不再作进一步的综合。其特点是全面详细，但缺乏总体的可比性，只能做出单项的比较。而综合报告是先分项测评，最后根据各个测评指标的具体测评与选拔结果，报告一个总分数、总等级或总评价。其优点是总体上具有可比性，但一般看不出具体的优缺点。分项报告和综合报告都是必要的。综合报告把纷繁复杂的分项结果整合起来，得出一个明确的结论，为测评与选拔结果用于管理决策提供了直接的参考。而分项报告为综合结果提供了依据，能够帮助决策者进行更加细致的权衡，帮助员工有针对性地改进自己。

2. 招聘总结报告的撰写

企业招聘工作结束以后，应对整个招聘的过程进行仔细的回顾，总结经验、认清不足，撰写招聘工作总结，并把招聘工作总结作为一项重要的资料交由上级审查、存档，为以后的工作打好基础，提供借鉴。招聘总结报告的撰写应该由此次招聘的主要负责人执笔，报告应真实地反映招聘工作的过程并明确指出此次招聘的成功之处和失败之处。具体而言，招聘总结报告应该包括招聘计划、招聘进程、招聘结果、招聘经费、招聘评估等主要内容。

　　撰写招聘总结时要坚持以下原则：第一，要真实反映招聘全过程。要将招聘活动中一般过程和重要细节记录下来，不能带有主观的色彩，这便于今后客观、正确地分析问题。第二，由招聘主要负责人撰写。在招聘过程中，主要负责人要清楚地了解招聘全过程，能够全面地记录整个招聘过程，而其他招聘人员大多只熟悉其中的某一个步骤。第三，要明确指出成功之处和失败之处。在客观描述的基础上，再用独立的段落写出招聘活动的经验，对于下一次招聘有重要的参考价值。

 # 复习与思考

一、　名词解释

内部招聘　　外部招聘　　招聘评估

二、　简答题

1. 内部招聘的优缺点分别是什么？
2. 外部招聘的优缺点分别是什么？
3. 外部招聘有哪些方式？
4. 旅游企业内部招聘的渠道有哪些？
5. 旅游企业内外招聘的流程是怎样的？
6. 面试有哪几种形式？

三、　实训题

尝试为某酒店做一个人才测评方案。要求包括面试步骤、面试题、笔试题、评价标准等。

四、　案例分析

酒店招聘工作问题出在哪里

　　某酒店总经理李某从国内某知名高校招聘了高才生小王担任其秘书。由于这个年轻小伙子亲和力强、反应敏捷、口齿伶俐，且文字功底好，文秘工作做得十分出色，深得李某喜爱。

　　两年后，李某认为该给小王一个发展的机会，于是将他任命为酒店人力资源部经理，属下有 10 多位员工。谁知在半年内，人力资源部先后有 3 名员工离职，部门工作一片混乱，业务部门对人力资源部也抱怨颇多。

原来小王从毕业后直接到酒店担任高管秘书，并不熟悉基层业务。从未从事过管理工作的他与同级、下属的沟通方式很不到位，决策理想化，让下属都觉得非常难受；同时，他个人认为工作只需向总经理汇报，推行人力资源政策时没有必要征求业务部门的意见。于是，开展的一系列人力资源工作只会徒增业务部门的工作负担却收效甚微。在各种内部压力下，小王也引咎递交了辞职信。

——资料来源：胡华. 旅游企业人力资源管理［M］. 郑州大学出版社，2011.

根据以上案例，回答如下问题：

该案例中某酒店招聘工作的问题出在哪里？

推荐阅读

1. 郭克莎，孔欣欣，赵春英. 人力资源 MBA 课程新读本［M］. 北京：商务印书馆，2003.
2. 格里尔. 战略人力资源管理［M］. 孙非等译. 北京：机械工业出版社，2004.

第五章 旅游企业员工培训及职业发展管理

　　员工的培训是企业能否持续发展的关键，是旅游企业成功的一个基本因素。注重旅游企业员工的培训，是最有意义的人力资本投资。员工的职业生涯管理是专门化的管理，是实现组织目标和个人发展的有效结合。

　　本章首先介绍了员工培训的意义、原则和特点，然后具体阐述了培训的内容、程序和方法，并在此基础上介绍了旅游企业员工的职业发展管理。本章的重点是旅游企业员工培训的程序及方法。

学习目标

知识目标

1. 了解旅游企业员工培训的特点及原则。
2. 了解旅游企业员工培训的内容与方法。
3. 了解旅游企业员工个人职业生涯规划的意义。

技能目标

1. 掌握旅游企业员工培训的程序。
2. 熟悉并掌握旅游企业员工培训的方法。
3. 掌握旅游企业员工职业发展的阶段特点。

某旅行社员工培训提纲

目的和原则：

1. 端正员工的工作态度：认同企业，尊敬领导，团结同事，主动工作，及时汇报工作结果。

2. 培养员工的工作能力：规范各个工作流程，以工作内容（进程）为员工考核标准。

3. 激发员工的工作动力：精神上鼓励与包容，物质上提供与业绩挂钩的薪酬福利。

培训内容：

一、公司介绍

目的：认识公司及同事，树立信心，产生集体归属感和荣誉感

培训内容：同事介绍—公司发展历史及荣誉—公司架构—人员配备—晋级流程—福利待遇

辅助措施：

1. 列举表现优异的公司同事的事迹和待遇，给新员工描绘光明前景。

2. 让积极向上的同事陪同用午餐，从侧面反映公司工作氛围和良好的企业文化。

布置作业：一周内与各部门同事至少聊天一次

二、公司行政制度培训

目的：掌握公司上下班作息制度，休假制度，财务制度

培训内容：上下班作息制度—休假制度—财务制度

布置作业：对制度的学习心得，新员工个人未来 1 年目标和工作计划

三、公司办公室环境培训

目的：掌握办公室各类办公设备的使用方法，熟悉各类文件资料的摆放位置，电脑基本操作

培训内容：演示使用各类办公室设备（打印机上墨、换传真纸、正反复印等），告之文件资料的摆放位置

四、公司线路培训

目的：熟悉公司各类线路产品的基本情况，以及公司产品特有的卖点

培训内容：介绍公司产品

辅助措施：

1. 演示产品 PPT，以景点讲解为主，吸引新员工对产品的兴趣。

2. 学会利用地图学习行程编排。

3. 学习相关线路产品问答题，并通过闭卷考试。

布置作业：新员工逐一上台向其他人讲解 PPT

五、散单操作培训

目的：新员工能够帮助计调和销售员处理简单问题，例如订票、订车、订酒店，送签证，填签证表格/出入境卡等

培训内容：散单操作流程，各线路操作流程，各入境表格＋签证表格的填写规范

辅助措施：

1. 将新员工分配给有经验的销售员和计调做助理。

2. 模板的使用：提供操作流程，各类业务的模板。

布置作业：自己填写一套出入境表格，以自身资料填写签证表格

六、电话销售培训

目的：和客户建立联系，维护客户，销售产品

培训内容：电话销售前的准备，流程，市场调查的常规问题，如何回答客户的常规问题

辅助措施：

1. 模拟对客电话销售，1对1互相模拟客户演练问答。

2. 背诵各类常规问题，做到脱口而出，应对自如。

布置作业：提交一篇电话自我介绍开场白

七、公司线路操作流程培训

目的：熟悉团队操作流程，电脑中工作文档的使用

培训内容：各线路操作流程，《交接表》《操作表》《结算表》《账单》等表格填写规范

辅助措施：

1. 讲解流程的重要性，配以案例分析。

2. 用电脑演示一次各类表格的使用。

布置作业：将公司原有操作团队以文字形式，发给新员工，让其完成各表格的填写

八、市场分析培训

目的：熟悉公司产品的卖点，竞争对手的产品优缺点

培训内容：各线路行业十大批发商及其品牌，市场上主流产品的特点，公司产品的独特卖点

辅助措施：使用表格对比不同旅行社产品的内容差别

布置作业：获取自身市场上主要对手的产品计划和线路行程，了解同一级别对手的销售员姓名

九、市场开拓培训

目的：寻找潜在客户的方法

培训内容：寻找潜在客户的方法：网络、交易会、同行杂志广告、已有客户的推荐、实地拜访客户

辅助措施：举例说明各个方式的具体操作方法

十、出境旅游常识的附加培训

目的：扩大眼界、激活思路、丰富知识

培训内容：中国出境旅游业的发展历史和前景、各地出境口岸、签证的种类、航空知识、旅游英语

十一、专题：案例分析

目的：通过各类案例，迅速积累经验

培训内容：遇到同业低价抢团怎么办、机位紧张时如何收客、如何收款、如何处理行程中客人投诉

辅助措施：多人会议，鼓励讨论，分析各种处理方案导致的不同结果，当场明确最佳处理方案

——资料来源：长沙周边旅游网．

案 例 分 析

1. 该旅行社的培训是必要的吗？

2. 依照自己的理解，评价一下这家旅行社的培训提纲。

第一节　旅游企业员工培训概述

旅游企业员工培训是指旅游企业有计划地实施有助于员工学习与工作相关能力的活动。这些能力包括知识、技能和对工作绩效起关键作用的行为。

一、旅游企业员工培训的意义

（1）**有利于提高员工的职业能力**。旅游企业员工培训的直接目的就是要发展员工的职业能力，使其能更好地胜任现在的日常工作及未来的工作任务。不同于传统的培训只注重基本技能和高级技能的提升，现在的培训更多是使员工学会知识共享，创造性地运用知识来调整产品或服务的能力。同时，员工的工作能力得到提高会为其取得更好的工作绩效提供可能，也为员工提供了更多晋升和较高收入的机会。

（2）**有利于企业获得竞争优势**。员工培训的目的就是要不断培训与开发高素质的人才，以获得竞争优势，这已经成为人们的共识。尤其是在人类社会步入以知识经济资源和信息资源为重要依托的新时代，智力资本已成为获取生产力、竞争力和经济成就的关键因素。一方面，面对激烈的国际竞争，旅游企业需要越来越多跨国经营人才，为进军国际市场要做人才培训工作；另一方面，员工培训可提高企业新产品研究开发能力。

（3）**有利于改善企业的工作质量**。工作质量包括生产过程质量、产品质量和客户服务质量等。员工素质、职业能力的提高和增强，必将直接提高和改善工作质量。培训能

改进员工的工作表现，降低成本；增加员工的安全操作知识；提高员工的劳动技能水平；增强员工的岗位意识，增加员工的责任感；增强安全管理意识，提高管理者的管理水平。

（4）**满足员工实现自我价值的需要**。在现代企业中，员工工作更重要的目的是为了"高级"需求——自我价值实现。旅游企业培训不断教给员工新的知识与技能，使其能适应或能接受具有挑战性的工作与任务，实现自我成长和自我价值。这不仅使员工在物质上得到满足，而且使员工在精神上获得成就感。

二、旅游企业员工培训的原则

（1）**激励原则**。在培训过程中，如果学员们具有较强烈的动机，要改变行为或获得知识、技能，则培训工作会比较容易取得进展及成功。激发学习动机，要明确学习目标，因为激励理论认为，合适的目标具有激励效应。在培训过程中，教员要善于激发学员，使他们懂得并感受到培训的意义及带来的变化，努力完成学习任务。

（2）**因材施教原则**。每个人都具有不同的特点，在培训过程中应注意个别差异，因材施教。做到针对每个人的实际技能、岗位和个人发展意愿等开展培训工作，培训方式和方法适合个人的性格特点和学习能力。

（3）**实践原则**。培训的最终目的是为了员工把工作做得更好，所以员工培训不能简单依靠单一的课堂教学，而应千方百计地创造实践机会，使他们通过实践体会要领，真正掌握学习内容，及时将培训与推动实际工作紧密结合起来，指导并推进实际工作。

（4）**效果反馈原则**。效果的反馈是指培训进行到每一个阶段，应及时地将培训工作进展和培训成绩反馈给参加培训的员工。这不仅可以增强培训者的信心和成就感，从而提高学习的积极性，而且可以使员工巩固学习技能，深入查找差距，结合实际提出解决问题的具体措施和办法。

（5）**强化原则**。强化理论认为，人们会保持那些得到奖励的行为而避免那些没有受到奖励或是受到惩罚的行为。在培训中，可以结合反馈对接受培训人员的某种行为给予肯定和奖励，使其发扬、巩固，或者对某种行为给予否定和惩罚，使其减弱、消退，对好的行为的强化有助于学员保持该行为并将其迁移到工作中。

课 堂 思 考

你怎样理解旅游企业员工培训中的强化原则？在把握强化原则时要注意哪些问题？

三、旅游企业员工培训的特点

旅游企业员工培训的对象主要是在职人员，其性质属于继续教育的范畴。它具有鲜明的特征：

（1）**广泛性**。广泛性，即指员工培训的涉及面广，不仅决策层管理者需要培训，而且一般员工也需要受训。员工培训的内容涉及企业经营活动或将来需要的知识、技能以及其他问题，而且员工培训的方式与方法也具有更大的广泛性。

（2）**差异性**。差异性体现在培训的各个方面。不同企业战略不同，培训的内容及重点不同；而且不同知识水平和不同需要的员工，由于所承担的工作任务不同，所需要的培训也各异。

（3）**实用性**。实用性，即指员工的培训投资应产生一定的回报。员工培训系统要发挥其功能，即培训成果转移或转化成生产力，并能迅速促进企业竞争优势的发挥与保持。首先，企业应设计好的培训项目，使员工所掌握的技术、技能、更新的知识结构能适应新的工作。其次，应让受训者获得实践机会，为受训者提供或其主动抓住机会来应用培训中所学的知识、技能和行为方式。最后，为培训成果转化创造有利的工作环境，构建学习型组织。

（4）**长期性和速成性**。长期性和速成性，即指随着科学技术的日益发展，人们必须不断接受新的知识，不断学习，任何企业对其员工的培训将是持久的，具有长期性。员工学习的主要目的是为企业工作，所以培训一般针对性较强，周期短，具有速成的特点。

（5）**实践性**。实践性，即指培训应根据员工的生理、心理以及工作经验等特点，在教学方法上应注重实践教学方法。应针对工作实际，多采用启发式、讨论式、研究式以及案例式的教学，提升并优化员工培训的效果。

第二节　旅游企业员工培训的内容、程序及方法

一、旅游企业员工培训的内容

旅游企业员工培训的内容必须与旅游企业的战略目标、员工的职位特点相适应，同时考虑适应内外部经营环境变化。一般来说，培训最重要的内容主要包括员工在知识、技能和态度三方面的学习和进步。

（1）**知识的学习**。知识学习是旅游企业员工培训的主要方面，包括事实知识与程序知识学习。员工应通过培训掌握完成本职工作所需要的基本知识。企业应根据经营发展战略需求和技术变化的预测，以及将来对人力资源的数量、质量、结构的要求和需要，有计划、有组织地培训员工，使员工了解企业的发展战略、经营方针、经营状况、规章制度、文化基础、市场及竞争等。

（2）**技能的提高**。知识的运用必须具备一定技能。首先要对不同层次的员工进行岗位所需的技术能力培训，即认知能力与阅读、写作能力的培训。有研究表明，这三项能力的提高与员工工作的成功有一定的正相关关系。此外，旅游企业应更多培养员工的人际交往能力，尤其是管理者，更应注重判断与决策能力、改革创新能力、灵活应变能力、人际交往能力等的培训。

（3）**态度的改变**。态度是影响能力与工作绩效的重要因素。员工的态度与其培训效果和工作表现是直接相关的。管理者重视员工态度的转变使培训成功的可能性增加。而要想改变员工工作态度关键还要看管理者的态度。管理者要在员工中树立并保持积极的态度，并根据员工不同的特点找到适合每个人的最有效的影响与控制方式，规范员工的行为，促进员工态度的转变。

二、旅游企业员工培训的程序

旅游企业员工培训程序包括确定培训需求、设置培训目标、设计培训方案、实施培训、评估总结 5 个环节，从而保证培训的战略性、计划性和完整性（图 5-1）。

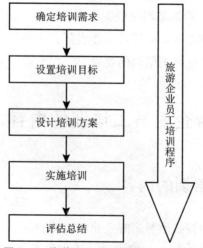

图 5-1　旅游企业员工培训程序示意图

（一）确定培训需求

在展开培训之前，应首先对员工进行需求分析。所谓确定培训需求是指对员工在工作中，被要求表现和实际表现之间是否存在差距进行确定。为了准确确定需求，应该着手针对组织、工作任务和人员3个层次进行分析。

1. 组织分析

组织分析是要在企业的经营战略下确定相应的培训。这里需要分析以下3个问题：

（1）**从战略发展高度，预测企业未来在技术、销售市场及组织结构上可能发生的变化**；对人力资源的数量和质量的需求状况进行分析，确定适应企业发展需要的员工能力。

（2）**分析管理者和员工对培训活动的支持态度**。大量研究表明，员工与管理者对培训的支持是非常关键的。受训者的上级、同事对其受训活动要持有积极态度，并同意向受训者提供关于任何将培训所学的知识运用到工作实践中去，那么受训者将培训所学习的知识运用于实际工作之中的概率较高。如果受训者的上级、同事对其受训不支持，这种概率就不大。

（3）**对企业的培训费用、培训时间及培训相关的专业知识等培训资源的分析**。企业可在现有人员技能水平和预算基础上，利用内部咨询人员对相关的员工进行培训。如果企业缺乏必要的时间和专业能力，也可以从咨询公司购买培训服务。目前已有越来越多的企业通过投标的形式来确定为本企业提供培训服务的供应商或咨询公司。

2. 工作任务分析

工作任务分析包括任务确定及对需要在培训中加以强调的知识、技能和行为进行的分析，包括员工执行任务和完成任务所需的知识、技术和能力的描述。这里对工作任务的分析并不同于工作分析，主要研究怎样具体完成各自所承担的职责和任务，即研究具体任职人的工作行为与期望的行为标准，找出其间的差距，从而确定只需要接受的培训。

3. 人员分析

人员分析可帮助培训者确定谁需要培训，即通过分析员工目前绩效水平与预期工作绩效水平来判断是否有进行培训的必要。这一层面的分析通常包括两个方面：

（1）**对现任人员的胜任力进行分析**。该分析既包括对眼前的胜任力也包括对未来应该具备的胜任力展开分析。这里所说的胜任力概念是由员工所拥有的工作经验、受教育和培训的背景、专业特长、知识结构、能力、技能和个性特征等因素组成。

（2）**对现任人员的工作绩效进行评估**。要根据绩效评估标准和指标，评估现任员工的工作业绩，其中重点是工作质量、工作数量和工作行为。

（二）设置培训目标

培训目标是指培训活动的目的和预期成果。培训目标确定的作用表现在：它能结合受训者、管理者、企业各方面的需要，满足受训者方面的需要；帮助受训者理解其为什么需要培训；协调培训的目标与企业目标的一致，使培训目标服从企业目标；也可使培训结果的评价有一个基准，还能指导培训政策及其实施过程；为培训的组织者确立了必须完成的任务。

培训目标可以针对每一培训阶段设置，也可以面向整个培训计划来设定。有了培训目标，员工学习才会更加有效。所以，确定培训目标是员工培训必不可少的环节。

（三）设计培训方案

培训方案的设计是培训目标的具体操作化，即目标告诉人们应该做什么，如何做才能完成任务。培训方案主要包括以下内容：选择设计适当的培训项目；确定培训对象；确定培训项目的负责人，包含组织的负责人和具体培训的负责人；确定培训的方式与方法；选择培训地点；根据既定目标，具体确定培训形式、学制、课程设置方案、课程大纲、教科书与参考教材、培训教师、教学方法、考核方法、辅助器材设施等。

制订培训方案必须兼顾企业具体的情况，如行业类型、企业规模、客户要求、技术发展水平与趋势、员工现有水平、政策法规、企业宗旨等。最关键的因素之一则是企业领导的管理价值观和对培训重要性的认识。

（四）实施培训

培训实施是员工培训系统关键的环节。在实施员工培训时，培训者要完成许多具体的工作任务。要保证培训的效果与质量，必须把握以下几个方面：

（1）**选择和准备培训场所**。选择什么样的培训场地是确保培训成功的基础。培训场地应具备交通便利、舒适、安静，独立而不受干扰，为受训者提供足够的自由活动空间等特点。

（2）**课程描述**。课程描述是有关培训项目的总体信息，包括培训课程名称、目标学员、课程目标、地点、时间、培训的方法、预先准备的培训设备、培训教师名单以及教材等。

（3）**制订课程计划**。详细的课程计划非常重要，包括培训期间的各种活动及其先后次序和管理环节。它有助于保持培训活动的连贯性；有助于确保培训教师和受训者了解课程和项目目标。课程计划包括课程名称、学习目的、报告的专题、目标听众、培训时间、培训教师的活动、学员活动和其他必要的活动。

（4）**选择培训教师**。员工培训的成功与否与任课教师有着很大关系。教师已不仅仅传授知识、态度和技能，而且是受训者职业探索的向导。企业应选择表达能力强、有广博的理论知识、丰富的实践经验、扎实的培训技能的人担任培训教师。

（五）评估总结

培训评估是培训中最为重要的部分之一，目的在于使旅游企业管理者能够明确培训项目选择的优劣，了解培训预期目标的实现程度，为后期培训计划、培训项目的制订提供有益的帮助。培训评估的主要内容有：反应评估、学习评估、行为评估和结果评估等。

（1）**反应评估**。反应评估是第一级评估，即在课程刚结束的时候，了解学员对培训项目的主观感觉和满意程度。反应评估是指受训人员对培训项目的看法，包括对材料、老师、设施、方法和内容等方面的看法。反应评估的主要方法是问卷调查。问卷调查是在培训项目结束时，收集受训人员对于培训项目的效果和有用性的反应，受训人员的反应对于重新设计或继续培训项目至关重要。反应问卷调查易于实施，通常只需要几分钟的时间。如果设计适当的话，反应问卷调查也很容易分析、制表和总结。问卷调查的缺点是其数据是主观的，并且是建立在受训人员在测试时的意见和情感之上的，个人意见的偏差有可能夸大评定分数，从而影响评估结果的有效性。

（2）**学习评估**。学习评估主要是评价参加者通过培训对所学知识深度与广度的掌握程度，方式有书面测评、口头测试及实际操作测试等。学习评估是目前最常见，也是最常用到的一种评价方式。它是测量受训人员对原理、事实、技术和技能的掌握程度。培训组织者可以通过笔试、绩效考核等方法来了解受训人员在培训前后，知识以及技能的掌握方面有多大程度的提高。笔试是了解知识掌握程度的最直接的方法，而对一些技术工作，例如工厂里面的车工、钳工等，则可以通过绩效考核来掌握他们技术的提高。强调对学习效果的评价，也有利于增强受训人员的学习动机。

（3）**行为评估**。行为的评估往往发生在培训结束后的一段时间，由上级、同事或客户观察受训人员的行为在培训前后是否有差别，他们是否在工作中运用了培训中学到的知识。这个层次的评估可以包括受训人员的主观感觉、下属和同事对其培训前后行为变化的对比，以及受训人员本人的自评。这种评价方法要求人力资源部门建立与职能部门的良好关系，以便不断获得员工的行为信息。培训的目的，就是要改变员工工作中的不正确操作或提高他们的工作效果，因此，如果培训的结果是员工的行为并没有发生太大的变化，这也说明过去的培训是无效的。

（4）**结果评估**。结果评估其目标着眼于由培训项目引起的业务结果的变化情况，最为重要的评估内容是对投资净收益的确定。结果的评估上升到组织的高度，即组织是否因为培训而经营得更好，这可以通过一些指标来衡量，如事故率、生产率、员工流动率、质量、员工士气以及企业对客户的服务等。通过对这样一些组织指标的分析，企业能够了解培训带来的收益。例如，人力资源开发人员可以分析比较事故率，以及事故率的下降有多大程度归因于培训，从而确定培训对组织整体的贡献。

案 例

某景区人员 2013 年培训计划

为适应本县旅游发展需要，提高景区人员整体素质，增强景区的竞争力和持续发展力，使员工全面掌握旅游法律法规、职业道德、服务礼仪及相关文化知识，提升员工主人翁意识，强化责任感，更好地胜任本职工作，特制订如下培训计划。

一、培训日期：2013 年 12 月 2~5 日

二、培训地点：××县文化馆 6 楼会议室

三、培训人员：消灾寺、灵官峡景区全体工作人员

四、培训方式：以自办为主，采取集中培训与实地交流学习相结合的方式

五、考核办法

景区人员实施笔试和景区模拟讲解相结合的办法。笔试成绩占 40%，景区模拟讲解考核成绩占 60%，两项合并核算学习成绩，并作为年终考核依据。

1. 笔试

时间：120 分钟   地点：文化馆 6 楼会议室   监考：陈献华 魏国银

2. 模拟讲解

时间：消灾寺景区讲解 20 分钟，灵官峡景区讲解 10 分钟

地点：文化馆 6 楼办公室

方式：播放幻灯片，展示景区全景图，按照导游讲解规范和服务标准，模拟现场讲解

评委：蔡建军、陈献华、陈宗、张宝平、孙磊

表 5-1　导游模拟讲解评分表

姓名：　　　　　　　　　所在景区：

项目	评分标准	分值	得分
仪态	穿着打扮得体、言行举止大方、面带微笑、表情自然	10	
景点讲解	内容全面准确、条理清楚、详略得当、重点突出、富有文化内涵	40	
讲解技巧	角度新颖、生动幽默、通俗易懂，富有感染力、亲和力	20	
导游规范	熟知并能正确运用导游服务规范、服务程序完整	20	
语言表达	口齿清楚、普通话标准、语速适中、用词准确、表达自然流畅、肢体语言运用恰当	10	
总分		100	

表 5-2　景区培训课程安排

日　期	时　间	课　程	主讲人
12 月 2 日	8：10~8：30	开班仪式	王　勇
	8：30~9：30	旅游法律法规	魏国银
	9：40~10：40	旅行社业务知识	王　欢
	10：50~12：00	如何提高职业素养	周　科
	14：10~15：10	旅游服务礼仪	冯雪利
	15：20~16：20	服务礼仪视频讲座	魏国银
	16：30~18：00	市场营销视频讲座	魏国银
12 月 3 日	8：30~12：00	消灾寺景区现场示范讲解	王　坤
		灵官峡景区现场示范讲解	朱　俊
	14：00~18：00	如何利用文化促进景区发展	杨权良
12 月 4 日	8：00~12：00	导游模拟讲解（灵官峡）	景区工作人员
	14：00~18：00	导游模拟讲解（消灾寺）	景区工作人员
12 月 5 日	8：30~10：30	笔试	景区工作人员

请各景区工作人员按时参加培训，遵守培训纪律，确保培训取得实效。

——资料来源：http：//www. sxfx. gov. cn/infor. php？246-31071.

案 例 分 析

结合旅游企业员工培训的程序，分析一下这个景区的培训计划。

三、旅游企业员工培训的方法

（1）**讲授法**。讲授法是最传统、最普及的一种培训方式。讲授法是充分发挥培训讲师的主导作用，由培训师依据培训目标制定或参与制定课程大纲，确定讲课的内容、程序和节奏等。其培训的手段主要是培训师的语言讲解，同时综合配以模型、演示、图表等手段。总体来说讲授法是一种培训效率较高的方式。

（2）**讨论法**。讨论法是以教学主体的多元平等、培训过程的高度互动为特征的培训方式。与讲授法相反，尽管讨论法背后有培训师的精心设计和指导，但就表现形式而言，教学过程的主体是多元而平等的，每个学员包括讨论的主持者都同时是信息的发布者和接受者，人人具有同样的话语权。讨论法对于澄清问题、交流思想、深化认识具有特殊的作用，在知识传授、技能训练和心理素质的提升方面得到了广泛的使用。

（3）**案例教学法**。案例教学，又称案例研究、案例分析，是培训师选择和提供具有典型意义的现实事件的书面材料，指导学员进行分析、讨论，要求学员归纳现象的本质，揭示事物发展的规律或寻求解决问题的建议，通过一系列的个案研究来丰富和提高学员的知识、技能，是培养其思考分析的习惯和解决问题能力的一种培训方式。

（4）**角色扮演法**。角色扮演法让学员在一个模拟的真实的工作环境中扮演一个角色，履行工作职责，如处理各种业务，然后通过各种评价、指导来提高和改进学员的工作行为和工作效果。角色扮演可以帮助学员熟悉新的工作环境、了解业务流程、掌握职业技能，在询问、电话应答、销售技术、业务会谈等基本技能的训练中得到比较广泛的使用。

（5）**工作轮换法**。工作轮换，亦称"轮岗"，指有计划地安排员工先后在一些岗位上工作，以丰富员工的经历，拓展员工的技能，发展员工的人脉，为其胜任更重要的工作做好准备，或为其更好地进行工作定位提供依据。工作轮换有助于员工开阔视野，丰富经历，向复合型人才方向发展。

（6）**行为示范模仿法**。行为示范模仿的培训方式向学员提供了特定工作行为的标准范例，学员通过观摩和模仿范例行为来达到学习的目的。例如，将面试、企业例会、客户服务现场的典型或规范场景制成录像，供学员观摩、讨论和模仿演练。通过不断地反馈和演练，使学员熟悉工作环境和程序，体验角色感受，掌握并养成高效、规范的工作行为。

（7）**网络培训法**。网络培训是指运用互联网技术传送一系列的关于增加知识和改进绩效的方法，代表了一种以互联网为平台的新型学习模式。这种模式充分利用现代电脑技术和互联网的特性，提供一种可以随时随地使用，自我计划管理成本低、效益高的学习机会和资源。

课 堂 思 考

思考一下旅游企业员工以上培训方法各自的特点及优劣势。

第三节　旅游企业员工的职业生涯管理

一、职业生涯规划

在竞争日趋激烈的职场，无论求职者还是人力资源管理部门的每一位工作人员，都承受着来自职业选择与人员选聘的巨大压力。越来越多的用人企业与企业的人力资源部门，为了满足企业人才的选聘与企业战略的需要，逐渐重视企业应聘人员与在职人员的性格测评和职业规划管理工作。越来越多的求职者为了能实现自己的人生梦想、人生价值，增强自己在职场中的竞争力，在走入场职场前，早早开始设计自己的人生发展道路。

相关链接 🔍搜索

国外职业生涯规划的发展历史

职业生涯规划的起源可上溯到欧洲工业革命后的 15 世纪。当时由于大批失去土地的农民涌入城市、进入工厂，伴随着劳动力过剩所导致的就业压力，以及在工业革命后社会分工的不断细化，对人才的要求进一步向专业化方向发展，欧洲一些老牌工业化国家开始出现了就业指导这一行业。

进入 20 世纪后，1908 年，美国的一位叫弗兰克·帕森斯（Frank Parsons）的人为了帮助年轻人和成年人梳理这个日渐复杂的职业选择过程，在波士顿一个街道的一栋住宅楼里建了一个职业局，其工作内容是指导求职者去审视他们自己的个性特点，调查当地的就业状况，然后选择可能的最佳机会。帕森斯的理论极为盛行，他的著作《选择一份职业》（Choose Vocation）为那些有志于在城市中发展事业的人们介绍了他的计划。帕森斯的计划界定了明智的生涯选择的三个步骤：一是对自身的兴趣、技能、价值观、目标、背景和资源进行认真的自我评估；二是针对学校、业余培训、就业和各种职业，考察所有可供选择的机会；三是鉴于前两个阶段所发掘的信息，仔细推断何为最佳选择。随着他的这一职业指导理论的诞生，帕森斯成为了近现代职业指导的先驱，职业指导也正式成为社会分工的一个重要组成部分。

在他之后，先后涌现了一批职业指导理论的奠基人，其中有瑞士著名心理分析学家荣格（Carl G. Jung）的心理类型理论，及其理论追随者和现代 MBTI 人格测试系统创始人、美国的心理学家凯瑟琳·布里格斯（Katherine Cook Briggs）和她的女儿心理学家伊莎贝尔·迈尔斯（Isabel Briggs Myers），其他还有美国的职业管理学家萨柏（Donald E. Super），美国著名的职业指导专家金斯伯格（Eli Ginzberg），美国著名的心理学博士格林豪斯（Greenhonse）及职业锚理论创始人、美国的施恩（Edgar H. Schein）教授等。

（一）个人职业生涯规划的概念

个人职业生涯规划是指个人通过对自己的能力、兴趣、爱好、理想、教育背景、性格以及社会背景和职业环境进行测量分析，结合组织的发展情况，以在各时间段所追求的目标为节点，以个人的职业理想为最终目标，所设计的个人职业发展路径。个人职业生涯规划是人生规划的重要组成部分，是对个人学习规划的延续。

（二）个人职业生涯规划的意义

（1）**职业生涯规划是高效开发和运用我国未来人力资源的重要途径**。众所周知，国家的人力资源战略是一个国家对最重要资源的一种长期投资与开发。缺乏针对公民和在职员工的职业生涯规划，在我国已经成为一种普遍现象，这种现象将会加重我国人力资源的浪费，减弱我国企业的凝聚力和吸引力，对企业竞争力构成了威胁。所以，加强职业生涯规划教育与职业生涯管理，是提高我国人力资源使用效率的重要途径。

（2）**可以促使我国公民树立正确的职业价值观与人生观，提高全民素质**。我国目前的国民教育，偏重于职业化与理论化教育，缺乏对人生观与价值观的系统教育与引导，导致我国公民在幸福观、职业观等方面严重倾向于追求现实利益，缺乏对自身的职业定位与人生价值定位，跳槽现象严重，公民的专业素质、专业能力、专业经历严重地游离于国家和用人单位的发展需求之外，造成国家与公民自身大量的教育资源与教育成本的白白浪费。进行正确的职业生涯规划，有助于改变这一现状。

（3）**做好职业生涯规划，有利于提高我国国民的就业竞争力**。随着现代社会的发展，社会分工越来越细，很多行业的工作岗位都需要专业的人才；同时为了提高效率，不少用人单位需要复合型的人才。当今社会的竞争异常激烈，工作就像一场战争，要想在战争中立于不败之地，必须做好战前准备，也就是做好职业生涯规划，从心理上和知识技能上越早做好计划和准备，就越有利于将来的职业发展。

（4）**做好职业生涯规划有利于社会的和谐发展**。做好职业生涯规划会有利于自身工作的稳定，减少工作意外情况的发生，降低跳槽的概率，促进个人的社会价值与自身价值的自我实现，同时有利于企业的健康发展。企业的健康发展会带来更多的经济效益，经济效益的提高势必会带来员工收入的提高，从而增加社会的稳定因素。

大学生职业生涯规划

刘勇是计算机专业学生。开始他想做一个软件工程师，因为这和他的专业更贴近。但是他从报纸上看到，说软件工程师是一个青春职业，和年龄有很大关系，35 岁以后软件工程师就面临着被淘汰的可能性，工作会不太稳定。于是他想去卖包子，他认为他家楼下卖包子的生意很稳定。从一个想做软件工程师到想卖包子，这给我们的震动也非常大。后来因为家里的反对，他放弃了这个想法。于是决定去公司应聘了，首先想到的是去做销售，因为他看到很多公司高层领导都是从销售开始做的。但是求职销售没有成功，他又回到 IT 业，想做 IT 培训老师，但还是没有成功。整个过程下来以后，他找了很多工作，做了很多选择，但都没有成功，变得非常失望、焦虑，他觉得自己的能力不被社会所接受。人碰到焦虑的时候会去排解这种情绪，于是他去上网、玩游戏，这样可以暂时降低焦虑的情绪。毕业的时候为了逃避就业的压力，他决定考研，成为高校中的考研一族。这也是高校中的一个普遍现象，每年考研的人数绝对比找工作的人数要多，这个数也是几年来积累下来的。

——资料来源：吴小苹，胡志国. 旅游企业人力资源管理［M］.

天津：天津大学出版社，2014.

案 例 分 析

刘勇的问题出自哪里呢？你认为个人职业生涯规划的重要意义在哪里？

（三）个人职业生涯规划设计的构成要素

如何进行个人的职业生涯规划呢？通常有 3 种途径来完成个人的职业生涯规划设计工作：一是个人根据职业生涯设计的主要构成要素，自我完成；二是在老师或职业设计专家辅导与协助下完成；三是在企业人力资源管理部门的协助下完成。但这三种途径基本都是按照下列构成要素完成设计工作的（图 5-2）。

（1）**自我评价**。自我评价是个人职业生涯规划的重要基础。一个有效的职业生涯设计必须是在充分且正确认识自身条件与相关环境的基础上进行的，在进行自我评价时要客观地审视自己、认识自己、了解自己，包括自己的兴趣、特长、性格、学习、技能、情商、逆商、思维方式等，即要弄清在众多的职业面前，自己最适合做什么职业。对自己最想从事的职业通过自我分析和评价，找出从事该职业自己所具有的优势与劣势，从而为在实施策略中制订解决这一问题的方案做好准备。

（2）**确立目标**。确立目标是制订职业生涯规划的关键，通常目标有短期目标、中期目标、长期目标和人生目标之分。长远目标需要个人经过长期艰苦努力、不懈奋斗才有可能实现，确立长远目标时要立足现实、慎重选择、全面考虑，使之既有现实性又有前瞻性。短期目标更具体，对人的影响也更直接，也是长远目标的组成部分。

（3）**环境评价**。做好职业生涯规划还要充分认识、了解与自己所选择职业相关的社会环境，评估环境因素对自己

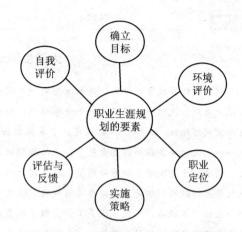

图 5-2　个人职业生涯规划构成要素

职业生涯发展的影响，分析环境条件的特点、发展变化情况及发展趋势，把握环境因素的优势与限制，了解本专业、本行业的地位、形势以及发展趋势。

（4）**职业定位**。职业定位就是要为职业目标与自己的潜能以及主客观条件谋求最佳匹配。良好的职业定位是以自己的最佳才能、最优性格、最大兴趣、最有利的环境等信息为依据的。职业定位过程中要考虑性格与职业的匹配、兴趣与职业的匹配、特长与职业的匹配、专业与职业的匹配等。

（5）**实施策略**。实施策略就是要制订实现职业生涯目标的行动方案，要有具体的行为措施来保证方案的实施。没有行动，职业目标只能是一种梦想。要制订周详的行动方案，更要注意去落实这一行动方案。

（6）**评估与反馈**。整个职业生涯规划要在实施中去检验，看效果如何，并及时诊断职业生涯规划各个环节出现的问题，找出相应对策，对规划进行调整与完善。

二、旅游企业员工的职业发展管理

如今职业生涯的管理已日趋成为组织内部人力资源管理的重要内容，从更广泛的意义上来看，职业生涯规划的管理内容已纳入现代人力资源管理理论的视野，具有划时代的意义。

（一）职业生涯管理的概念与特征

职业生涯管理是组织将自身的发展战略与员工的个人职业生涯规划，通过管理行为，实现融合的过程，其目标是帮助员工个人寻求与组织共同发展的职业路径。它具有

以下特征：

（1）**职业生涯管理有别于员工个人的职业计划**。职业计划是以个体价值的实现和增值为目的，个人价值的实现和增值并不局限在特定组织内部。职业生涯管理则是从组织角度出发，将员工视为可开发增值而非固定不变的资本，通过员工职业目标的努力，谋求组织的持续发展。职业生涯管理带有一定的引导性和功利性。它帮助员工完成自我定位，克服完成工作目标中遇到的困难挫折，鼓励员工将职业目标同组织发展目标紧密相连，尽可能多地给予他们机会。

（2）**职业生涯管理必须满足个人和组织的双重需要**。与组织内部一般的奖惩制度不同，职业生涯管理着眼于帮助员工实现职业计划，即力求满足职工的职业发展需要。一方面，全体员工职业技能的提高带动组织整体人力资源水平的提升；另一方面，在职业生涯管理中心的有意引导下可使同一组织中目标方向一致的员工个人脱颖而出，为培养组织高层经营、管理或技术人员提供储备人才。

（3）**职业生涯管理形式多样、涉及面广**。凡是组织对员工职业活动的帮助，均可列入职业生涯管理之中。职业生涯管理中既包括针对员工个人的管理，如各类培训、咨询、讲座以及为员工自发的扩充技能，提高学历的学习给予便利等；同时包括组织的诸多人事政策和措施，如规范职业评议制度、建立和执行有效的内部升迁制度等。

（二）职业生涯管理对我国旅游企业人力资源管理的意义

（1）**有利于旅游企业留住人才，减少人才的流动**。一直以来，我国旅游企业被员工离职率居高不下的问题所困扰。这与我国旅游企业鲜有开展员工职业生涯管理工作有着密切的因果关系。旅游企业的员工，尤其是一线员工和基层干部，在工作中一旦发现企业的利益与自身的利益发生冲突，就选择离职。因此，旅游企业开展员工职业生涯管理工作，有利于使员工明确自己在企业里的位置，了解企业利益与个人利益之间的关系，确定员工在企业内职业发展的路径，从而长期留住人才。

（2）**有利于调动和提高员工的积极性、主动性和责任心，可以提高旅游企业服务质量**。旅游企业的服务质量直接取决于员工的积极性、主动性与责任心。对职业前途迷茫的员工与明确自己未来在企业内职业发展路径的员工比较起来，他们为顾客提供的服务质量是完全不同的。多数情况下，旅游企业员工对待顾客的态度就是企业对待自己员工的态度。良好的员工职业生涯管理工作，将会为员工在工作时带来截然不同的工作心态和工作面貌。

（3）**是我国旅游企业深刻反省自身企业文化理念的重要手段**。我国旅游从业员工的离职率高、工作缺乏积极性、服务质量差的深层原因是我国旅游企业的价值观存在重大问题。我国大多数的旅游企业不顾及员工的个人利益，只追求资本的原始积累，开展职业生涯管理工作将是我国旅游企业深刻反省自身企业价值观，实现"以人为本"的价值观的重要手段。

（三）旅游企业员工职业生涯的管理

对于每个旅游企业来说，其内部职业类型的宽度是有限的。因此，开展员工职业生涯管理工作对于旅游企业选拔聘用人才、留住人才、稳定员工队伍，为企业的发展提供人才支持，就显得格外重要。员工的职业生涯管理工作要从员工的招聘工作开始。根据员工在一个企业内的工龄时间，可以将员工的职业生涯管理工作分为以下几个阶段。

1. 职业认识与适应阶段

在这一阶段（员工入职后第 1~3 个月），对于新员工来说，是其职业生涯的最关键时期，其任务是：通过与同事初步认识、熟悉和适应工作环境、初步掌握工作内容和规章制度等，形成对所从事的职业与岗位的初步认识。

这一阶段人力资源部门的任务是：通过对新员工的面试工作或心理测试，认识并了解他们；做好他们的岗前培训；带领新员工与他们的直接上级领导见面，并且一定要陪同新员工及他们的领导与部门老员工见面，并互相介绍；多征求新员工的同事与上级领导对新员工的评价，定期与他们进行面谈，面谈场所最好不要选在人力资源部。

2. 设计能与企业实现共赢的职业生涯规划阶段

在这一阶段（员工入职后第 3~48 个月），员工表现出的特点是：工作得心应手，个人的岗位工作能力已经充分展现出来，但潜能还没有发挥出来；那些对企业存在不认同感的员工或对职位较敏感的员工，可能会开始考虑通过跳槽的形式来改变自身的工作环境或实现自己职位晋升的愿望，这一点在那些职业技能较强或受过高等教育的员工中表现得较为突出。

这一阶段是员工开始职业生涯设计的关键阶段，人力资源部门如果对他们放任不管，即意味着人才流失。这一阶段人力资源部门的任务是：通过绩效考评或个人工作鉴定等方式，从各部门中挑选出一批业务尖子，将他们纳入企业人才储备库；为他们提供各方面的心理测试，并辅导他们开始设计双赢的职业生涯规划；在他们中间开展价值观与人生观的教育，引导他们树立正确的价值观和人生观；根据他们的能力、表现及部门人力资源的现状，可以考虑将他们提拔到基层领导岗位上来，或是提高他们的待遇，以降低外部环境对他们的诱惑力。

3. 职业发展阶段

在这一阶段（员工入职后第48~120个月），员工在工作中表现出的特点是：其职业心理素质已经基本走向成熟；职业技能与管理能力得到进一步增强；对职业发展路径已有清醒的认识，职业成就感较强；企业认同感表现得较为明确；同时他们大多进入了婚育年龄，婚姻与家庭生活的压力，开始在他们思想上显现。

这一阶段人力资源部门的任务是：根据员工的职业发展路径，指出其不足之处，为他们的职业发展提出明确的建议；为员工创造向更高一层发展的学习和培训环境，加强对他们的考核；可针对员工开展一些婚姻与家庭观的教育，明确他们应享受的相关福利，进一步增强他们对企业的认同感；根据员工的能力、表现及部门人力资源的现状，可将他们提拔到中层管理岗位或在职称、待遇方面进行调整。

4. 职业稳定阶段

这一阶段（员工入职第120个月以后），员工通过10年以上的工作，其职业特征是：职业方向明确，不会再轻易转变职业方向；家庭生活趋于稳定，个人职业追求与职业成就感进一步增强；职务上基本进入中级、高级领导层，但此时外部环境对他们的诱惑力较大。

这一阶段人力资源部门的任务是：加强绩效考核，协助企业总经理并指出他们在工作上的不足，并提供改进建议；针对他们职业路径上的下一个目标，创造学习与实践的环境；通过总经理与其谈话，进一步增强其责任感与使命感；可采取股权激励的方式，使其职业潜力与工作能动性得以积极发挥。

课 堂 思 考

思考旅游企业员工职业生涯管理的阶段性特点，每一阶段各自的侧重点在哪里，该如何把握这些特点来做好员工的职业生涯管理。

？ 复习与思考

一、名词解释

培训　工作轮换法　角色扮演法　个人职业生涯规划　职业生涯管理

二、单项选择题

1. 培训教师选择和提供具有典型意义的现实事件的书面材料，指导学员进行分析、讨论，这是培训中的（　　）。

A. 讲授法　　　　B. 讨论法　　　　C. 案例教学法　　　　D. 行为示范模仿法

2. 评价参加者通过培训对所学知识深度与广度的掌握程度，属于培训评估的（　　）。

A. 反应评估　　B. 学习评估　　C. 行为评估　　　　D. 结果评估

三、多项选择题

1. 下列属于旅游企业员工培训特点的有（　　）。

A. 广泛性　　　B. 差异性　　　C. 实用性

D. 长期性和速成性　　　　E. 实践性

2. 旅游企业员工培训的内容有（　　）。

A. 知识的学习　　B. 技能的提高　　C. 态度的改变　　　D. 市场的认知

四、简答题

1. 旅游企业员工培训的意义是什么？
2. 旅游企业员工培训的原则有哪些？
3. 旅游企业员工培训的程序有哪些？
4. 如何进行旅游企业员工职业生涯的管理？

五、实训题

根据本章所学的相关内容，制订一份个人的职业生涯规划。

📖 推荐阅读

1. 许丽娟. 员工培训与发展 [M]. 上海：华东理工大学出版社，2012.

2. 吴小苹，胡志国. 旅游企业人力资源管理 [M]. 天津：天津大学出版社，2014.

3. 石金涛. 培训与开发 [M]. 北京：中国人民大学出版社，2003.

旅游企业员工绩效考核管理

绩效考核是现代旅游企业人力资源管理的基础，企业每月和每个年度都要做绩效考核，一般由旅游企业人力资源部制订绩效考核的计划与方法，各个业务部门负责人具体组织实施。实施过程中，要坚持公平、公正、公开原则，制订合理的绩效考核方案，设计科学的绩效考核指标，选择适合的绩效考核方法，并做好绩效考核结果的反馈与沟通。

本章主要介绍绩效考核的基本概念，绩效考核的分类，旅游企业员工绩效考核程序、方法等内容。通过本章学习，学生应能在辨析何为绩效、何为绩效考核，了解考核原则，掌握旅游人力资源绩效考核的方法、各自的特点与不足，并能用于问题分析；掌握绩效考核结果反馈的原则和技巧，并能用于问题分析。

学习目标

知识目标

1. 了解绩效考核的含义和作用。
2. 熟悉绩效考核方案的制订。
3. 掌握酒店绩效考核的方法。

能力目标

1. 具备制订员工绩效考核方案的能力。
2. 具备设计员工绩效考核表格的能力。
3. 具备设计员工绩效考核指标的能力。

人力资源经理为什么感到无奈

　　某酒店客户服务部员工李小茹向人力资源部经理李若兰投诉：每月都要做绩效考核，但从来就没见考核结果起过作用，对自己的工作质量提升没有任何影响，认为纯粹是浪费时间。

　　2010 年 2 月 21 日上午，客户服务经理吴静把长达几页的绩效考核表格分发给所属的 7 名员工，要求员工在两天内填好并上交给她。出乎吴静的意料，当天下午，这些复杂的考核表格全都悉数上交给了她，所得的自评分数均为 70~80 分，有 3 名员工在自评后，随即在上司评分栏里签下了自己的名字。在下班前，吴静召集员工开会，她指出，这种提前签名的做法有悖于以往的考核管理，是不合理的。她要求员工重新拿回表格，同时强调：人力资源部已经明确发文，考核结果将作为年底奖金发放及末位淘汰的参考依据。

　　第二天下午，吴静顺利地回收了 7 名员工的考核表格。结果员工自评还是全都在 80 分以上，绩效表现均为优，而这不符合人力资源部制定的强制分布原则：每个部门只有 20% 的员工得优。吴静根据月初制定的绩效考核指标（Key Performance Indicaton, KPI），逐一对 7 名员工进行了评分。最后，她和往常一样，把考核表格发还给员工，交代员工如有异议，可找她做绩效面谈。

　　见到分数后，李小茹主动找吴静要求面谈，因为吴静给了她一个最低分。李小茹非常坦诚地问她的上司：这个月她的绩效考核指标完成情况的确不够理想，也遭到了几个客户的投诉，得了部门的最低分，心里非常难过。但她希望知道自己如何做，才能避免这种情况？缺乏绩效面谈准备的吴静一时无言以对。她只是简单地安慰李小茹，至于如何调整考核指标、提供什么样的帮助，吴静表示自己正在考虑中。李小茹对吴静的态度感到不满，认为吴静的答复对她没有任何价值。她认为，这样下去，自己肯定是第一个被淘汰的员工。

　　感到异常无助的李小茹，把绩效面谈的情况及结果以邮件的方式告诉了人力资源经理李若兰，对公司的绩效考核目的及直接上司的绩效面谈方式均提出了质疑。"她显然认为，部门经理对她工作绩效改善漠不关心。实际上这是由于部门经理缺乏面谈技巧与准备所造成的一个误解。"李若兰说。

　　而吴静对李小茹的投诉非常反感。李若兰对此非常无奈，"后来二人的关系一直处得不太愉快，李小茹的工作绩效也没有起色。"

　　——资料来源：汪晓梅. 酒店人力资源管理 [M]. 北京：中国轻工业出版社，2011.

案 例 分 析

　　本案例中的酒店应该如何有效地对员工进行绩效考核，并帮助李小茹提高工作绩效？

第一节　绩效考核概述

旅游企业人力资源管理中的绩效考核主要包括对绩效的考核与评价，是以员工为考核对象，综合运用各种定性和定量的考核方法，对旅游企业各部门员工为实现其职能所确定的绩效目标的实现程度，以及为实现这一目标所安排计划的执行结果而进行的综合性评价。

一、绩效考核的定义

（一）绩效与考核

1. 绩效的含义

绩效一般是指完成工作的效率和效能。具体分为组织绩效、部门绩效和个体绩效三个层次，但无论是组织层次还是部门层次，绩效的根基都来源于员工的绩效。因此，本书中的绩效是指员工层次的绩效。

关于绩效的含义，学界主要有三种观点：第一种观点认为绩效是结果，主要指工作的结果，因为工作的结果与组织的战略目标、顾客满意度及所投资金的关系最为密切。第二种观点认为绩效是行为，主要包括任务绩效和关系绩效两方面，任务绩效指被规定的行为或与特定的工作熟练有关的行为，关系绩效指自发的行为或与非特定的工作熟练有关的行为。第三种观点认为绩效既包含行为，也包含结果。行为由从事工作的人表现出来，将工作任务付诸实施。行为不仅仅是结果的工具，其本身也是结果，是为完成工作任务所付出脑力和体力而形成的结果，并且能与结果分开进行判断。

对于绩效的定义，虽然目前学界还没有形成一个统一的看法，但我们认为，如果将绩效定义为一种行为而不涉及结果的话，是不够合理的。因为并不是行为确定绩效标准，而是与行为相关的组织确定绩效标准。假如不使用结果标准的话，很难想象应该制定什么样的标准去评估绩效。进一步讲，现在很多研究者将绩效定义为一种行为，实际上就抹杀了行为结果在绩效考核中的作用。因此，将前两种观点加以融合而得出的第三种绩效观更加完善。根据上述分析，我们认为绩效是员工在一定时间和条件下完成工作任务所表现出的工作行为和所取得的工作结果，它是执行工作任务的过程、行为与结果的融合。

2. 考核的含义

考核包括考核与评价两个过程。考核是通过对员工的表现，基于客观依据为评价提供充分的材料，是对员工绩效信息的搜集、整理与归纳，是通过运用各种方法与技巧对员工绩效进行客观描述的过程。评价是在对员工绩效信息整理基础上全面的总结与运用，并根据描述确定绩效的高低，做出评判。对于相同的考核结果，运用不同的评价方法，得出的结论也是不同的。所以，评价是在一定范围内对员工绩效的分析，这样有利于找出影响绩效的因素，得出提高绩效的方法。只有考核而无评价，不能起到提高效率的目的；无考核而仅有评价，不仅不能够正确认识员工，而且有可能造成管理成本的增高和团队士气的下降。

综上所述，旅游企业绩效考核的基本定义是：针对旅游企业中每个职工所承担的工作，应用各种科学的定性和定量的方法，对职工行为的实际效果及其对旅游企业的贡献或价值进行考核和评价。

（二）绩效考核的特征

（1）**绩效考核是员工的职业行为结果**。它体现了对旅游企业工作的目标完成度，与企业的效益和管理的高低有着密切的联系，是企业经营成果的体现。

（2）**绩效考核具有明显的时效性**。绩效主要表现在最后的成果方面，也就是给企业或本部门带来的贡献；无效的劳动虽然属于劳动的范畴但是不能称之为绩效。

（3）**绩效考核的完成主体具有明显的唯一性**。对于员工的绩效考核，是对员工这一主体作用于一定的客体时所表现出来的过程和效用的考核。对员工绩效的考核即对某一具体员工的考核，其他工作主体不能够代为完成。

（4）**绩效考核具有较强的对比性**。一方面，对不同员工间绩效评比后得到的不同结果进行对比，不仅为薪酬设计奠定基础，而且为提高管理水平提供了依据。所以，绩效的对比性也是绩效的一大特点。

（5）**绩效考核具有可衡量性**。绩效考核是从定性和定量的角度，对员工工作过程和工作结果的评定，无论是定性还是定量的评定都有着一定的方法和标准，具有可衡量性的特点。

（三）绩效考核的分类

旅游企业人力资源管理中对员工绩效考核主要从两个方面进行。一方面是对员工素质的评价，主要表现为对员工的个性、知识、技术、能力等方面的评价。另一方面则是对员工工作业绩方面的评价，主要指员工的工作态度和工作完成情况（图6-1）。

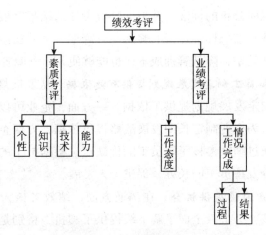

图 6-1　绩效考核分类

二、旅游企业员工绩效考核的作用和意义

绩效考核是旅游企业人力资源管理的重要环节，是衡量企业员工绩效、促进管理沟通、调整薪酬结构、实施激励、运用晋升和降职、优化人力配置、提供培训等管理活动的决策依据。旅游企业甚至可以根据员工绩效考核的结果来分别制订员工的个人职业发展规划。

（一）绩效考核的作用

（1）**是人力资源管理主要的控制手段**。在控制方面，绩效考核是人力资源管理中主要的控制手段。通过对员工的绩效考核，使员工工作过程与计划相一致，在数量、质量、进度与协作方面实现统一，使各项工作能够按照计划进行。同时，对于员工而言，绩效考核也是一种控制，使员工规范自己的行为，帮助其更加明确自己的岗位职责，起到促进、督导员工按照规章制度自觉工作的作用。

（2）**对员工具有很好的鼓励和激励作用**。在激励方面，通过绩效考核可以让员工认知到自己的实际工作成绩，可以起到鼓励和激励员工的作用。对于完成任务或超额完成任务的员工，可以通过正激励的方式鼓励其继续努力，对这些员工而言是一种认可与赞扬。相反，对于未按标准完成工作者，可以采用负激励的方式对其进行处罚，让他们认识到自身的不足，并努力提高。所以，无论是对员工的肯定还是否定，绩效考核都可以对员工产生激励作用。

（3）**为员工的晋升、奖励、降职或惩罚提供参考标准**。从公平方面，科学的绩效考核可以为员工的晋升、奖励、降职或惩罚提供标准。绩效考核可以为旅游企业人力资源管理部门提供一个客观而公正的标准，并根据绩效考核的结果开展人力资源的相关管理工作。科学的绩效考核和按照标准进行的奖惩与升降职，会使旅游企业形成标准化管理的良好风气，提高管理效率，降低管理成本，也能够使人力资源管理标准化。

（4）**为旅游企业和员工制定发展规划提供有效依据**。从发展规划方面来看，绩效考核为旅游企业和员工制定发展规划提供了依据。一方面，企业可以通过对员工绩效考核的结果进行分析评价，为企业制定长期发展战略提供依据，方便企业制订更为科学的发展规划；另一方面，通过绩效考核了解员工的优缺点，根据员工的特点制定相应的培训内容和岗位安排，充分发挥员工的长处，促进个人发展。

（5）**为上下级交流沟通提供机会**。在沟通方面，绩效考核为上下级沟通提供了机会。通过开展绩效考核，为上级全面了解下级提供了契机，特别是在谈话时更容易促进双方互相了解。另外，员工也可以借助绩效考核的机会向上级提出自己的想法与见解，以及自己的愿望与发展规划，使上级更好地了解下级。这种沟通方式可以使双方目标一致，更有利于企业目标的实现。

（二）绩效考核的意义

绩效考核对旅游企业的重要性，可以从以下几个方面表现出来：

（1）**有助于提高企业的生产率和竞争力**。绩效考核是对旅游企业生产能力的反映。俗话说"事在人为"，对于企业而言，企业的成绩就是每一个生产单位的成绩，也是每一位员工的工作之和。员工工作成绩的好坏直接影响着企业的效益，所以，绩效考核对于认知企业的生产率和竞争力有着重要的影响。然而，能够正确认识到企业的生产力其实就是能够认识到企业员工的生产效率。通过对员工绩效的管理，可以提高员工的绩效水平，也可以有效地提高企业的生产率和竞争力。

（2）**对于人事管理具有重要意义**。旅游产业是服务型产业，每个生产单位的优良与否直接影响着旅游产业。但是，由于是以突出服务为主的行业，对于员工表现的好坏很难像一般产业那样通过生产产品的数量，或是生产效率的高低来体现。服务作为产品的一种，有着不可转移性、不可复制性、不可储存性、生产销售同步性等特点，而这些特点都决定了对员工绩效考核不能等同于一般生产性企业。所以，科学的绩效考核对于评定旅游从业人员就显得特别必要，不仅能够方便管理部门正确认识员工，而且对于科学评价员工有着重要的意义。

（3）**对于员工管理具有重要意义**。实施旅游企业人力资源绩效管理有助于员工管理，特别在员工个体方面。第一，通过对员工的评价，帮助员工发展或提高。由于绩效考核中有包括态度、过程和结果的考核，对于全面认识员工具有重要作用。员工对自身表现的认识也有助于员工的自我管理，增强员工的责任心。第二，通过考核，能够发现旅游企业员工的潜在能力，不仅有利于旅游企业人才储备，而且能够实现高水平地完成任务。

（4）**是制订培训计划的重要依据**。绩效考核的目的之一就是提高绩效，通过对员工绩效的评定，确定下一步工作的重点，其中就包括对员工的培训。是否需要培训、培训什么内容、如何培训都是依据绩效考核的结果来制定的。只有通过对员工工作的态度、工作能力、知识结构、优势与不足、需求什么或缺少什么等情况的准确把握，才能制订出更符合实际的培训计划或人才战略。

（5）**是实现公平环境的前提**。绩效考核是通过"标准"对员工的表现进行评定，通过量化，对员工的表现进行比较，对工作团队分出层次，并有针对性地实施奖励或惩罚措施。而且，在进行分配时，才能够更好地实现按劳分配的原则。同时，通过量化考核，能够创造出标准化管理的风气，对于提高工作效率、调动员工积极性、真正实现多劳多得有着重要意义。

 课 堂 思 考

绩效考核对旅游企业经营管理有什么作用？

三、旅游企业员工绩效考核的原则

（1）**信息公开原则**。在实施绩效考核时，应最大限度地实现信息公开，将考核的对象、标准、内容、频度等内容公开化，最大限度地降低考核对象对考核工作的神秘感。对于绩效考核标准的制定也尽量通过沟通协商共同制定。最后，对考核的结果也要进行公开，真正实现考核工作的功能。

（2）**客观公正原则**。公正原则是绩效考核的基本要求。通过信息最大限度地公开，实现考核的公开、公正。公开客观的考核，以员工的实际表现评价员工的绩效。尽量避免没有客观依据的主观臆测，特别对于无法证实的情况，应避免将其列入参考依据内。进行客观的考核，即用事实说话，切忌主观武断。缺乏事实依据，宁可不作评论，或在考核表上注上"无从观察、待深入调查"等意见。按个体的绝对标准进行考核，引导员工改进工作，避免员工之间的攀比，影响团体的凝聚力。在进行绩效考核时，应最大限度地减少考核者与被考核者双方对考核工作的神秘感，绩效标准和水平的制定是通过协商来进行的，应尽可能实现公平公正，同时，考核的过程和结果也应该公平公正。

（3）**重视反馈原则**。在现代人力资源管理系统中，缺少反馈的考核评价是没有任何

现实意义的，既不能发挥考核能力开发的功能，也没有必要作为人力资源管理系统的一部分独立出来。绩效考核的目的在于提高绩效水平，实现组织目标，所以，通过员工的反馈，发现问题、解决问题并完成任务是绩效考核的最终结果。被考核员工，通过沟通，获取绩效考核信息，改正自己的不足，不仅提升了效益，改掉了缺点，也加强了沟通，防止了由于沟通障碍而造成的不信任等情况的发生。

（4）**可行性原则**。绩效考核往往通过建立标准，引用模型等方式，以定性和定量的两个角度相结合对员工评价。所以，开展绩效考核工作应坚持可行性原则。绩效考核的可行性体现在：考核资料来源是否准确；考核过程是否可行，过程中是否会发生问题、困难和障碍；考核的手段是否有助于组织目标的实现；方法和手段是否和相应的岗位以及考核的目的相适应等。所以，坚持可行性原则是实现考核结果有效性的前提。

（5）**突出重心原则**。考核的目的在于实现组织目标，所以考核的重点应该围绕着工作开展，针对工作中出现的事实开展考核。不能够将于工作无关的因素融入考核中，更不能将员工私人信息纳入考核工作。

（6）**时效性原则**。无论考核工作开展的进度如何，都应坚持时效性原则。从资料搜集整理，到考核反馈与实施，都应坚持时效性原则。不能将不在考核期内的资料作为考核对象，也不能将已考核过的信息代替考核期信息来使用，同时也应该及时反馈，突出考核的实际作用，防止考核工作流于形式。

第二节　旅游企业员工绩效考核的程序和方法

一、绩效考核的一般程序

绩效考核的效果很大程度上取决于考核系统的设计、考核方法的选择和实施过程的安排。一般而言，绩效考核包括如图 6-2 所示的几个步骤。

（一）依据考核目的，制订考核计划，确定考核对象和考核内容

考核目的不同，考核的对象也不同。例如：为了晋升职务而对具有晋升职务资格的员工进行考核；为评选优秀员工，则对应的是全体员工。同时，考核对象也有层次的

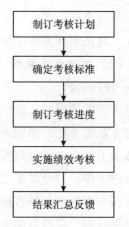

图 6-2　绩效考核流程图

划分，一般分为对普通员工考核、部门考核与领导考核。考核目的和考核对象不同，考核的内容也不同。例如：通过对业绩的考核是发放奖金的依据；评定职称则侧重专业技术水平；晋升不仅考核业绩而且考核员工的工作态度和工作能力。同时，考核目的不同，其考核持续的时长也不同，例如：员工绩效变化快的部门，考核周期一般都是以月为单位；而专业技术职务、职称等方面的考核往往需要一年或一年以上为单位展开考核。

（二）依据考核原则，确定考核标准与指标、方法与时间

绩效考核的标准是公正评价员工的标尺，考核的标准一般分为绝对标准、相对标准两类。对于客观事实，例如销售业绩、出勤率等方面的考核，一般适用于绝对标准，因为绝对标准不会因为主观的不同而改变，所以实施起来较为容易；然而对于竞选、竞赛等具有竞争性质的考核，就适用于相对标准。对员工的考核标准的制定与选择，往往受到主观情感的影响，所以，制定标准的科学与否同员工业绩考核成绩有着必然联系。

考核指标是绩效评价的维度，是指用于衡量被考核者绩效的定量化或行为化的标准。它具有以下特点：

（1）**增值性**。绩效考核指标对组织目标具有增值作用，构成公司战略目标的组成部分和支持体系，此时的绩效考核指标是连接个体绩效与组织整体目标的桥梁，是组织战略目标的进一步分解与细化。基于绩效考核指标的管理可以产生 1+1>2 的效果，保证对组织有贡献的行为受到鼓励。

（2）**定量化**。定量化是指绩效考核指标应能用数量的方式来表示，以便于衡量。目标设置理论认为，目标越明确，激励的效果就会越好，所以在确定绩效目标时，应当尽量具体清楚，使用量化的标准。绩效标准的量化主要有三种类型：数值型、百分比型和时间型。例如，酒店的绩效目标之一是减少顾客投诉，就需要将这一目标用数值进行定量，如"顾客对酒店每个服务员的投诉每季度应不超过 4 次"。定员化指标如绩效周期内员工的服务人次、客人的消费金额等。可以用这些整理后的数据来判断一个员工受顾客肯定的程度。

（3）**行为化**。行为化是指绩效考核指标的工作内容是否被付诸行动，是否被执行，表现结果是工作有没有做，任务有没有完成。如果某些指标无法进行定量化，那么就尽量将其行为化，用行为进行描述，从而使绩效考核指标更具可操作性。

标准制定以后就要对考核的方式方法进行选择。考核的方法较多，例如：记录法、报告法、关键事件法等。每种考核的方法都有其优缺点，在选择方法时往往多种方法进行比较，以确保考核的公正合理性。考核时间一般有月度、年度、不定期考核。

（三）制订绩效考核表与考核进度安排

根据考核的目的、性质、方式和对象的不同，制订绩效考核表和考核进度安排。

（四）具体实施绩效考核过程

（1）被考核者提交自我总结，或述职报告。

（2）其他各级主管、员工准备考核意见，再将各级考核意见汇总到人力资源部。

（3）人力资源部依据考核标准，使用考核模型对其进行量化，填写表格，统计考核结果，并采用一定等级划分出级别。

（4）考核结果经被考核者签字后存档。

（五）绩效结果的汇总与反馈

绩效考核结果在为当事人反馈后，在人力资源部、员工个人档案以及职能部门保留绩效考核结果。人力资源部可以根据员工的绩效考核结果决定员工的职位升降、待遇调整等。

二、旅游企业员工绩效考核的方法

（一）比较法

在员工绩效考核过程中，往往采用多种方法进行，本节就着重介绍几种绩效考核的方法。

1. 序列比较法

序列比较法是对相同职务的员工按工作成绩的好坏进行排序考核的一种方法。将相同职务的所有员工在同一考核模块中进行比较，根据他们的工作状况排列顺序，工作较好的排名在前，工作较差的排名在后。最后，将每位员工几个模块的排序数字相加，就是该员工的考核结果。总数越小，绩效考核成绩越好。

序列比较法的特点是：很大程度上取决于部门经理对员工的看法。所以，有时会有一些误区。操作简单，仅适用于正在起步的企业。

2. 交替排序法

通常来说，根据某些工作绩效评价要素，将员工们从绩效最好的到绩效最差的进行排序，要比绝对地对他们的绩效进行评价容易得多。交替排序法就是运用得非常普遍的工作绩效评价方法。其操作方法如下：

（1）将需要进行评价的所有下属人员名单列举出来，然后将不是很熟悉因而无法对其进行评价的人的名字划去。

（2）选择一个被评价要素，并列出在该评价要素上，哪位员工的表现是最好的，哪位员工的表现又是最差的。

（3）再在剩下的员工中挑出最好和最差的。依次类推，直到将所有必须被评价的员工都被列出（表6-1）。

表6-1　交替排序法的工作绩效评价等级

评价所要依据的考评要素_____

　　例如：针对所要评价的每一种要素，将所有20名员工的姓名都排列出来，将工作绩效评价最高的员工姓名列在第1行的位置上；将评价最低的员工姓名列在第20行的位置上，然后将次最好的员工姓名列在第2行的位置上；将次最差的员工列在第19行的位置上，将这一交替排序继续下去，直到所有员工都被排列出来。

序号	姓名	序号	姓名	序号	姓名	序号	姓名
1		6		11		16	
2		7		12		17	
3		8		13		18	
4		9		14		19	
5		10		15		20	

很显然，运用交替排序法进行绩效考核的最大优点是简单实用，其考核结果也令人一目了然，但是这种方法是在员工中间进行比较，会迫使员工相互竞争，容易对员工造成心理压力，而且笼统地用"最好"或"最坏"来表示绩效衡量而不能准确定义贡献大小也是这一方法的局限性。另外，有些人力资源管理者对这种方法存在一些异议，他们的观点是员工所要实现的是他们的任务目标，而不是他们取得的目标要比工作小组的其他人更好。这种缺陷也是后面所要介绍的其他比较法所共同具有的，这类考核方法的使用，事实上已经超出了个人绩效领域，因此应在一个更广泛的基础上进行考虑。

3. 成对比较法

成对比较法，又称两两比较法，这种方法会使排序型的工作绩效变得更为有效。其基本做法是，将每一位员工按照所有的评价要素（工作数量、工作质量等）与其他员工进行比较，根据配对比较的结果，排列出他们的名次，而不是把各位被考核者笼统地排队。假定需要对4位员工进行工作绩效评价，那么在运用配对比较法时，首先应列出一张表格，其中要标明所有需要被评价的员工的姓名以及需要评价的工作要素。然后，将所有员工根据某一类要素进行配对比较，然后用"1"（好）和"0"（差）标明谁好一些，谁差一些。最后，将每一位员工得到的"好"的次数相加。

表6-2　成对比较法示例

评价项目：业务知识				
	玛丽	凯蒂	波特	西门
玛丽	—	1	1	0
凯蒂	0	—	0	0
波特	0	1	—	0
西门	1	1	1	—
积分	1 较差	3 最优	2 中	0 差

（二）绝对标准法

1. 关键事件法

本方法是由美国学者弗拉赖根和贝勒在1954年提出的。在某些现代考核中应用关键事件法，会使考核更具有针对性。关键事件法利用一些从一线管理者或员工那里收集到的工作表现的特别事例进行考核（表6-3）。这里的特别事例或称关键事件是指被考核人的异常优秀表现和不良表现，对这些表现要形成书面记录。而对普通的工作行为则不必进行记录。根据这些书面记录进行整理和分析，最终形成考核结果。例如，一名门卫发现一个存有重要文件的文件柜忘记了上锁，于是他报告了保安人员，然后保安人员立刻采取补救措施，避免了可能发生的意外事件，这就是一个成功的关键事件；再如，办事员没有将加急邮件立即寄出，而是将其与其他普通邮件放在一起，延误了邮寄时间，这就是一个失败的关键事件。在运用这种方法对员工进行考核时，考核者应时刻对被考核者的行为进行密切观察，一经发现关键事件，就立即记录在案。

这种方法通常可以作为其他绩效评估方法的有效补充，它具有的优点是：第一，它为管理人员向下属员工解释绩效评估结果提供了一些确切的事实证据。第二，由于这些关键事件记录是在一个相当长的时间段里（整个绩效实施阶段）积累起来的，而不仅仅是针对员工最近一段时间的表现，所以比较具有说服力。第三，一份动态的关键事件记录还可以清楚地展示员工是如何消除不良绩效的。

关键事件法适用于那些工作职责的目标相对难以量化，但是工作流程和行为标准比较明确的职位。比如饭店的服务员，其工作流程和行为标准明确，我们只要观察他们符合工作流程和行为标准的卓越行为和不符合标准的行为就可以了。如果工作流程和行为标准不明确，就难以使用这种方法了。这种方法同样需要注意观察记录，主管人员往往难以坚持。另外，这种方法在用于员工之间比较做出与之相关的薪资提升决策时，可能不会有太大的用处。

表 6-3　关键事件法示例

说明：根据下列各项指标填写员工好和差的工作事件			
员工姓名：			
项目	日期	观察到的事件	
遵从上级指导			
工作质量			
提出建议			
	主管签名：		日期：

2. 强迫选择法

强迫选择法，亦称强制选择业绩法，是一种行为导向型的客观考核方法。在强迫选择法中，考核者必须从 3~4 个描述员工某一方面行为表现的项目中选择一项（有时选两项）内容作为单项考核结果。考核者可能会发现所有的选项都描述员工的绩效，不过他只能从中选出一个或两个最能描述员工行为表现的项目（表 6-4）。和一般的评级量表的方式不同，本方法在各个项目中对所列举的工作行为表现，由于谨慎地使用了中性的描述语句，使考核参与者对该工作表现是积极的还是消极的认知是模糊的。因此，考核者不知道下属员工的考核结果是高、是低，还是一般。采用强迫选择法可以避免考核者的趋中倾向、过宽倾向、晕轮效应或其他常见的偏误。强迫选择法不但可用来考核特殊工作行为表现，而且可适用于旅游企业更宽泛的不同类别人员的绩效描述与考核。与其他评级量表法一样，强迫选择法同样是一种定量化考核方法。

强迫选择法在使用的过程中，往往容易使考核者试图揣测哪些描述是积极的，哪些描述是消极的。此外，本方法难以在旅游企业人力资源开发方面发挥作用，因为考核者完成考核工作填写考核表格以后，将其交给人力资源管理部门或直接上级，最终的考核结果不会反馈给员工个人。

表 6-4　强迫选择法示例

考核因素	考核标准					考核结果
	优秀	良好	中等	一般	差	
工作知识	掌握工作的所有知识	掌握工作的几乎所有知识	掌握工作的基本知识	了解工作的一般知识	工作知识很少	
工作质量	非常准确并且有条理	很少出差错	工作一般能符合要求	工作经常不符合要求	工作很少达到质量要求	
说明：选择影响员工工作的关键因素作为考核因素						

3. 平衡计分卡

平衡记分卡的设计包括四个方面：财务、顾客、内部经营流程、学习和成长。这几个方面分别代表企业主要的利益相关者：股东、顾客、员工，每个角度的重要性取决于角度本身和指标的选择是否与公司战略相一致，其中每一个方面，都有其核心内容。

（1）**财务**。财务业绩指标可以显示企业的战略及其实施和执行是否对改善企业盈利做出贡献。财务目标通常与获利能力有关，其衡量指标有营业收入、资本报酬率、经济增加值等，也可能是销售额的迅速提高或创造现金流量。

（2）**客户**。在平衡记分卡的客户层面，管理者确立了其业务单位将竞争的客户和市场，以及业务单位在这些目标客户和市场中的衡量指标。客户层面指标通常包括客户满意度、客户保持率、客户获得率、客户盈利率，以及在目标市场中所占的份额。客户层面使业务单位的管理者能够阐明客户和市场战略，从而创造出出色的财务回报。

（3）**内部流程**。在这一层面上，管理者要确认组织擅长的关键的内部流程，这些流程帮助业务单位提供价值主张，以吸引和留住目标细分市场的客户。

（4）**学习与成长**。它确立了企业要保持长期的成长和改善就必须建立的基础框架，确立了目前和未来成功的关键因素。

平衡计分卡是从财务、客户、内部流程、学习与成长四个角度，将组织的战略落实为可操作的衡量指标和目标值的一种新型绩效管理体系。设计平衡计分卡的目的就是要建立战略制导绩效管理系统，从而保证企业战略得到有效的执行。

4. 关键绩效指标法

关键绩效指标即 KPI 指标（Key Performance Indication），是通过对组织内部指标量化管理，把企业的战略目标分解为可运作的远景目标的工具，是现代企业中受到普遍重视的业绩考评方法。

KPI 可以使部门主管明确部门的主要责任，并以此为基础，明确部门人员的业绩衡量指标，使业绩考评建立在量化基础之上。建立明确的切实可行的 KPI 指标体系是做好绩效管理的关键，其具体的操作流程如下：

（1）**确定业务重点**。明确企业的战略目标，在企业会议上利用头脑风暴法和鱼骨分析法找出企业的业务重点，也就是企业价值评估重点。然后，再用头脑风暴法找出这些关键业务领域的关键业绩指标 KPI。

（2）**分解出部门级 KPI**。各部门的主管需要依据企业级 KPI 建立部门级 KPI，并对相应部门的 KPI 进行分解，确定相关的要素目标，分析绩效驱动因数（技术、组织、人），评价指标体系。

（3）**分解出个人的** KPI。各部门 KPI 人员一起再将 KPI 进一步细分，分解为更细的 KPI 及各职位的业绩衡量指标。这些业绩衡量指标就是员工考核的要素和依据，也必将对各部门治理者的绩效治理工作起到很大的促进作用。

（4）**设定评价标准**。即从哪些方面衡量或评价工作，解决"评价什么"的问题；而标准指的是在各个指标上分别应该达到什么样的水平，解决"被评价者怎样做，做多少"的问题。

最后在订立目标及进行绩效考核时，应考虑职位的任职者是否能控制该指标的结果，如果任职者不能控制，则该项指标就不能作为任职者的业绩衡量指标。

（三）结果主导型评价法

1. 自评法

自评法，亦称报告法或自我评估，是员工对自己一段工作结果的总结。通常让被评估者填写一份员工自我鉴定表，对照岗位要求，回顾一定时期内的工作状况及列出将来打算，并举出在这段时间内 1~3 件重大贡献事例及 1~3 件失败的事，给出相应的原因，对不足之处提出有待改进的建议。一般每年在年终进行，要求大家集中在一起，预先不清楚集中的目的，且要求没有助手参加，自己独立完成总结。

2. 他评法

他评法，又称评语法，是一种被广泛采用的考核方法。该法类似于前面介绍的行为导向型方法中的结构式叙述法，只是前法侧重于评定行为，而该法侧重于评价结果。它根据所限定的因素对员工进行考核。采用这种方法，主要是在一个等级表上对业绩的判断进行记录。这个等级被分成几类（通常是一个 5 级或 7 级的量表），它常常采用诸如优秀、一般和较差这些形容词来定义。当给出了全部等级时，这种方法通常可以使用一种以上的业绩考核标准。业绩评定表受到欢迎的原因之一就是它的简单、迅速。评价所选择的因素有两种典型类型：与工作有关的因素和与个人特征有关的因素。与工作有关的因素是工作质量与工作数量，而涉及个人特征的因素有诸如依赖性、积极性、适应能力和合作精神等。评价者通过指明最能描述出员工及其业绩的每种因素的比重来完成这项工作。

3. 360 度评估法

360 度绩效评估法，又称为全方位考核法，是常见的绩效考核方法之一，其特点是评价维度多元化（通常是 4 或 4 个以上），适用于对中层以上的人员进行考核。该方法是指通过员工自己、上司、同事、下属、客户等不同主体来了解其工作绩效，评论知晓各方面的意见，清楚自己的长处和短处，来达到提高自己的目的（见图6-3）。

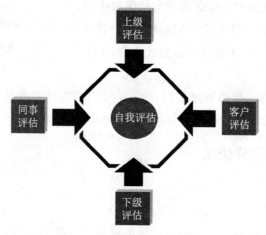

图6-3　360度绩效评估法

（四）目标管理法

目标是指在一定时期内对组织、部门及个体活动成果的期望，是组织使命在一定时期内的具体化，如何使组织全体员工、各个部门积极主动为实现组织的目标努力工作是决定管理活动有效性的关键，目标管理正是解决这一问题的具体方法。"目标管理"的概念是由美国管理学大师彼得·德鲁克于1954年在其名著《管理实践》中最先提出来的，其后他又提出"目标管理和自我控制"的主张。德鲁克认为，并不是有了工作才有目标，而是相反，有了目标才能确定每个人的工作，因此管理者应该通过目标对下级进行管理。当组织最高层管理者确定了组织目标后，必须对其进行有效分解，转变成各个部门以及各个人的分目标，管理者根据分目标的完成情况对下级进行考核、评价和奖惩。

目标管理法是众多国内外旅游企业进行绩效考核的常用方法之一，根据被考核人完成工作目标的情况来进行考核。在开始工作之前，考核人和被考核人应该对需要完成的工作内容、时间期限、考核的标准达成一致。在时间期限结束时，考核人根据被考核人的工作状况及原先制定的考核标准来进行考核。这种方法随后被演化为更为简练而明确的关键绩效指标法。

1. 目标管理法的优点

与其他的绩效管理方法相比，目标管理法具有的优点在于：

（1）把绩效管理的关注重点放在履行工作职责本身的结果而不是需要履行这些职责所需的能力和技能上，更加直观、易于操作和具有针对性。

（2）开始倡导主管与员工对绩效目标的共同关注，是绩效管理从简单的绩效考核环节发展为完整的绩效管理。

2. 目标管理法的不足

（1）以结果为导向，重视结果、轻视过程。片面关注结果会造成员工急功近利，采取一些违背旅游企业价值观、伤害旅游企业长期利益的方式来获取短期的结果。

（2）不是每一项目标都可以设立量化标准的。比如，"能够很好地对员工技能进行培训，使员工技能得到提升"的目标是难以衡量的，只有"通过新一轮的培训，使20%以上的员工能够通过国家某项职业资格考试"才是可以衡量的。然而不是每一个目标都可以通过这种描述的精确化而得到量化，同时难以对不同的员工设定不同的工作目标。

（3）对考核人员的素质提出了很高的要求。绩效管理从简单的考核环节发展到目标制定、辅导等环节，主管人员需要投入更多的时间用于管理，这不是每一个主管人员都能够接受的，很多主管仍旧习惯通过最后一次考核来解决问题。另外，目标的设定往往是一个讨价还价的过程，这个过程对主管人员是一种挑战。

3. 目标管理法的基本步骤

目标管理法和关键绩效指标法在战略管理的方法发展起来之后被赋予了战略管理的理念和任务，成为与整个旅游企业目标关联，促进旅游企业目标逐级分解的方法。目标管理的方法发展到战略管理的层次后，其基本步骤为：

（1）确定旅游企业的战略方向，制定旅游企业的战略规划。

（2）根据旅游企业的战略规划确定年度工作计划和预算目标。

（3）各部门领导及其上级基于旅游企业工作计划和预算目标制定本部门的目标。

（4）部门领导与员工讨论本部门的目标，并要求员工围绕目标制定工作计划和目标，以便保证部门目标的实现。根据这样的程序，员工个人目标与旅游企业的目标有机地结合起来，员工工作成为整个旅游企业实现绩效目标不可分割的一部分。

课 堂 思 考

绩效考核有哪些方法和技巧呢？

第三节　旅游企业员工绩效考核的内容和标准

一、旅游企业员工绩效考核的内容

　　绩效考核的内容就是每个员工工作成绩最重要的体现方面。现代的绩效考核内容复杂，目的及范围都较广，概括起来主要包括工作成绩、工作能力和工作态度三个方面。

　　（1）**工作成绩**。工作成绩是指员工在一定时空条件下工作表现的程度与效果，也就是员工在工作中所做出的成绩与贡献，它是绩效考核的核心。这是因为企业的核心任务是创造价值，员工工作成绩的体现就是创造利润，它组成了企业的价值。工作成绩可以从数量、质量、出勤等各个方面表现出来，一般来说，主要包括三个方面：首先是工作效率，包括员工在工作中体现的组织效率、管理效率和机械效率；其次是工作任务，包括工作数量和质量；最后是工作效益，包括经济效益、社会效益和时间效益等。对员工工作成绩的认识可以通过对上述三个方面展开信息的收集，具体可以转化为各种问题或观察的角度。例如：员工是否能够完成任务；任务的完成是否符合操作规程；是否能够保证数量和质量；成本消耗是否在允许的范围内等。

　　（2）**工作能力**。衡量员工的工作能力是获取绩效考核信息的主要内容之一，因为员工的工作能力同工作结果有着必然的联系，较强的工作能力是企业愿意看到的，也是对员工的客观要求。员工的工作能力主要表现在基础能力、业务能力和心理能力三个方面。基础能力和业务能力属于能力范畴，心理能力属于环境适应性的范畴，一般可以通过心理测试和人际关系等因素，反映出员工的心理能力。

　　（3）**工作态度**。创造性源于积极性，积极性源于良好的工作态度。所以，虽然员工工作能力相仿、岗位相似、内容相近，但是态度不同往往导致工作结果不同。工作态度是指员工对工作持有的评价和行为倾向，主要包括工作积极性、自觉性、对工作和同事的热情、责任感等。但是由于工作态度往往是对员工表现的一种感情体现，很难对其进行合理的量化。所以在对员工工作态度的信息获取时，往往采用人际关系调查法获得其表现信息，也可以通过出勤率来衡量其工作的积极性。

二、旅游企业员工绩效考核的标准

　　旅游企业要进行准确有效的绩效考评，就必须选择适当的考核标准，并以科学公正的度量方法去评估。绩效考核标准通常包括工作业绩考核标准、工作行为考核标准、工作能力考核标准、工作态度考核标准等内容。

（1）**工作业绩考核**。即对旅游企业员工担当工作的结果或履行职务工作结果的考核与评价，是对员工对企业贡献程度的衡量，是所有工作绩效考核中最本质的考评。通常，企业会用利润、成本、费用等用数量或金额等表示的具体工作成果来作为考核标准。

（2）**工作行为考核**。即对员工在工作中的表现行为进行的考核和评价，主要是衡量其行为是否符合企业规范和要求，是否有成效。通常企业会用出勤率、事故率等频率或次数来描述员工的工作行为。

（3）**工作能力考核**。即对员工在职务中发挥出来的能力的一种考核和评价。一般情况下，员工的能力主要体现在四个方面：专业知识和相关知识；相关技能、技术和技巧；相关工作经验；所需体能和体力。通常企业会用工作效率、工作中的沟通协调能力以及工作中的判断力等来对员工进行工作能力考核。由于在对员工的工作能力进行考核时，需要考评者对员工的工作能力做出判断，因此，此类考核标准被称为主观性指标。

（4）**工作态度考核**。即对员工在工作中所付出的努力程度的评价。企业通常会用工作积极主动程度、创新精神、敬业精神、团队精神、进取精神、忠诚度、责任感等来对员工的工作态度进行考核和评价。因为员工的工作态度很难用具体的数字和金额来衡量，所以需要考评者对员工所表现出的工作态度做出评判，因此，此类考核指标也被称为主观性指标。

在这四类绩效考核标准中，工作业绩和工作行为是可以进行客观量化评价的，因此被称为"硬指标"；工作能力和工作态度很难进行具体量化，考评时通常需要考评者的主观评价，因此被称为"软指标"。旅游企业在进行实际考核工作时，应该注意"硬指标"和"软指标"的结合，尽可能公正、全面地评价员工的工作绩效。

第四节　旅游企业员工绩效考核结果管理

一、绩效考核结果分析

考核结果分析人员，通过对数据的汇总、分类，进行加工整理，得出考核结果。企业人力资源部门可以根据不同的需要，进行不同的统计和分析。它有助于人力资源部门更科学地制定和实施各项人力资源管理政策，如招聘政策、选拔政策、培训政策等。具体步骤如下：

（一）考核数据的汇总与分类

考核数据汇总与分类就是对不同考核者对同一被考核者的考核结果进行汇总，然后根据被考核者的特点，对考核结果汇总后进行分类。

（二）确定权重

权重就是加权系数。所谓加权就是强调同一考核指标在整体考核指标中所处的地位和重要程度，或者某一位考核者在所有考核者中的地位和可信度，而赋予这一考核指标某一特征的过程。特征值通常用数字表示，称为加权系数。加权能够通过确定大小不同的权重，显示各类人员绩效的实际情况，提高考核的精度和效度。

加权的形式一般有两种：第一种是反映考核指标间彼此重要程度的加权系数。不同的人员其绩效的指标也不相同。例如，管理人员的绩效可能主要反映在工作过程中，工作的行为及行为方式最能反映其绩效；而销售人员或一线生产员工，其绩效主要反映在工作成果中，销售额或生产产品数量最能反映其绩效。只有不同的权重才能真实反映员工的绩效。第二种反映不同考核者之间考核信度的加权系数，如同级考核的结果要比领导考核的结果可信度大，领导考核的结果比下级考核的结果可信度大。

（三）计算并展示考核结果

在获得大量考核数据之后，可利用数理统计的方法计算考核结果，一般采用求和、算术平均数等较为简单的数理统计方法。

考核结果还需要用一定方式表示出来，一般使用数字表示法、文字表示法和图线表示法。数字表示法即指考核结果用最基本的形式，直接用考核结果的分值对被考核者的绩效情况进行描述的方式。优点是具有可比性、规格统一、数据量大的特点。缺点是数字描述不够直观，需与文字结合。文字表示法是指用文字描述的形式反映考核结果的方法。它是建立在数字描述基础之上的，有较强的直观性，重点突出、内容集中，具有适当的分析，充分体现了定性与定量相结合的特点。图线表示是指通过建立直角坐标系，利用已知数据，描述出图线来表示考核结果的方式。它具有简便、直观、形象、对比性强的特点，适用于人与人之间、个人与群体之间、群体与群体之间、个人或群体与评定标准之间的对比关系。

二、旅游企业员工绩效考核结果的应用

旅游企业人力资源管理通过对员工的绩效考核保证组织目标的实现，同时提高生产

率和员工的积极性。绩效考核结果的应用概括起来包括以下工作：薪酬管理、员工培训、人事调整、人力资源规划和激励机制等。

（1）**绩效考核与薪酬管理**。绩效考核同员工的薪酬密切联系，通过绩效考核可以更科学地为员工发放薪酬。薪酬管理中最重要的工作就是评定员工薪酬等级和奖金分配。一般旅游企业通过业绩、态度、能力三个方面确定员工的岗位级别，通过对员工岗位级别的确定，来核定应当为员工发放的薪酬。奖金分配又被称为绩效奖，是对实现任务或超额完成任务的员工的奖励，在实践中能够很好地起到激励的作用。

（2）**考核结果与员工培训**。员工培训是企业根据组织和员工个人的需要，为了提高效益、提升技能知识和能力，最终提高员工基础能力和专业能力的有计划、有组织的学习活动。员工的培训的目的也是提高绩效水平。员工培训的计划和内容主要依靠绩效考核的结果，通过绩效考核对员工绩效成绩的反映，来制订员工培训的计划和内容。

（3）**绩效考核与人事调整**。人事调整是根据人力资源部向各部门反馈员工的业绩，为各部门的主要负责人针对本部门员工的实际，对员工进行职位晋升、降级、调动或解雇。绩效考核在人事调整中起着非常重要的作用。

（4）**绩效结果与人力资源规划**。人力资源规划主要是针对本企业在战略上，从整体上把握员工的基本情况，主要是对员工的工作能力、绩效水平、员工素质、技术能力、职称、品德、可塑造性等各个方面信息的获取。所以，绩效考核的结果能够反映出员工与工作相关的基本信息，为人力资源规划提供企业员工的这些基本信息。绩效考核结果还可以反映员工的基本能力，通过对员工绩效目标与实际绩效差距分析，为招聘新人员提供准确的信息。

（5）**绩效考核与激励机制**。通过绩效考核充分了解员工的需要，通过对其需要的把握，有效地激励员工。激励机制则是根据实现组织目标的需要，分析并刺激员工的需求，激发员工工作积极性的有计划、有组织的人力资源管理活动。

三、绩效考核结果反馈

旅游人力资源绩效考核结果的反馈主要方式是面谈。考核结果反馈面谈是绩效考核结果管理的核心。有效的绩效反馈面谈可以使考核者与被考核者就考核结果双方达成一致的看法，为下一步计划的制订打下良好的合作基础；可以使员工认识到自己的成就与优点，产生工作积极性；可以就员工有待改进的方面达成共识，促进员工工作方法的改进等。

面谈交流要直接而具体，不能作泛泛的、抽象的、一般性评价。对于员工来说无论是赞扬还是批评，都应有具体、客观的结果或事实来支持，使员工明白哪些地方做得好，存在哪些差距与缺点。既有说服力又让员工明白主管对自己的关注。如果员工对绩效评估有不满或质疑的地方，向主管进行申辩或解释，也需要有具体客观的事实作基础。只有信息传递双方交流的是具体准确的事实，每一方所做出的选择对另一方才算是公平的，评估与反馈才是有效的。

面谈是一种双向的沟通，为了获得对方的真实想法，应当鼓励员工多说话，充分表达自己的观点。对员工提出的好建议应充分肯定，也要承认自己有待改进的地方，一同制定双方发展、改进的目标。在面谈中还应把握以下技巧：时间、场所的选择。避开上下班、开会等让人分心的时间段，与员工事先商讨双方都能接受的时间，远离办公室，选择安静、轻松的小会客厅，双方呈一定夹角而坐，给人一种平等、轻松的感觉。选择什么样的开场白，往往取决于谈话的对象与情景。设计一个缓冲带，时间不宜太长，可以先谈谈工作以外的其他事，如共同感兴趣的某一场球赛，上下班挤车的情形，孩子的学习等话题，拉近距离，消除紧张感之后，再进入主题。

四、绩效考核中存在的问题

（一）过分注重考核

"为考核而考核"是考核中存在的一种问题。企业在考核绩效时往往会出现负责考核的组织忽视员工的成绩，一味地寻找员工的不足，放大对员工不足的挖掘，造成对员工生产积极性的挫伤；有时也会只将考核同薪酬结合，过分突出考核结果与薪酬的关系，忽视了绩效计划、绩效反馈与沟通的重要性。

（二）无法区分考核同业绩的关系

绩效考核是对工作业绩的考核，所以在考核中会出现另外一种极端：仅仅通过财务的几个指标就对员工的整体水平做出判断，这是对绩效考核的另外一种错误理解。对员工的考核应包括很多内容，除了工作业绩外还有客户反映、职称技能、出勤等其他方面。只有这样才能全面地认识员工，准确地评价一个人对组织的贡献和价值。

（三）角色定位问题

绩效考核是人力资源管理的一项核心工作，在人力资源管理中起着举足轻重的作用，这已经是业界的一个共识。但是，绩效管理是管理者比较不愿意做的工作，许多管理者对绩效考核采取回避的态度。造成这种局面的一个很重要的因素就是绩效考核实施的主体是一线管理者，不了解自己在绩效考核中所扮演的角色，害怕得罪了下属；或者是过分抬高自己，把自己凌驾于员工之上，造成考核工作无法正常开展。无论是过低或过高的角色定位都会对绩效考核工作产生影响，无法提高企业的工作效率。

（四）主观因素偏误

由主观因素造成的绩效考核偏误主要有以下几种：

（1）**晕轮效应偏误**。晕轮效应，又称为光环效应，它通常是指我们在观察或评价某个人时，对于他的某种特质形成了鲜明的认知，从而掩盖了对此人其他特质的认知。也就是说"以偏概全"。晕轮效应往往在判断人的道德品质或性格特征时表现得最为明显。如果绩效考核的实施者在对员工进行绩效考核时，把绩效中的一方面甚至与工作绩效无关的某一方面看得过重，就会产生晕轮效应偏误。例如，酒店员工小张比较会处理人际关系，谈吐彬彬有礼，评估者对他有好感，就认为他各方面能力都强；相反，小徐平时不修边幅，评估者就会对他产生工作不负责的强烈印象。其实在工作中，小徐组织能力、协调能力很强，工作实际成效并不比小张差。

（2）**近因效应偏误**。近因即最后的印象，近因效应指最后的印象对人的认知具有重要的影响。印象形成中的近因效应，最早是1957年由美国心理学家卢钦斯在《降低第一印象影响的实验尝试》一文中提出的。他指出，当关于某人的两种信息断续被人感知时，当与熟人交往时，通常会发生近因效应。在酒店绩效考核时，往往也会出现这样的情况，评估者在对被评估者工作绩效进行考核时，往往只注重近期的表现和成绩，并以近期印象来代替被评估者在整个考核周期的绩效表现，因而造成近因效应偏误。例如，酒店员工小何在一年中的前半年工作马马虎虎，等到最后几个月才开始表现较好。结果，年终绩效考核时他得到了好的评价。

（3）**情感效应偏误**。情感是人的心理活动的一个重要方面，它是人对客观事物与人的需要之间关系的反映。一般说来，积极的情感会产生增力作用，消极的情感会产生减力作用。但不管是积极情感还是消极情感，都会对人的思想行为产生影响，而且每个人都不可避免地会把情感带入他所从事的任何一种活动中，绩效考核也不例外。情感效应偏误正是由于评估者与被评估者之间感情因素的影响而产生的。在绩效考核中，评估者常常因为被评估者的价值观、性格、作风与自己相似或相反以及其他方面的情感因素，对被评估者做出偏高或偏低的评价。

（4）**暗示效应偏误**。暗示效应是一种特殊的心理现象，是人们通过语言、行为或某种事物提示别人，使其接受或照办而引起的迅速的心理反应。评估者在领导的暗示下，很容易接受领导的看法，而改变自己原来的看法，这样就可能造成绩效考核的暗示效应偏误。

（5）**刻板印象偏误**。社会认知偏误不仅发生在对个人的认知中，也发生在对一类人或一群人的认知中。如果评估者以某人所在的群体知觉为基础来判断某人而造成的评估偏误，即刻板印象偏误。刻板印象一般经过两种途径形成：一是直接与某些人或某个群体接触，然后将其人格特点加以概括化和固定化；二是通过他人的介绍、大众传播媒介的描述而获得。在现实生活中，大多数社会刻板印象是通过后一条途径形成的。社会刻板印象对人们的认知会产生积极和消极两方面的影响。就社会刻板印象消极影响而言，它易使人产生成见。例如，评估者由于受"群体知觉"的影响往往不自觉地认为文科出身的被评估者不学无术，只会"耍耍嘴皮子"，那么他在绩效考核时对这些被评估者的评价就不会太高。相应地，由于惯性思维，他认为理科出身的被评估者笨嘴拙舌，不善言辞。这样，评估者就忽视了被评估者本身的能力，从而影响到绩效考核的客观公正性。

五、绩效考核的改善方法

由于考核工作容易受到各种因素的影响，使得考核的可信度下降。因此，可以采用下列一些措施，提升考核的有效性。

（1）**全面理解考核内容**。在具体考核实践中，不少考核人员对考核工作掌握不足，往往以偏概全，还没有全面掌握考核的内容就展开考核工作，影响考核的可信度。一般情况下企业只重视对员工绩效的考核，这被称之为"任务绩效考核"，但是员工的绩效有其延伸意义，还包括员工的行为、表现、素质和能力等，对于这些内容的考核被称为"周边绩效考核"。所以在考核时，越是接近生产一线的职位，越应该强调任务绩效考核；越接近管理职位，越应该强调周边绩效考核。

（2）**科学设计考核指标**。考核指标是考核工作的参考依据，如果指标偏差，考核工作自然也会受影响。考核指标从性质上可以分为定性指标和定量指标。定性指标主要对员工业绩性质的描述，具有概括性；定量指标是对员工业绩的量化，在具体工作中使用较多。定性指标和定量指标是员工绩效的两个方面，不存在哪个指标好，哪个指标坏的问题，所以，在具体操作中，将定性和定量结合使用更容易准确地评价员工的考核结果。同时，按照使用程度考核指标可以分为一般指标和特殊指标。一般指标是旅游企业针对员工所制定的基础指标，具有刚性的特点，即每名员工都应当完成或实现的指标；特殊指标是根据部门特点灵活调整的考核标准。部门可以根据本部门的特点将一般指标和特殊指标相结合，科学地评价员工。

（3）**合理规划考核周期**。考核周期的制定，应当符合被考核人员所在部门的实际情况而定，而非硬性的规定要求。一般而言，关于薪酬发放的考核工作，高层人员的考核周期建议为一年，中层人员的考核周期建议为一季度，基层人员的考核周期建议为一月；关于晋升、提薪等资格考核建议，按年份连续考核；对于奖励考核周期，建议与奖励周期一致等。

（4）**加强对考核人员的考核**。考核人员肩负着对整个部门的考核工作，他们的素质、能力、技术、品德等条件影响着考核工作的开展。所以，在考核工作开始前，应对考核人员进行考核，取消不符合考核条件人员的考核资格，提升考核的可信度。同时，对合格的考核人员进行培训，使其深入掌握考核的目的、内容、性质和方法，减少考核误差。

（5）**不断营造考核氛围**。考核工作不能够一蹴而就，也不是长年累月。将考核工作融入日常业务中去，让员工正确地接受考核，是实现考核工作良好发展的前提。所以，创造良好的考核条件，不断改善考核工作，营造较佳的考核氛围，才能更好地完成考核工作。

？ 复习与思考

一、 名词解释

绩效　绩效考评

二、 填空题

1. 旅游企业员工绩效考核应该本着 ＿＿＿＿＿＿＿＿ 、 ＿＿＿＿＿＿＿＿ 、 ＿＿＿＿＿＿＿＿ 、 ＿＿＿＿＿＿＿＿ 、 ＿＿＿＿＿＿＿＿ 、 ＿＿＿＿＿＿＿＿的原则。

3. 旅游企业员工绩效考核的内容是＿＿＿＿＿＿＿＿ 、 ＿＿＿＿＿＿＿＿ 、 ＿＿＿＿＿＿＿＿三个方面。

三、 简答题

1. 绩效考评的方法有哪些？

2. 简述每种绩效考评方法的操作程序及特点。

四、 论述题

你认为旅游企业应该如何减少绩效考核的失误？

五、 案例分析

丽嘉酒店的新员工绩效评估

作为拥有数万名员工的国际性酒店，丽嘉酒店对新聘员工的质量测评方式让人觉得更有人情味，也更灵活一些。它坚持面向顾客征求指导意见，用富有感情色彩的措辞询问顾客在酒店入住的经历：他们有没有感受到关怀？服务人员对他们的问候是否温暖和真诚？他们是否感觉自己像在别人家里做客？这种调查得到的回答看似主观，却构成了丽嘉酒店每个部门"顾客满意度得分"的一部分。

　　丽嘉酒店采用考核顾客忠诚度的方法来确定新老员工的绩效。每月，各部门提交的考核结果汇总到酒店的人力资源部。例如考核一位客房服务人员的绩效时，不单单考查他的职业道德或团队合作能力，还要看他在对顾客的关怀等方面做得到底如何。

　　这种绩效考核的方式取得了非常好的效果。在顾客评比的酒店表现中，丽嘉酒店在76.3%的时间里取得"最佳表现"，顾客满意度最高。这一数字表明，丽嘉酒店的成功，很大程度上归因于对员工聘用以后进行的考核以及严格的选拔程序。

　　多数酒店倾向于在招聘员工时使用严格的选拔程序，而不是在员工聘用后进行考核。丽嘉酒店采用一种严格的雇员甄选程序，该程序明确规定了对新员工的期望。因此，当新员工接受绩效考核时，他们很清楚考核的标准。

——资料来源：朱红超. 世界 500 强绩效考核准则［M］.

北京：中国经济出版社，2007.

　　请根据以上案例，回答如下问题：

　　酒店应该如何进行有效的绩效考核，从而推进酒店绩效的改进？

📖 推荐阅读

1. 约翰逊. 旅游业人力资源管理［M］. 朱虹，译. 北京：电子工业出版社，2004.
2. 张德. 人力资源开发与管理［M］. 2 版. 北京：清华大学出版社，2001.
3. 汪晓梅. 酒店人力资源管理［M］. 北京：中国轻工业出版社，2011.

旅游企业薪酬与福利管理

　　薪酬、福利制度是构成劳动报酬的一个重要方面，是员工从事工作的利益前提，也会直接影响企业的利润。因此，创立合理的薪酬与福利制度是企业人力资源管理的重要环节。

　　本章介绍了薪酬管理的原则、作用和内容，分析了旅游企业工资的设计步骤，并对旅游企业员工福利的内容及实施原则进行了介绍。本章的重点是旅游企业工资的设计以及旅游企业员工福利的实施原则。

学习目标

知识目标

1 了解薪酬及薪酬管理的概念。

2 熟悉薪酬管理的原则和作用。

3 了解旅游企业员工福利的内容及实施原则。

技能目标

1 熟悉旅游企业薪酬管理的内容。

2 掌握旅游企业工资设计的步骤。

3 掌握旅游企业员工福利的实施原则。

钱没少花，激励却没有了

　　某企业是一家成立近10年的服务型企业，资金水平中等，但比较注重对人才的培养，为了突显福利在留住优秀员工方面的效用，实行福利与工资的比例几乎接近1∶1的薪酬策略，大大增加了企业在员工福利方面的花费。该企业管理人员认为如果薪酬构成中工资所占比重较高，它也只是短期内人才资源市场供求关系的体现，而福利则反映了组织对员工的长期承诺，正是由于福利的这一独特作用，才将福利所占的比重增加到薪酬总额的一半，福利对相同资格的员工都是平均的，福利的构成包括部分现金、补充住房公积金、带薪休假、节日补助、住宿津贴、内部培训、旅游等。

　　在实际应用方面，员工对发放现金比较积极，其他的往往是被动参与，有的则根本使用不到。比如，家住公司附近的，一般享受不到交通车津贴，短期激励不足，而且公司里的很多年轻人都不在乎实物补贴，对于参加集体旅游也很勉强。

　　这样的福利方案实施了一年，企业福利费用的开支大大增加了人力资源的使用成本，使得企业的净利润有大度的下降。因此，企业用于下一年度的人力资源成本就要进一步控制，该企业不得不面临降低员工工资和福利的境遇，并由此产生了一系列的问题。企业原本是想通过最大化的福利来留住员工，但根据企业目前的状况已经有部分员工开始跳槽，原因是目前该企业提供的薪酬水平已经低于同行业的其他企业。管理人员不明白，福利原本有很好的激励作用，可为什么钱没少花，但企业的效益却没有成正比例的增加，反而造成了成本和人才方面的损失？

——资料来源：http：//www.doc88.com/p-778458618380.html。有改动

案　例　分　析

　　1. 根据案例分析、了解企业设置薪酬与福利制度的作用与意义。

　　2. 分析案例中薪酬与福利的设置中出了什么问题，为什么？

第一节　旅游企业薪酬管理概述

一、薪酬和薪酬管理的概念

（一）薪酬的概念

　　薪酬是企业对员工提供劳动而支付的补偿和回报，有广义和狭义之分。广义的薪酬是指个人因付出劳动而获得的各种类型的酬劳，通常包含两部分：一是直接以货币形式支付的各种经济报酬，如工资、奖金、津贴、股票、红利等；二是以其他间接的货币或非货币的

形式支付给员工的各种奖励或激励，如福利、保险和带薪休假等。狭义的薪酬主要是指工资。

薪酬的本质是一种公平的交换或交易。员工付出努力，为企业做出了贡献，企业则付给员工薪酬作为一种公平的交换。如果一个企业的薪酬缺乏公平性就会产生很多问题，导致企业需要的人才留不住，企业的生存和发展就会受到威胁。

（二）薪酬管理的概念

企业的薪酬管理是企业管理者对本企业员工报酬的支付标准、发放标准、要素结构进行确定、分配和调整的过程。传统的薪酬管理仅具有物质报酬分配的性质，而对被管理者的行为特征考虑较少，其着眼点是物质报酬。现代企业薪酬管理理念发生了完全不同的变化，薪酬管理的着眼点转移到了人。企业经营首先要树立目标，企业目标的实现有赖于对员工的激励。激励分为外部和内部两种。按传统类别划分，工资、奖金、福利等物质报酬是外部激励因素；岗位的多样化、从事挑战性的工作、取得成就、得到认可、承担责任、获取新技能和事业发展的机会等则是员工的内部激励因素。现代薪酬管理将物质报酬的管理过程与员工激励过程紧密结合起来，成为一个有机的整体。

二、旅游企业薪酬管理的原则

（1）**公平性原则**。员工对薪酬分配的公平感是设计薪酬制度和进行薪酬管理的首要考虑。薪酬的公平性分为三个层次：一是横向公平，即企业所有员工之间的薪酬标准、尺度应该是一致的；二是纵向公平，即企业设计薪酬时必须考虑到历史的延续性，一个员工过去的投入产出比和现在乃至将来都应该基本上是一致的，而且还应该是有所增长的；三是外部公平，即企业的薪酬与同行业的同类人才相比具有一致性。

（2）**经济性原则**。经济性原则强调企业设计薪酬时必须充分考虑企业自身发展的特点和支付能力。它包括两个方面的含义：短期来看，企业的销售收入扣除各项非人工费用成本后，要能够支付企业所有员工的薪酬；长期来看，企业在支付所有员工的薪酬及补偿所用非人工费用和成本后，要有盈余，这样才能支撑企业追加和扩大投资，实现可持续发展。

（3）**激励性原则**。薪酬是激励员工的主要手段之一。薪酬激励成为现代人力资源管理的重要组成部分，对提高企业的竞争力有着不容易忽视的作用。在员工心目中，薪酬不仅仅是自己的劳动所得，在一定程度上也代表着员工自身的价值，代表着组织对员工工作的认同，甚至还代表了员工个人能力、品行和发展前景。员工所得到的薪酬既是对其过去工作努力的肯定和报偿，也是他们将来努力工作，得到更高报酬的动力。

（4）**竞争性原则**。企业想要获得真正具有竞争力的优秀人才，必须制定出一套对人才具有吸引力并在行业中具有竞争力的薪酬系统。如果企业制定的薪酬水平太低，不仅招不来人才，而且会流失优秀人才。薪酬策略分为领先策略、跟随策略和落后策略三种。企业可根据本企业的实际情况采用以上三种策略中的一种或几种。

三、旅游企业薪酬管理的作用

薪酬管理的作用是由薪酬本身的重要性和职能决定的。由于人们对薪酬的理解存在着差异，因而在薪酬重要性和职能的认识上也存在着较大的差异。薪酬的重要性和职能既可从雇员方面分析，也可从雇主方面分析。如果从一般管理的角度看，其重要性和基本职能主要体现为分配、调节和激励三个方面。因此，薪酬管理的作用也就体现为如下方面：

（一）薪酬管理决定着人力资源的合理配置与使用

资源的合理配置问题，被认为是一切经济制度的一个基本问题。管理过程实质上是各类资源的配置与使用过程。资源大体上可分为物质资源、财力资源和人力资源三类。在这三类资源中，人力资源的配置与使用至关重要，因为人是各个生产要素中起决定性能动作用的要素。

薪酬一方面代表了劳动者可以提供的不同劳动能力的数量与质量，反映了劳动力供给方面的基本特征；另一方面代表了用人单位对人力资源需要的种类、数量和程度，反映了劳动力需求方面的特征。薪酬管理也就是要运用薪酬这个人力资源中最重要的经济参数，来引导人力资源向合理的方向运动，从而实现组织目标的最大化。

相关链接　🔍搜索

两种薪酬管理机制

在薪酬管理中，存在着两种不同的管理机制。

一种是政府主导型的薪酬管理机制。这种机制主要是通过行政的、指令的、计划的方法来直接确定不同种类、不同质量的各类劳动者的薪酬水平、薪酬结构，从而引导人力资源的配置。这种机制由于无法回答人力资源是否真正用于了最需要的地方的问题，也无法确定人力资源是否真正用于了最能发挥他的作用的地方，因而很难真正解决好人力资源的合理配置问题。

另一种是市场主导型的薪酬管理机制。这种机制实质上是一种效率机制，它主要是通过劳动力的流动和市场竞争，在供求平衡中所形成的薪酬水平和薪酬差别来引导人力资源的配置。显然，这种机制不但能够及时、准确地反映各类劳动力的稀缺程度，而且能在劳动者通过流动调换职业或岗位实现薪酬最大化时也找到尽其所能的位置，从而使人力资源的配置与使用更加合理。因此，在薪酬管理中，为了更合理地配置与使用人力资源，应尽可能采用市场主导型的薪酬管理机制。

——资料来源：冉斌．薪酬设计与管理［M］．深圳：海天出版社，2002.

（二）薪酬管理直接决定着劳动效率

传统的薪酬管理，仅具有物质报酬分配性质，很少考虑被管理者的行为特征。现代薪酬管理将薪酬视为激励劳动效率的主要杠杆，不仅注重利用工资、奖金、福利等物质报酬从外部激励劳动者，而且注重利用岗位的多样性、工作的挑战性、取得成就、得到认可、承担责任、获取新技巧和事业发展机会等精神报酬从内部激励劳动者，从而使薪酬管理过程成为劳动者的激励过程。劳动者在这种薪酬管理体系下，通过个人努力，不仅可以提高薪酬水平，而且可以提高个人在组织中的地位、声誉和价值。现代薪酬管理是一种动力管理，它直接决定着劳动者的劳动效率。实践也证明，成功的薪酬管理往往能极大地调动劳动者的积极性、创造性；反之，则会挫伤劳动者的积极性和创造性。

（三）薪酬管理直接关系到社会的稳定

在我国现阶段，薪酬是劳动者个人消费资料的主要来源，从经济学角度看，薪酬一经向劳动者付出即退出生产领域，进入消费领域。作为消费性的薪酬，保障了劳动者的生活需要，实现了劳动者劳动力的再生产。因此，在薪酬管理中，如果薪酬标准确定过低，劳动者的基本生活就会受到影响，劳动力的耗费就不能得到完全的补偿，如果薪酬标准确定过高，又会对产品成本构成较大影响，特别是当薪酬的增长普遍超过劳动生产率的增长时，还会导致成本推动型的通货膨胀。此外，薪酬标准确定过高，还会导致劳动力需求的收缩，失业队伍的扩大。

课 堂 思 考

思考一下，如果从企业员工的角度考虑，薪酬管理的作用和意义体现在哪些方面。

第二节　旅游企业员工薪酬管理

一、旅游企业薪酬管理的目标

薪酬要发挥应有的作用，薪酬管理应达到以下三个目标：效率、公平、合法。达到效率和公平目标，就能促使薪酬激励作用的实现，而合法性是薪酬基本要求，因为合法是公司存在和发展的基础。

（1）**效率目标**。效率目标包括两个层面，第一个层面站在产出角度来看，薪酬能给组织绩效带来最大价值；第二个层面是站在投入角度来看，实现薪酬成本控制。薪酬效率目标的本质是用适当的薪酬成本给组织带来最大的价值。

（2）**公平目标**。公平目标包括三个层次：分配公平、过程公平、机会公平。分配公平是指组织在进行人事决策、决定各种奖励措施时，应符合公平的要求。如果员工认为受到不公平对待，将会产生不满。过程公平是指在决定任何奖惩决策时，组织所依据的决策标准或方法符合公正性原则，程序公平一致、标准明确、过程公开等。机会公平指组织赋予所有员工同样的发展机会，包括组织在决策前与员工互相沟通，组织决策考虑员工的意见，主管考虑员工的立场，建立员工申诉机制等。

（3）**合法目标**。合法目标是企业薪酬管理的最基本前提，要求企业实施的薪酬制度符合国家、省区市的法律法规、政策条例要求，如不能违反最低工资制度、法定保险福利、薪酬指导线制度等的要求规定。

二、旅游企业工资设计

（1）**确定薪酬政策与目标**。在设计薪酬方案时，首先要确定企业的薪酬政策与目标，提出企业的薪酬策略和薪资制度的基本原则，即明确企业是采用高薪还是低薪政策，或是按照市场上薪酬的平均值，将本企业员工的薪资控制在一般水平上。企业薪酬政策必须与企业的总体人力资源策略相匹配，保持一致性。

（2）**岗位评价**。根据工作岗位分析所采集的数据和资料，采用系统、科学的方法，对企业内各层次和级别的工作岗位的相对价值做出客观的评价，并依据岗位评价的结果，按照各个岗位价值的重要性由高到低进行排列，以此作为确定基本工资制度的依据。工作岗位评价的目的在于明确每个岗位的相对价值，确保薪酬对内具有一定的公平性。

（3）**薪酬调查**。通过必要的市场调查，充分了解和掌握企业外部的各种薪酬影响因素，包括劳动力市场上人才的竞争与供给状况、各行业的薪资水平以及其他企业所设立的薪酬福利保险项目等，以确保企业的薪酬制度对外具有一定的竞争力。

（4）**确定薪酬结构**。根据岗位评价和薪酬调查的结果，以及企业的实际情况，确定本企业各级员工的工资结构，规划各个职级的工资幅度、起薪点和定薪点等关键性指标。也就是说，根据工作岗位评价后得到的各岗位之间的相对价值，将其转换成相应的工资数额，明确各岗位的相对价值与实付工资对应的数值关系。

（5）**设定工资等级与工资标准**。将众多类型的岗位工资归并组合若干等级，形成一个工资等级系列，确定企业内各岗位的具体工资范围。一般来说，各个等级的工资范围，变化幅度不一定相同，属于不同工资等级岗位的实付工资可能相同，属于同样工资等级的岗位，其实付工资可能不同。

（6）**薪酬管理制度实施**。薪酬管理制度的具体实施过程主要包括：建立工作标准与工资的计算方式；建立员工绩效管理体系，对全员进行工作业绩的动态考评；企业的人力资源部门还需要认真地统计、记录各种相关的数据资料，提出薪酬的预算方案，定期进行复核检查调整，并采用必要的措施有效地控制人工成本，提高薪资效率。

通过学习旅游企业工资设计的程序，思考一下每步程序中重要的工作是什么，具体操作过程中需要注意哪些问题。

三、旅游企业薪酬管理的内容

（一）确定薪酬管理的目的

薪酬管理目的根据企业的人力资源战略确定，具体包括以下三个方面：

（1）建立稳定的员工队伍，吸引高素质的人才。

（2）激发员工的工作热情，创造高绩效。

（3）努力实现组织目标和员工个人发展目标的协调。

（二）选择薪酬政策

企业薪酬政策是企业管理者对企业薪酬管理运行的目标、任务和手段的组合，是企业在员工薪酬上所采取的方针策略。

（1）**企业薪酬成本投入政策**。例如，根据企业组织发展的需要，采取扩张劳动力成本或紧缩劳动力成本政策。

（2）**根据企业的自身情况选择合理的工资制度**。例如，是采取稳定员工收入的政策还是激励员工绩效的政策。

薪酬政策是企业管理者审时度势的结果，决策正确，企业薪酬机制就会充分发挥作用，运行就会畅通、高效；反之，决策失误，管理就会受影响，引起企业管理上的一系列困扰。

（三）制订薪酬计划

一个好的薪酬计划是企业薪酬政策的具体化。薪酬计划是企业预计要实施的员工薪酬支付水平、支付结构及薪酬管理重点等。企业在制订薪酬计划时，要通盘考虑，同时把握以下原则：

（1）**与企业目标管理相协调的原则**。在企业人事管理非规范化阶段，员工的薪酬管理也缺乏科学性。例如，一些企业不是根据企业自身发展需要选择工资制度和薪酬标准，而是在很大程度上模仿其他企业。事实上，并不存在一个对任何企业都适用的薪酬模式，企业薪酬计划应该与该企业的经营计划相结合。

（2）**以增强企业竞争力为原则**。工资是企业的成本支出，压低工资有利于提高企业的竞争力，但过低的工资会导致激励的弱化。所以，企业既要根据其外部环境的变化，也要从内部管理的角度，选择和调整适合企业经营发展的工资计划。任何工作计划都不是固定的，必须在实施过程中根据需要随时调整。

（四）调整薪酬结构

薪酬结构是指企业员工之间的各种薪酬比例及构成，主要包括：企业工资成本在不同员工间的分配，职务和岗位工资率的确定，员工基本、辅助和浮动工资的比例以及基本工资及奖励工资的调整等。对薪酬结构的确定和调整主要掌握一个基本原则，即给予员工最大激励的原则。

相关链接	🔍 搜索

典型的薪酬体系

一、职务工资制

所谓职务工资制，是首先对职务本身的价值做出客观的评估，然后根据这种评估的结果赋予担任这一职务的从业人员与其职务价值相当的工资的这样一种工资制度。这种工资体系建立在职务评价基础上，职工所执行职务的差别是决定基本工资差别的最主要因素。

二、职能工资制

职能工资，可以概括地定义为按照职务完成能力大小支付薪水的工资。职能工资制，也是一种基于能力的薪酬体系。这种为员工支付报酬的方法的思想基础是，员工能力是组织能力的基础，只有由具有较高能力的员工构成的组织在市场中才具有竞争力，并且以组织整体方式呈现出来的竞争力是内化于每个员工的，其他企业难以模仿和获得。为了达到增强自身竞争力的目的，企业必须鼓励员工不断提高自己的能力，应当根据员工的能力差异作为向其支付报酬的基础。

三、绩效工资制

绩效工资制度的前身是计件工资，但它不是简单意义上的工资与产品数量挂钩的工资形式，而是建立在科学的工资标准和管理程序基础上的工资体系。绩效工资制度的基本特征是将雇员的薪酬收入与个人业绩挂钩。业绩是一个综合的概念，比产品的数量和质量内涵更为宽泛，它不仅包括产品数量和质量，还包括雇员对企业的其他贡献。企业支付给雇员的业绩工资虽然也包括基本工资、奖金和福利等几项主要内容，但各自之间不是独立的，而是有机地结合在一起的。

四、经理人员薪酬设计：年薪制

年薪制是以年度为单位，依据企业的生产经营规模和经营业绩，确定并支付经营者年薪的分配方式。为探索和建立有效的激励与制约机制，使经营管理者获得与其责任和贡献相符的报酬，逐步实现企业经营管理者及其收入市场化，企业依据自身规模和经营业绩，以年度为单位支付经营管理者收入的一种分配制度。经营管理者年薪由基本年薪和风险年薪两部分组成。以一个较长的经营周期（通常为年）为单位，按此周期确定报酬方案，并根据个人贡献情况和企业经营成果发放报酬的一种人力资本参与分配的工资报酬与激励制度。从人力资源的角度看，年薪制是一种有效的激励措施，对提升绩效有很大的作用。年薪制突破了薪资机构的常规，对高层管理人员来说，年薪制代表身份和地位，能够促进人才的建设，也可以提高年薪者的积极性。

——资料来源：吴小苹，胡志国. 旅游企业人力资源管理［M］.
天津：天津大学出版社，2014.

第三节　旅游企业员工福利管理

福利的本质是一种补充性报酬，其显著特点是往往不以货币形式直接支付，而多以实物或服务的形式支付。随着福利对员工吸引力的增强，现代企业越来越重视对福利制度的设计。

一、旅游企业员工福利及其意义

（一）福利的含义

福利是指企业为了保留和激励员工，采用的非现金形式的报酬。福利的形式包括保险、实物、股票期权、培训、带薪假期等。对企业员工而言，广义的员工福利包括三个层次：政府提供的公共福利和公共服务；本企业的各种集体福利；本企业为员工个人及其家庭所提供的实物和服务等福利形式。狭义的员工福利，是企业为满足劳动者生活需要，在工资收入以外为员工个人及其家庭所提供的实物和服务等福利形式。

（二）福利的意义

对于企业来讲，虽然福利没有工资那样具有明显而直接的影响力，但它的积极意义是间接而隐含的、深远而巨大的，主要表现在以下几个方面：

（1）**吸引并留住人才**。人们在择职时，越来越把优厚的福利作为重要的标准。现在，许多企业也认识到，良好的福利有时比高工资更能吸引人才。另外，很多福利制度都与工龄有关，使福利成为员工的一种长期投资，有利于增强员工对企业的忠诚度。

（2）**提高满意度**。良好的福利待遇会使员工增强对企业的满意感和忠诚度，从而降低员工的离职率，降低了高离职率所带来的高成本。

（3）**增强凝聚力**。全面而完善的福利制度，使员工因受到体贴和照顾而体会到企业团队的温暖和企业对员工的爱护，使员工体会到归属感，从而激发员工对企业的忠诚心、责任心和义务感。这样的激励会使员工增强凝聚力和奉献精神。

（4）**提升企业形象**。企业通过提供各种福利和保险，可以获得政府的支持和信任，提高社会威望，例如，有责任感、以人为本、关心员工等，同时还可以为企业其他工作的开展做好铺垫。

二、旅游企业员工福利的形式

福利的形式多种多样，既有货币形式的，又有实物形式的。在实践上，几乎没有一个企业能为其员工提供所有形式的福利，一般都是从中挑选一些适合本企业的福利形式。此外，不少企业对不同性质的员工（如正式工、临时工、合同工等）提供不同形式的福利。但应注意，无论采取何种形式的福利，都必须公平、合理、能平衡员工的心理需求和推动组织的发展。福利的形式主要有：

（1）**安全福利**。我国历来十分重视对职工的劳动保护问题，为此，国家制定了许多有关方面的法规和制度，包括关于安全生产的管理制度；安全卫生标准和安全技术标准；劳动保护用品的供应制度；对女性员工的特殊保护制度等。

（2）**保险福利**。保险主要包括：员工因公负伤、致残、死亡保险；员工非因公负伤、致残、死亡保险；员工疾病的公费医疗保险；员工生育保险；员工退职保险；员工供养直系亲属的保险等。

（3）**各种津贴**。津贴主要包括：交通津贴；洗理津贴；服装津贴；节日津贴或实物、住房津贴；购物补助；子女入托补助；困难补助等。

（4）**带薪节假日**。带薪节假日主要有：假日；法定节日；年休假；事假；探亲假等。

（5）**其他福利**。如班车；体育锻炼设施；文化娱乐设施；集体旅游；礼物馈赠；食堂与卫生设施等。

案例

某企业员工福利管理制度

第1章　总则

第1条　目的

为了给员工营造一个良好的工作氛围，吸引人才，鼓励员工长期为企业服务并增强企业的凝聚力，以促进企业的发展，特制定本制度。

第2条　适用范围

企业所有员工。

第3条　权责单位

（1）人力资源部负责本制度的制定、修改、解释和废止等工作。

（2）总经理负责核准本制度制定、修改、废止等。

第2章　福利的种类及标准

第4条　社会保险

企业按照《劳动法》及其他相关法律规定为员工缴纳养老保险、医疗保险、工伤保险、失业保险和生育保险。

第5条　企业补充养老保险

企业补充养老保险是指由企业根据自身经济实力，在国家规定的实施政策和实施条件下为本企业员工建立的一种辅助性的养老保险。它居于多层次的养老保险体系中的第二层次，由国家宏观指导、企业内部决策执行。其资金由企业和员工共同承担。

（1）企业补充养老保险资金来源的主要渠道。

①参保员工缴纳的部分费用。

②公积金。

③福利金或奖励基金。

（2）企业与参保员工缴费比例。

企业每月缴费比例为参加补充养老保险员工工资总额的×%，员工每月缴费为其月工资总额的×%。

第6条　各种补助或补贴

（1）工作餐补助。

发放标准为每人每日×元，随每月工资一同发放。

（2）节假日补助。

每逢"五一"、"十一"和春节，企业为员工发放节假日补助，正式员工每人×元。

（3）其他补助。

①生日补助：正式员工生日时（以员工身份证上的出生日期为准），企业为员工发放生日贺礼×元，并赠送由总经理亲笔签名的生日贺卡。

②结婚补助：企业正式员工满一年及以上者，给付结婚贺礼×元，正式聘用未满半年者贺礼减半，男女双方都在企业服务的正式员工贺礼加倍。

第7条　教育培训

为不断提升员工的工作技能和员工自身发展，企业为员工定期或不定期地提供相关培训，其采取的方式主要有在职培训、短脱产培训、公费进修和出国考察等。

第8条　设施福利

旨在丰富员工的业余生活，培养员工积极向上的道德情操，包括组织旅游、文体活动等。

第9条　劳动保护

（1）因工作原因需要劳动保护的岗位，企业必须发放在岗人员劳动保护用品。

（2）员工在岗时，必须穿戴劳动保护用品，并不得私自挪作他用。员工辞职或退休离开企业时，须到人力资源部交还劳动保护用品。

第10条　各种休假

（1）国家法定假日。

包括元旦（1天）、劳动节（1天）、国庆节（3天）、春节（3天）、清明节（1天）、端午节（1天）、中秋节（1天）。

（2）带薪年假。

员工为企业服务每满1年可享受×天的带薪年假；每增1年相应增1天，但最多为×天。

（3）其他假日。

员工婚嫁、产假、事假、病假期间，其休假待遇标准按照假日相关说明薪资支付标准。

①婚假：符合婚姻法规定的员工结婚时，享受3天婚假。若是晚婚，除享受国家规定的婚假外，增加晚婚假7天全额发放员工的基本工资。

②产假：女职工的产假有90天，产前假15天，产后假75天。难产的，增加产假15天。多胞胎生育的，每多生育一个婴儿增加产假15天，按相关法律规定和公司政策执行。

③事假：必须员工本人亲自处理时，方可请事假，并填写《请假单》，扣除请假日的全额工资。

④病假：员工请病假，需填写《请假单》；提交由规定医疗机构开具的病休证明，扣除劳动者本人所在岗位标准工资的×%。

——资料来源：http://www.diyifanwen.com/fanwen/guizhangzhidu/1192219015339226.htm

案 例 分 析

结合案例分析并理解员工福利的意义及形式。

三、旅游企业员工福利的实施原则

（1）**计划性原则**。福利的实施是长期性的工作，往往需要大量的资金，因此，企业在制订福利计划时要综合考虑各种情况，要树立长远发展的观点，要有计划地对福利实施和管理。

（2）**一致性原则**。第一，员工福利的实施应与国家经济发展水平相一致。国家宏观经济影响着企业的生产经营，从而影响着企业实施员工福利的能力；同时，不论何种福利项目的实施都会对市场有一定的冲击力，尤其在通货膨胀时，会对宏观经济产生破坏作用。第二，员工福利的水平要与企业的经济承受能力相一致。事实上，员工福利的经费都是源于企业的经营利润，如企业的经济实力薄弱，或企业的经营业绩不佳，过高的福利水平往往不利于企业发展；同时，员工的福利属于企业的人力资本投资，属于企业的成本，如果企业的福利水平过高，不利于企业的成本控制，也不利于企业提高整体竞争力。

（3）**正确处理工资与福利关系的原则**。目前，工资仍然是员工收入的主要来源，而福利对于员工而言，是较典型的隐性收入。工资和福利的不同比例造成了员工名义收入和实际收入的差别。有的员工可能喜欢工资多福利少，而有的员工可能偏向优厚的福利，企业可以根据不同员工的偏好采用不同的薪酬构成。

四、旅游企业员工福利的管理步骤

员工福利管理在现代企业管理中日益受到重视。一方面，由于政府法律的不断完善，要求企业必须做出具体的福利计划并对员工做出承诺；另一方面，人们认识到福利的激励功能越来越重要。如果企业缺乏福利的预算与管理，不仅会造成福利成本的上升，效率低下，而且会使福利投资不利于提高企业绩效。因此，企业必须认真搞好福利管理。

（一）企业福利政策的宣传

企业通常可制作《员工福利手册》，向员工介绍本企业福利的基本内容、享受福利待遇的条件和费用的承担。近年来，随着计算机的广泛使用，很多企业还在企业总的《员工福利手册》之外，为每名员工准备一本个人的福利手册，提醒员工个人在福利上所做的选择、享有的权利和分担费用的责任，便于个人查阅。还可以通过举办讲座和员工个别谈话等方法，帮助员工做好福利安排和选择的细节。

（二）福利申请的处理

一般情况下，员工会根据企业的福利制度和政策向企业提出享受福利的申请，而企业此时就需要对这些福利申请进行审查，看其申请是否合理；也就是说，需要审查本企业是否实施了某种相关的福利计划，该该员工在该计划覆盖的范围之内，以及该员工应当享受什么样的福利待遇等。这项任务并不是一种技能水平要求较高的工作，但是它通常很费时间，并且对从事这项工作的人的人际沟通能力要求较高。这是因为在处理福利申请时，要对那些申请被拒绝的员工提供咨询并说明拒绝的理由。

（三）福利沟通

要使福利项目最大限度地满足员工的需要，福利沟通相当重要。研究显示：并不是福利投入的金额越多，员工越满意。很多企业的经验显示，即使企业为员工提供福利做出了很多努力，员工仍然没有意识到企业到底为他们提供了什么福利，或者根本没有意识到企业为此付出了多么高额的成本。企业必须要设计一套完善的福利沟通模式，一方面，告诉员工他们都享受了哪些福利待遇；另一方面，告诉员工他们所享受的福利待遇的市场价值到底有多高。

相关链接　🔍搜索

福利沟通的方法

美国有一项研究专门让员工来做两个方面估计，一是估计一下企业在他们的医疗保险中投入了多少钱；二是估计一下如果自己不以企业员工身份参加健康保险，可能会付出多大的成本。结果表明，员工对于他们所享受的医疗福利的成本以及这些医疗福利的市场价值都大大低估了。

福利沟通可以采取以下方法：

1. 编写福利手册，解释企业提供给员工的各项福利计划。

2. 定期向员工公布有关福利的信息。这些信息包括：福利计划的适用范围；对具体员工来说，这些福利计划的价值是什么；企业提供这些福利的成本是多少。

3. 在小规模的员工群体中作福利报告。这一工作由福利管理人员或者部门经理来完成。

4. 建立福利问题咨询办公室或咨询热线。

5. 建立网络化的福利管理系统，在企业网络发布福利信息，与员工就福利问题进行双向交流，从而减少由于沟通不畅导致的种种福利纠纷或福利不满。

——资料来源：http://www.job1001.com/ViewArticle.php? id=48264

（四）福利监控和调整

福利领域的情况变化很快，企业必须紧跟企业内外环境的变化，对福利系统进行监控，及时做出调整。

（1）有关福利的法律经常会发生变化，企业需要关注这些法律规定，检查自己是否适合某些法律法规的规定，一方面避免自己在不知不觉的情况下违反国家的法律法规；另一方面，企业还可以以法律法规为依据，寻求有利于自己的福利提供方式。

（2）员工的需要和偏好也会随着员工队伍构成的不断变化以及员工自身职业生涯的发展阶段而不断发生变化，因此，员工福利需求的调查应该是一项持续不断的工作，不能一劳永逸。

（3）与外部市场的直接薪酬状况变化相似，对其他企业的福利实践了解也是企业在劳动力市场上取得竞争优势的一种重要手段。

（4）对企业而言，外部组织提供的福利成本（如保险公司提出的保险价格）所发生的变化会对本企业产生影响。

因此，企业外部市场环境、竞争对手的变化、企业发展阶段的不同、企业经济实力的变化、内外劳动力市场的变化等因素，都要求企业及时调整薪酬福利系统，调整福利项目或力度，使其更好地为企业战略目标服务。

❓ 复习与思考

一、名词解释

薪酬　薪酬管理　薪酬结构　福利

二、判断题

1. 薪酬管理的公平性原则包含了两个层次：横向公平和纵向公平。（　　）

2. 制订薪酬计划时要同时把握两个原则：与企业目标管理相协调的原则以及以增强企业竞争力为原则。（　　）

3. 工作岗位评价的目的在于明确每个岗位的相对价值，确保薪酬对内具有一定的公平性。（　　）

4. 福利是员工收入的主要来源。（　　）

三、多项选择题

1. 旅游企业薪酬管理的原则有哪些？（　　　　）

A. 公平性原则　　　B. 经济性原则　　　C. 激励性原则　　　D. 竞争性原则

2. 下列属于员工福利的有哪些？（　　　）

A. 工资　　　　　　B. 交通津贴　　　　C. 生育保险　　　　D. 文化娱乐设施

四、简答题

1. 旅游企业工资设计的步骤包括哪些？

2. 旅游企业薪酬管理包括哪些内容？

3. 旅游企业员工福利的实施原则是什么？

五、案例分析

IBM与海尔的薪酬模式

IBM公司的薪酬理念是"一流公司，就应付给员工一流公司的工资"。只有当员工拿到一流的工资时，员工才能真正地置身在一流公司而自豪，从而热爱公司和热爱工作。为确保比其他公司拥有更多的优秀人才、留住内部的优秀人才，IBM在确定薪酬标准时，非常看重市场上的薪酬水平。IBM会组织市场调查，就某些薪酬项目进行调查，准确而及时地掌握同行业其他公司的标准，确保IBM的薪酬水平在同行业中经常保持领先地位。选择调查对象时，优先考虑以下几类企业：①一流企业，即基本薪酬标准、员工福利都优越的一流企业；②有类似岗位的企业，调查市场上与在IBM从事相同工作的人员的待遇，选择从事技术、制造、营业、服务部门的企业；③一些发展前景比较好的企业，即对人才具有一定吸引力的发展型企业。注重薪酬外部竞争性的政策为IBM吸引了大批优秀人才，确保了IBM在市场上的领先地位。

海尔为了符合国际化发展的需要，采用多种工资模式并存，实行分层、分类的多种薪酬制度和灵活的分配形式，规范了13种薪酬模式。科技人员实行科研承包制，营销人员实行年薪制和提成工资制，生产人员实行计件工资制，辅助人员则实行薪点工资制。海尔工资分档次发放，岗位工资标准不超过当地职工平均工资的3倍，每月无奖金，年终奖金不超过两个月的工资。科研和销售人员实行绩效挂钩，科研人员按市场效益和科研成果进行奖励，销售人员如果是外聘的推销员，收入和推销的成果挂钩。对于一线员工，在质量价值券的基础上，推行计点到位、绩效联酬的全额计点工资制。在工资分配政策的制定和执行上，海尔一直坚持"公开、公平、公正"的原则，对每一个岗位、每个动作都进行了科学的测评，计点到位，绩效联酬。每位员工都有一张3E卡（3E，即每人（Everyone）；每天（Everyday）；每件事（Everything）），劳动一天，员工就可根据当天的产量、质量、物耗、工艺等 9 大项指标的执行情况计算出当日的工资，即所谓"员工自己能报价"。管理人员则根据目标分解为：年度目标—月度目标—日清，计算出当月的应得工资。员工的工资都公开透明，只按效果，不论资历，由同岗同酬观念转变为同效同酬观念。在海尔，高素质、高技能的员工获得高报酬，人才的价值在工资分配中得到了真正的体现，极大地调动了员工的积极性。

——资料来源：http://www.cs360.cn/renliziyuan/xcgl/glal/89599/index.html.

根据以上案例，回答如下问题：

1. 通过阅读资料，请总结一下 IBM 与海尔两大公司薪酬模式的差异点。

2. 结合案例总结一下薪酬管理制度的原则。

📖 推荐阅读

1. 郑海航，吴冬梅. 企业人力资源管理［M］. 北京：经济管理出版社，2012.

2. 于桂兰，魏海燕. 人力资源管理［M］. 北京：清华大学出版社，2008.

3. 冉斌. 薪酬设计与管理［M］. 深圳：海天出版社，2002.

第八章

旅游企业劳动关系管理

随着我国旅游业的快速发展和市场深化改革的进一步推进，旅游企业的劳动争议呈现出增长趋势。造成劳动争议的原因很多，但其中一个主要的原因就是旅游企业的经营管理者和企业员工对有关法律法规不熟悉，不能依法办事和处理问题。为避免冲突、减少劳动争议，旅游企业的经营管理人员必须掌握相关的法律法规，在人力资源管理中依法办事，维护企业和员工的合法权益。

本章主要介绍劳动关系的基本概念、劳动合同管理的相关知识、劳动争议的类型及处理原则等。在此基础上，分析旅游企业劳动关系管理的原则和员工合法权益的维护。通过本章的学习，学生要了解劳动关系管理的作用，并掌握旅游企业劳动合同管理的内容及劳动争议处理的途径，了解旅游企业员工合法权益的内容及合法权益的维护。本章的重点是旅游企业劳动合同管理及劳动争议的处理。

学 习 目 标

知识目标

1. 了解劳动争议的类型、原因和处理方法，正确理解旅游企业的劳动关系。
1. 掌握劳动合同的具体内容和劳动关系管理的相关知识。

能力目标

1. 理解和掌握劳动争议处理的途径与具体实践。
2. 能够利用所学劳动关系管理的相关知识进行合法维权实践。

怀孕女工的劳动合同

国内某四星级酒店在与员工签订的劳动合同中第五款规定："凡在本酒店工作的女性员工，在合同期内不得怀孕，否则酒店有权单方面解除劳动合同。"

一年前，失业近半年的已婚女士王荔急于找到一份工作，加上酒店提供的薪金和待遇还不错，没多加考虑就与酒店签订了一份为期两年的劳动合同。现在，经济条件有所改变的王荔因为种种原因怀孕了。这件事被酒店知道后，酒店人力资源部以其违反劳动合同为由，与王荔解除了劳动合同，使其生活再次陷入了困境。

王荔向律师朋友请教后，决定用法律来维护自己的相应权利，根据《女职工劳动保护规定》第四条规定：用人单位不得在女职工"怀孕期、产期、哺乳期"降低其基本工资；女职工在怀孕期间，所在单位不得安排其从事国家规定的第三级体力劳动强度的劳动和孕期禁忌从事的劳动，不得在正常劳动日以外延长劳动时间；对不能胜任原劳动的，应根据医务部门的证明，予以减轻劳动量或安排其他劳动；怀孕七个月以上的女职工一般不得安排从事夜班劳动。王荔依照上述法条，提出要求与酒店维持劳动关系的行政复议。在相关部门的配合下，王荔的复议请求得到了妥善处理。

——资料来源：汪晓梅. 酒店人力资源管理［M］. 北京：中国轻工业出版社，2011.

 案 例 分 析

本案例中，王荔与酒店签订的劳动合同中"合同期内不得怀孕"的条款是否有效？

第一节　旅游企业劳动关系概述

一、旅游企业劳动关系的概念

（一）劳动关系的概念、构成要素、特征及类型

1. 劳动关系的概念

劳动关系又被称为劳资关系、雇佣关系。《中华人民共和国劳动法》中对劳动关系

的界定是：劳动关系是指劳动者与所在单位之间在劳动过程中发生的关系。

劳动关系是人力资源管理的重要内容之一。它涉及劳动者同用人单位在劳动用工、工作时间、休息休假、劳动报酬、劳保福利、劳动培训以及裁员下岗等各方面所形成的劳动关系。同时，劳动关系还涉及代表单个劳动者利益的工会同用人单位在就业、报酬、奖金、考评、社会保险、裁员等方面的参与决策所形成的劳动关系。

2. 劳动关系的构成要素

劳动关系由三个要素构成：主体、内容、客体。

劳动关系的主体包括劳动者、劳动者的组织（工会、职代会等）和用人单位。

劳动关系的内容是指主体双方依法享有的权利和承担的义务。依据我国《劳动法》的规定，劳动者依法享有的主要权利有：①平等就业和选择职业权；②民主管理权；③休息休假权；④劳动报酬权；⑤劳动保护权；⑥职业培训权；⑦社会保险权；⑧劳动争议提请处理权等。劳动者承担的主要义务有：①按质、按量完成生产任务和工作任务；②学习政治、文化、科学、技术和业务知识；③遵守劳动纪律和规章制度；④保守国家和企业的秘密等。用人单位的主要权利有：①依法录用、分配、安排职位的工作；②保障工会和职代会行使其职权；③按职工的劳动质量、数量支付劳动报酬；④加强对职工思想、文化和业务的教育、培训；⑤改善劳动条件，搞好劳动保护和环境保护等。

劳动关系的客体是指主体的劳动权利和劳动义务共同指向的事物，如劳动时间、劳动报酬、安全卫生、劳动纪律、福利保险、教育培训、劳动环境等。

3. 劳动关系的法律特征

劳动关系有以下三个法律特征：①劳动关系是在现实劳动过程中发生的关系，与劳动者有直接联系；②劳动关系的双方当事人，一方是劳动者，另一方是提供生产资料的劳动者所在单位；③劳动关系的一方劳动者要成为另一方所在单位的成员，并遵守单位内部劳动规则。

4. 劳动关系的类型

（1）按不同所有制关系，可以分为全民所有制劳动关系、集体所有制劳动关系、个体经营劳动关系、联营企业劳动关系、股份制企业劳动关系、外商投资企业劳动关系等。

（2）按资本的组织形式，可以分为国有控股公司的劳动关系、私营企业劳动关系、外商投资企业劳动关系、有限责任公司等的劳动关系。

（3）按职业分类，可以分为企业的劳动关系、国家机关的劳动关系、事业单位的劳动关系等。

（二）旅游企业劳动关系的概念

旅游企业劳动关系主要指旅游企业所有者、经营管理者、普通员工和工会组织之间在企业的生产经营活动中形成的各种责、权、利关系，主要包括：旅游企业所有者与全体员工的关系；经营管理者与普通员工的关系；经营管理者与工人组织的关系；工人组织与职工的关系。

在中国经济转轨时期，企业的劳动关系已经从以政治利益为基础、行政控制为手段的利益一体型劳动关系转变为以经济利益为基础、市场调节为手段的利益协调型劳动关系。这种新型的劳动关系具有鲜明的时代特征，并呈现出类型复杂化、运行市场化、利益协调化、地位均衡化、调整法制化等发展趋势。当前，中国旅游企业的劳动关系除了契约化、市场化、法制化等市场经济条件下劳动关系的一般特征外，还具有如下几方面的时代特征：

1. 经济利益仍然是劳动关系的核心

转轨时期经济利益仍然是旅游企业劳动关系的核心问题，是劳动关系形成和调节的杠杆，而工资报酬又是旅游企业劳动关系中经济利益的最直接体现。旅游企业员工工资报酬问题主要表现在三个方面：第一，工资总体水平偏低，相对于近年来物价的上涨，工资水平提高的效果并不明显，特别是对于旅游企业的员工，实际收入在近几年甚至有所下降。第二，不同地区、不同行业及企业内部薪酬水平差距逐渐加大，有些收入差距没有合理的依据，引起了广大员工不满。第三，工资分配公平失衡，不少旅游企业工资收入分配制度缺乏先进理念指导，缺乏长远战略眼光，违背了分配的公平原则。经济利益已经成为引发劳动争议的首要问题，是转轨时期中国旅游企业劳动关系的焦点和核心问题。

2. 劳动关系主体双方力量失衡

经济转轨时期，资本居于社会经济关系中的主导地位，而劳动者居于从属的被动地位，企业劳资冲突产生的一般原因都是由于劳动关系主体双方力量失衡，劳动者的利益被侵害或其合理要求没有达到所导致。从转轨时期中国旅游企业劳动力市场的供求现状来看，劳动力买方市场导致劳动者缺少谈判能力，资方在劳动力市场占有相对优势地位。由于转轨时期中国劳动力市场人口禀赋的特殊性，导致劳动力供给长期大于需求，特别是在旅游业这种劳动密集型产业对劳动力素质要求不高、劳动力可替代性很强的情况下，资方有绝对的谈判优势。同时，严峻的就业形势降低了就业者的期望，也增加了旅游企业的砝码，即使面对旅游企业的无理要求，劳动者往往也只能被动地接受。

3. 劳动争议案件急剧增长

转轨时期中，旅游企业劳动关系不同程度地出现了背离和谐劳动关系的现象，劳动争议案件急剧增长，特别是资本追逐利润和劳动者要求提高劳动报酬的矛盾非常突出。有调查显示，转轨时期中国旅游企业劳动争议案件总量也呈现持续增长态势。同时，在劳动争议仲裁委员会处理的案件中，调解结案的比例逐渐下降，裁决结案的比例不断上升，旅游企业劳动争议处理的难度日益加大。

（三）劳动关系管理的概念

劳动关系管理就是指通过规范化、制度化的管理，使劳动关系双方（企业与员工）的行为得到规范，权益得到保障，维护稳定和谐的劳动关系，促使企业经营稳定运行。

劳动关系管理可以分为宏观和微观两部分。宏观层面的劳动关系管理是指政府依照现有的劳动法律、法规，调整、协调劳动关系的行为。微观层面的劳动关系管理，是指以促进组织经营活动的正常开展为前提，以缓和和调整组织劳动关系的冲突为基础，以实现劳动关系的合作为目的的行为。劳动关系管理的基本要求是要规范化和制度化。

加强劳动关系管理对于企业是非常重要和必要的。它可以保障企业与员工的互择权，通过适当的流动实现生产要素的优化组合；保障企业内部各方面的正当权益，开发资源潜力，充分调动积极性；更能够进一步改善企业内部劳动关系，尊重、信任、合作，创造心情舒畅的工作环境。

二、处理劳动关系的原则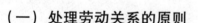

（一）处理劳动关系的原则

正确处理劳动关系应遵循以下原则：

（1）**以预防为主**。要随时掌握企业劳动关系状况，了解职工的思想动态，及时预见可能发生的问题，并采取措施、积极沟通，不要让矛盾激化，更不能等矛盾激化了再处理。

（2）**明确管理责任**。要充分认识到劳动关系是企业经营管理工作的一个重要方面，应当明确主管的责任部门和责任人员，最好设立专门的管理机构。

（3）**以法律为准绳**。要以国家有关法律法规为依据处理企业内部的劳动关系，不能随意处置。同时还应注意减少因不合理要求造成的争端。

（4）**协商为主**。当企业内部发生争议时，应以协商的办法来解决，不宜采取过激行为，避免形成对立，造成大的损失。凡是能够通过协商调解等解决的争议，都应避免上法庭解决。

（5）**兼顾各方利益**。在处理劳动关系时，应尽量使企业内各方之间保持和谐合作的关系。因此，在处理问题时要兼顾各方的利益，不能只强调一方利益，而损害另一方的利益。

（二）劳动关系与劳务关系的联系与区别

在劳动关系调整工作中，时常遇到劳动关系与劳务关系并存的情况。弄清两者的区别，对于做好劳动人事工作，正确适用法律、妥善处理各类纠纷，显得特别重要。

1. 劳动关系与劳务关系的概念区分

劳动关系与劳务关系是两个不同的概念，但它们之间又有密切的联系。

劳动关系是指两个或两个以上的平等主体之间就劳务事项进行等价交换过程中形成的一种经济关系。其主体是不确定的，可能是法人之间的关系，也可能是自然人之间的关系，还可能是法人与自然人之间的关系。其内容和表现形式是多样化的。

劳务关系是由两个或两个以上的平等主体，通过劳务合同建立的一种民事权利义务关系。该合同可以是书面形式，也可以是口头形式和其他形式。其适用的法律主要是《中华人民共和国合同法》。劳务关系、劳务合同是一种顾名思义的通俗称呼，在《合同法》中是没有这类名词的。属于承包劳务情形的劳务合同，似可归属法定的"承揽合同"，属于劳务人员输出情形的劳务合同，似可归属法定的"租赁合同"。劳务合同与劳动合同不同，没有固定的格式、必备的条款。其内容可依照《合同法》第十二条规定，由当事人根据具体情况自主随机选择条款，具体约定。

2. 劳动关系与劳务关系的联系与区别

当劳务关系的平等主体是两个，而且一方是用人单位，另一方是自然人时，它的情形与劳动关系很相近，从现象上看都是一方提供劳动力，另一方支付劳动报酬，因此两者很容易混淆。还有一种派遣劳务人员或借用人员的情形，致使两个单位之间的劳务关系与派出或借出单位与劳动者之间的劳动关系紧密地交叉在一起。这是它们相联系的一面。

从整体上看，劳动关系与劳务关系的区别主要包括以下5点：

（1）**主体不同**。劳动关系的主体是确定的，即一方是用人单位，另一方必然是劳动者。而劳务关系的主体是不确定的，可能是两个平等主体，也可能是两个以上的平等主体；可能是法人之间的关系，也可能是自然人之间的关系，还可能是法人与自然人之间的关系。

（2）**关系不同**。劳动关系两个主体之间不仅存在财产关系即经济关系，还存在着人身关系，即行政隶属关系。也就是说，劳动者除提供劳动之外，还要接受用人单位的管理，服从其安排，遵守其规章制度等。劳动关系双方当事人，虽然法律地位是平等的，但实际生活中的地位是不平等的。这就是我们常说的用人单位是强者，劳动者是弱者。而与劳动关系相近的劳务关系两个主体之间只存在财产关系，或者说是经济关系。即劳动者提供劳务服务，用人单位支付劳务报酬。彼此之间不存在行政隶属关系，而是一种相对于劳动关系当事人，主体地位更加平等的关系。

（3）**劳动主体的待遇不同**。劳动关系中的劳动者除获得工资报酬外，还有保险、福利待遇等；而劳务关系中的自然人，一般只获得劳动报酬。

（4）**适用的法律不同**。劳动关系适用《劳动法》，而劳务关系则适用《合同法》。

（5）**合同的法定形式不同**。劳动关系用劳动合同来确立，其法定形式是书面的。而劳务关系须用劳务合同来确立，其法定形式除书面的以外，还可以是口头和其他形式。

 课 堂 思 考

劳务关系和劳动合同一样吗？

3. 劳务关系的现状

目前，与劳动关系相近的一类劳务关系大致有以下几种情形：

（1）用人单位将某项工程发包给某个人员或某几个人员，或者将某项临时性或一次性工作交给某个人或某几个人，双方订立劳务合同，形成劳务关系。这类从事劳务的人员，一般是自由职业者，身兼数职，自己通过中介机构存放档案，缴纳保险。

（2）用人单位向劳务输出公司提出所需人员的条件，由劳务输出公司向用人单位派遣劳务人员，双方订立劳务派遣合同，形成较为复杂的劳务关系。具体说，用人单位与劳务输出公司是一种劳务关系，劳动者与劳务输出公司是一种劳动关系，而与其所服务的用人单位也是一种劳务关系。这种劳务关系的情形，有人称之为"租赁劳动力"。

（3）用人单位中的待岗、下岗、内退、停薪留职人员，在外从事一些临时性有酬工作而与另外的用人单位建立的劳务关系。由于这些人员与原单位劳动关系依然存在，所以与新的用人单位只能签订劳务合同，建立劳务关系。

（4）已经办手续的离退休人员，又被用人单位聘用后，双方签订聘用合同。这种聘

用关系类似于劳务关系，但又不完全是劳务关系。有人将其称之为特殊劳动关系。

一般来讲，常年性岗位上的劳动者，用人单位必须与之建立劳动关系，签订劳动合同。一次性或临时性的非常年性工作，或可发包的劳务事项，用人单位可使用劳务人员，并与之签订劳务合同。劳务合同的内容一般包括合同期限、劳务工作内容及要求、劳务报酬、合同的终止与解除、违约责任、争议解决的方式，以及需要约定的其他内容。用人单位在认清劳动关系与劳务关系之后，应特别注意自觉守法，不能将应建立劳动关系的情形，统统改为建立劳务关系，以规避法律，使用廉价劳动力。不过，用人单位采用租赁劳动力的方式，以劳务关系代替劳动关系的情形例外。

第二节　劳动合同管理

一、劳动合同的概念和特征

（一）劳动合同的概念

劳动合同，是指劳动合同当事人在劳动合同的订立、履行过程中必须遵守的规则，其目的是为了有效地行使劳动合同职能，纠正和制止劳动合同在订立和履行过程中出现的违法现象或不合法做法。《劳动法》规定，劳动合同依法订立即具有法律约束力，当事人必须履行劳动合同规定的义务。

劳动关系确立的标志就是劳动合同的签订。当劳动者与企业签订了劳动合同，则意味着双方已经确立了劳动关系，明确了权利和义务。劳动合同是劳动关系稳定存续、用人单位进行劳动管理、处理双方争议的重要依据。

劳动合同，按合同的内容，分为劳动合同制范围以内的劳动合同和劳动合同制范围以外的劳动合同；按合同的形式，分为要式劳动合同和非要式劳动合同。

（二）劳动合同的法律特征

劳动合同是发生在劳动者与用人单位之间的一种法律事实或法律文件，是确立具体劳动关系的法律凭证和法律形式。劳动合同具有以下法律特征：

（1）劳动合同的当事人，一方是劳动者，另一方是用人单位。

（2）劳动者与用人单位签订劳动合同后，双方即形成管理关系。这意味着劳动者要依据劳动纪律、法规和劳动合同来享受权利和承担义务，用人单位则有权利和义务来组织和管理本单位的员工。

（3）劳动合同的当事人法律地位平等。也就是说，劳动合同是双方当事人之间平等自愿、协商一致达成的协议。

（4）劳动合同的目的在于劳动过程的完成。这意味着无论劳动成果如何，劳动者一方只要按照规定的时间、规定的要求完成了用人单位所交付的属于一定工种、一定专长或一定职务的工作量，用人单位就应该按照合同支付劳动报酬。

劳动合同的作用体现在：它是劳动者实现劳动权的重要保障；它是用人单位合理使用劳动力、巩固劳动纪律、提高劳动生产率的重要手段；它是减少和防止发生劳动争议的重要措施。

二、劳动合同的订立

（一）劳动合同的订立原则

《劳动法》规定，订立和变更劳动合同，应遵循平等自愿的原则，不得违反法律、行政法规的规定。劳动者与企业签订和变更劳动合同必须遵循以下三项根本原则：

（1）**合法原则**。即合同的内容必须遵守现行法律、法规，不得有与之相违的条款。尤其要注意的是，凡属与劳动合同有关的强制性法律规范和强制性劳动标准，都必须严格遵守。

（2）**平等自愿原则**。所谓平等，是指签订和变更劳动合同的双方在法律地位上是平等的，都有权选择对方并就合同内容表达具有同等效力的意志，并能够自由表达各自在主张自己权益方面的意愿。所谓自愿，是指合同的制定，应完全出于双方当事人的意愿，任何一方都不得强迫对方接受其意志，除合同管理机关依法监督外，任何第三者都不得干涉合同制定。对于劳动合同双方当事人来说，平等是自愿的前提，自愿是平等的体现，二者是不可分割的。

（3）**协商一致原则**。即双方就合同的所有条款进行充分协商，达成双方意思一致。协商一致，表明劳动合同的全部内容都符合当事人的意愿，能够为双方当事人所接受。

可见，劳动合同的内容、具体条款，应在法律、法规允许的范围内，由双方当事人共同讨论、互相协商，在取得完全一致的意思表述后，签订合同，建立劳动关系。用人单位在与劳动者订立劳动合同时，不得以任何形式向劳动者收取定金、保证金。

（二）劳动合同的内容

根据《劳动法》的规定，劳动合同应当以书面形式订立，并包括必备条款和协商约定条款。

（1）**必备条款**。必备条款，也通常被称作法定条款，主要包括：①劳动合同期限；②工作内容；③劳动保护和劳动条件；④劳动报酬；⑤劳动纪律；⑥劳动合同终止的条件；⑦违反劳动合同的责任。不具备以上条款，合同不成立。

（2）**协商约定条款**。协商约定条款指双方根据具体情况协商约定的权利、义务条款。常见的有：①试用期条款；②保守商业秘密及禁止同业竞争条款；③补充保险、福利条款；④违约金和赔偿金条款等。没有协商约定条款，并不影响合同的成立。

（三）无效劳动合同

根据《劳动法》第十八条的规定，下列劳动合同是无效合同：

1. 违反法律、法规的劳动合同

（1）**合同主体不合法**。例如，签订合同的一方或双方是正在服刑的犯人或未满16周岁的未成年人。

（2）**合同内容不合法**。例如，合同内容规定员工每周工作时间超过法定劳动时间或者要求员工从事国家法律法规禁止的活动等。

2. 采取欺诈或威胁等手段订立的劳动合同

（1）合同当事人一方故意捏造、歪曲或隐瞒事实，使对方在误解或没有完全了解事实的情况下违背自己的真实意志而签订的劳动合同，如用人单位隐瞒企业经营的真实状况或将私营企业的性质说成是全民所有制企业等。

（2）合同当事人一方以给对方造成人身伤害或财产损失进行逼迫，致使对方屈服其压力，签订违背自己真实意志的合同，如不续签合同就要求赔偿损失等。

需要注意的是，无效合同从合同订立之时起，就不具备法律效力。但《劳动法》同时规定，如果合同属于部分条款无效，那么其余部分仍然有效。劳动合同的无效，应由劳动争议仲裁委员会或者人民法院确认。

课堂思考

劳动者与旅游企业签订劳动合同时应注意哪些问题？

三、劳动合同的履行

劳动合同的履行，是指合同当事人双方履行劳动合同所规定义务的法律行为，即劳动者和用人单位按照劳动合同的要求，共同实现劳动过程和各自的合法权益。必须依法履行劳动合同，这既是劳动法赋予合同当事人双方的义务，也是劳动合同对合同当事人双方具有法律约束力的主要表现。

（一）劳动合同履行的原则

（1）**正确履行原则**。即合同当事人要按照合同既定的内容，原原本本地全面履行合同，不得改变合同的任何内容和条款，更不能打折扣履行。即必须实际履行、亲自履行、全面履行。

（2）**实际履行原则**。即合同双方当事人要按照合同规定的标的履行自己的义务和实现自己的权利，不得以其他标的或方式来代替。主要表现在两方面：第一，一方当事人即使违约，也不能以罚金或赔偿损失来代替合同标的履行，除非违约方对合同标的履行对另一方当事人已无实际意义；第二，一方当事人不履行合同时，另一方当事人有权请求法院或仲裁机构强制或敦促其履行。

（3）**亲自履行原则**。即双方当事人要以自己的行为履行合同规定的义务和实现合同规定的权利，不得由他人代为履行。合同双方当事人要以自己的实际行为来完成合同规定的义务，实现合同约定的目标。

（4）**全面履行原则**。即双方当事人都必须按照合同规定履行合同的全部内容，而不能只履行合同的部分内容。

（5）**协作履行的原则**。即双方当事人在合同履行过程中要互相协作、互相帮助，共同履行合同规定的义务，共同实现合同规定的权利。任何一方当事人都要保证自己能够实际、亲自、全面、正确地履行合同的内容和条款；双方当事人在履行合同的过程中要互相关心，并相互监督和检查，遇到问题时要共同寻找解决办法。

（二）劳动合同履行的法律保障

劳动合同的履行通常又分为完全履行、不完全履行或完全不履行三种情形，它们会导致不同的法律后果。双方如果完全履行了劳动合同，导致劳动关系圆满实现，则劳动合同正常终结；劳动合同的不完全履行或完全不履行都属于违反劳动合同的行为，将根据情节轻重和造成的危害后果，追究违约责任。

（三） 违反劳动合同的法律责任

违反劳动合同的法律责任是指由于用人单位或劳动者本身的过错造成的不履行或者不适当履行合同所应当承担的相应法律责任。《劳动法》《违反〈中华人民共和国劳动法〉行政处罚办法》（以下简称《处罚办法》） 及《违反和解除劳动合同的经济补偿办法》（以下简称《补偿办法》） 等都对违反劳动合同做出了相应的规定。

1. 用人单位侵害劳动者的情形及相应的责任

《劳动法》第九十一条规定：用人单位有下列侵害劳动者合法权益情形之一的，由劳动行政部门责令支付劳动者的工资报酬、经济补偿，并可责令支付赔偿金：（一） 克扣或无故拖欠劳动者工资的；（二） 拒不支付劳动者延长工作时间工资报酬的；（三） 低于当地最低工资标准支付劳动者的工资的；（四） 解除劳动合同后，未依照本法规定给予劳动者经济补偿的。

《处罚办法》第十六条规定，用人单位有上述四种行为之一者，应责令支付劳动者工资报酬、经济补偿，并可责令按相当于支付劳动者工资报酬、经济补偿总和的 $1\sim5$ 倍支付劳动者赔偿金。

《补偿办法》第三条规定，用人单位克扣或拖欠劳动者工资以及拒不支付延长工作时间工资报酬的，除在规定时间内全额支付外，还需加发相当于工资报酬 25% 的经济补偿金；第四条规定，用人单位低于当地最低工资标准支付劳动者工资报酬的，除补足低于部分外，另外支付相当于低于部分的 25% 的经济补偿金；第十条规定，用人单位解除劳动合同后，未按规定给予劳动者经济补偿的，除全额发给经济补偿金外，还需按该经济补偿金数额的 50% 支付额外经济补偿金。

2. 由于用人单位的原因订立的无效劳动合同，用人单位应承担赔偿责任

《劳动法》第九十七条规定："由于用人单位的原因订立的无效合同，对劳动者造成损害的，应承担赔偿责任。"第九十九条规定："用人单位招用未解除劳动合同的劳动者，对原用人单位造成经济损失的，该用人单位应当依法承担连带赔偿责任。"

3. 用人单位违法解除合同或故意拖延不订立合同应当承担经济责任

《劳动法》第九十八条规定："用人单位违反本法规定的条件解除劳动合同或者故意拖延不订立劳动合同的，由劳动行政部门责令改正，对劳动者造成损害的，应当承担赔偿损失。"

4. 用人单位由于客观原因解除劳动合同的补偿责任

（1）劳动者不能胜任工作，经过培训或者调整工作单位仍不能胜任工作，由用人单位解除劳动合同的，《补偿办法》第七条规定："用人单位按其在本单位工作年限，工作时间每满一年，发给相当于一个月的经济补偿金，最多不超过 12 个月。"

（2）该《补偿办法》第八条规定："劳动合同订立时所依据的客观情况发生变化，致使原劳动合同无法履行，经当事人协商不能就变更劳动合同达成协议，由用人单位解除劳动合同的，用人单位按照劳动者在本单位工作的年限，工作时间每满一年，发给相当于一个月工资的经济补偿金。"

（3）该《补偿办法》第九条规定："用人单位濒临破产进行法定整顿期间或者生产经营发生严重困难，必须裁减人员的，用人单位按被裁减人员在本单位工作的年限支付经济补偿金。在本单位工作的时间每满一年，发给相当于一个月工资的经济补偿金。"

5. 经当事人协商由用人单位解除合同的经济补偿责任

《补偿办法》第五条规定："经劳动合同当事人协商一致，由用人单位解除劳动合同的，用人单位应根据劳动者在本单位工作年限，每满一年发给相当于一个月工资的经济补偿金，最多不超过 12 个月。"

6. 劳动者患病或者非因公负伤不能从事原工作也不能由用人单位另行安排工作而解除劳动合同的经济补偿责任

《补偿办法》第六条规定，用人单位应按其在本单位的工作年限，每满一年发给相当于一个月的工资的经济补偿金，同时发给不低于 6 个月工资的医疗补助费，患重病和绝症的还应增加医疗补助费，患重病的增加部分不低于补助费的 50%，患绝症的增加部分不低于医疗补助费的 100%。

7. 劳动者违反劳动合同的赔偿责任

《劳动法》第一百零二条规定，劳动者违反本法规定的条件解除劳动合同或者违反劳动合同中约定的保密事项，对用人单位造成经济损失的，应当依法承担赔偿责任。《劳动部关于违反〈劳动法〉有关劳动合同规定的赔偿办法》规定：

劳动者违反规定或劳动合同的约定解除劳动合同，对用人单位造成损失的，劳动者应赔偿用人单位下列损失：①用人单位招收录用其所支付的费用；②用人单位为其支付的培训费用，双方另有约定的按约定办理；③对生产、经营和工作造成的直接经济损失；④劳动合同约定的其他赔偿费用。

劳动者违反劳动合同中约定的保密事项，对用人单位造成经济损失的，按《反不正当竞争法》第二十条的规定支付用人单位赔偿费用。

四、劳动合同的变更

劳动合同的变更，是指合同当事人双方或单方依法修改或补充劳动合同内容的法律行为。

（一）劳动合同变更类型

劳动合同的变更一般有两种类型：法定变更和协议变更。法定变更是指在法律规定的原因出现时，经过当事人一方提出，可以变更劳动合同。协议变更是指双方当事人协商一致，达成协议，对劳动合同进行变更，但这种变更必须符合法律的规定。需要注意的是，劳动合同变更的对象，只限于劳动合同中的部分条款。

（二）劳动合同变更原则

劳动合同的变更要与劳动合同制定时一样，遵循合法、平等自愿、协商一致的原则。需要注意的是，劳动合同变更时，合同双方当事人应该再签订一份变更协议书，且在变更协议书未签订之前，原合同条款继续有效。变更协议书中要指明对应的是哪一份合同、哪些条款变更，并要注明生效日期。

（三）劳动合同变更的程序

劳动合同的变更一般要经过提议、协商、签订三个阶段，即先由要求变更劳动合同的一方向对方提出变更建议，说明变更劳动合同的理由及拟修改的内容；对方收到变更协议后，双方进入协商阶段，如果一方同意接受另一方提出的变更建议，双方就可以签订新的协议；如果对方不能接受变更建议或不能全部接受变更建议，双方则继续协商，直到意见一致，或维持或变更原劳动合同的相应条款；如果协商过程中发生争执，则任何一方都可以向劳动争议仲裁机构申请仲裁。

因此，劳动合同变更时，应注意：①协商一致，可以变更劳动合同；②变更劳动合同，应当采用书面形式；③变更后的劳动合同文本双方各执一份。

（四）劳动合同变更的法律后果

变更后的劳动合同，对双方当事人均具有法律约束力。劳动合同变更后，如果因为变更行为给一方带来经济损失的，一般要由要求变更劳动合同的一方或导致对方遭受经济损失的一方承担经济赔偿责任，但不承担违反劳动合同的责任。但需要注意的是，如果因为非法或单方面变更劳动合同而导致另一方受到经济损失的，则要承担违反劳动合同的责任。

五、劳动合同的解除与终止

（一）劳动合同的解除

劳动合同解除是指劳动合同生效以后，尚未全部履行以前，双方或单方当事人依法提前解除劳动关系的法律行为。

1. 解除劳动合同的条件

（1）**用人单位合法辞退员工、解除合同的情形**。主要包括：①劳动合同期满或者当事人约定的劳动合同终止条件出现的；②经劳动合同当事人协商一致的；③试用期内被证明不符合录用条件的；④严重违反劳动纪律或者企业规章制度的；⑤严重失职，营私舞弊，给企业利益造成重大损害的；⑥依法被追究刑事责任的。

（2）**用人单位提前30日书面通知后可辞退员工的情形**。主要包括：①患病或者非因公负伤，医疗期满后，不能从事原工作也不能从事由企业另行安排的工作的；②不能胜任工作，经过培训或者调整工作岗位仍不能胜任工作的；③劳动合同订立时所依据的客观情况发生重大变化，致使劳动合同无法履行，经当事人协商不能就变更劳动合同达成协议的；④企业濒临破产，进行法定整顿期间或者生产经营状况发生严重困难，确需裁员的，但企业应提前30日向工会或全体员工说明情况，听取意见并向劳动部门报告。

（3）**员工可以自行辞职的情形**。主要包括：①合同期满或约定的合同终止条件出现；②经企业同意；③在试用期间；④企业以暴力、威胁或者非法限制人身自由的手段强迫劳动的；⑤企业未按照劳动合同约定支付劳动报酬或者提供劳动条件的；⑥提前30日书面通知企业解除劳动合同的。

我国《劳动法》对于辞职的规定

一、职工辞职，要提前30日以书面形式通知用人单位

《中华人民共和国劳动法》第三十一条规定，"劳动者解除劳动合同，应当提前30日以书面形式通知用人单位"，明确赋予了职工辞职的权利，这种权利是绝对的，劳动者单方面解除劳动合同无须任何实质条件，只需要履行提前通知的义务（即提前30日书面通知用人单位）即可。

原劳动部办公厅在《关于劳动者解除劳动合同有关问题的复函》也指出："劳动者提前30日以书面形式通知用人单位,既是解除劳动合同的程序,也是解除劳动合同的条件。劳动者提前30日以书面形式通知用人单位,解除劳动合同,无须征得用人单位的同意。超过30日,劳动者向用人单位提出办理解除劳动合同手续,用人单位应予以办理。"

二、用人单位具有一定的请求赔偿损失的权利

《劳动法》第一百零二条规定:"劳动者违反本法规定的条件解除劳动合同或者违反劳动合同中约定的保密事项,对用人单位造成经济损失的,应当依法承担赔偿责任。"

原劳动部在《违反〈劳动法〉有关劳动合同规定的赔偿办法》第四条明确规定了赔偿的范围:"劳动者违反规定或劳动合同的约定解除劳动合同,对用人单位造成损失的,劳动者应赔偿用人单位下列损失:用人单位招收录用其所支付的费用;用人单位为其支付的培训费用,双方另有约定的按约定办理;对生产、经营和工作造成的直接经济损失;劳动合同约定的其他赔偿费用。"

三、如有争议,应及时提请劳动仲裁

职工主动提出与企业解除劳动合同后,部分职工在以书面通知用人单位30日后主动离职,不予理会用人单位的赔偿要求,用人单位则不给职工办理人事关系和档案的调转手续,职工离职后人事关系和档案长期留置在原用人单位;造成职工在新的工作单位不能办理劳动保险、不能办理出国政审手续、影响技术职称评定、不能进一步求学深造和丧失报考国家公务员的机会。所以,职工在与用人单位因解除劳动合同赔偿损失方面发生争议后应当在60天内及时向用人单位所在地区、县劳动争议仲裁委员会提请劳动争议仲裁。

——资料来源:中国人力资源网

2. 不得解除劳动合同的条件

在下列情形下,企业不得辞退员工:①患职业病或因工负伤并被确认丧失或部分丧失劳动能力的人;②患病或者负伤,在规定的医疗期间内;③女员工在孕期、产期、哺乳期内的;④法律、行政法规规定的其他情形。

课 堂 思 考

旅游企业能否与处于孕期的女员工解除劳动合同?

(二)劳动合同的终止

劳动合同的终止是指劳动合同期满或当事人双方约定的劳动合同终止条件出现,劳动合同即行终止。如果约定的终止条件是合同生效前就已经发生的事件或行为,则该合同无效。而客观情况指的是,合同终止情况的发生是自然出现的,不是人为制造的,不

能事先预谋的。因而用人单位以考核结果的某种等级（层次）约定为劳动合同终止的条件，就具有很高的主观因素，不能作为劳动合同终止的条件。用人单位若要把对劳动者的考核情况作为劳动者能否胜任工作的依据，只能依照《劳动法》相关规定办理解除劳动合同。同样，用人单位不能将企业并购、机构外包等主观制造的重大变化约定为终止劳动合同的情形也是因为这个。

劳动合同终止的情况主要有以下几种情形：

（1）**合同期限届满**。定期劳动合同在其有效期限届满时，除依法续订合同和有其他依法可以延期的情况外，即行终止。

（2）**约定终止条件成立**。劳动合同或集体合同约定的合同终止条件实际成立，劳动合同即行终止。

（3）**合同目的实现**。以完成一定工作（工程）为期的劳动合同在其约定工作（工程）完成之时，其他劳动合同在其约定的条款全面履行完毕之时，因合同目的已实现而自然终止。

（4）**当事人死亡**。劳动者死亡，其劳动合同即终止。作为用人主体的业主死亡，劳动合同可以终止；如果死者的继承人依法继续从事死者生前的营业，劳动合同则一般继续存在。

（5）**劳动者退休**。劳动者因达到退休年龄或完全丧失劳动能力而办理退休手续，其劳动合同即终止。

（6）**用人单位消灭**。用人单位依法被宣告破产、解散、关闭或撤销，其劳动合同即随之终止。

（7）**合同解除**。劳动合同应依法解除而终止。与劳动合同终止相联系，存在两种情况：

①续订劳动合同。劳动合同的续订是指原订的劳动合同终止执行后，由于生产、工作需要，当事人双方通过协商一致，继续签订劳动合同。劳动合同的续订是劳动合同制订的一种特殊形式。

②事实劳动关系。事实劳动关系是相对于由劳动合同法调整的劳动关系而言的，指的是劳动关系双方当事人在建立劳动关系或变更劳动关系时，没有按照法律的要求签订书面劳动合同，只是以口头协议的形式约定双方当事人的权利和义务，但双方在实际工作中存在权利和义务关系。它通常有以下四种情形：

一是企业与合同制工人自始至终未签订劳动合同；二是原劳动合同期限届满，但企业未予以终止或续签；三是国有企业固定工转制的过程中，企业在规定的时限内未予以签订劳动合同或终止劳动关系；四是特殊情况出现后，但企业未对原合同做相应的变更。

医疗期内终止劳动合同不合法

何某为某宾馆女员工，于 2013 年 8 月 1 日入职，双方签订了为期 2 年的劳动合同。自 2015 年 6 月 15 日起，何某一直患病休病假。2015 年 7 月 31 日，宾馆向何某发出《终止劳动合同通知书》，终止双方的劳动合同。何某认为自己尚在医疗期内，宾馆终止劳动合同违反法律规定，遂申请仲裁要求某宾馆继续履行劳动合同。

仲裁委审理后认为，按照何某的累计工作年限和在某宾馆的工作年限，何某的医疗期应为 6 个月，某宾馆终止劳动合同时，何某尚在规定的医疗期内，按照法律规定，某宾馆应将劳动合同延续至何某医疗期满或医疗终结后，才可终止劳动合同，故裁决某宾馆继续履行劳动合同。

——资料来源：北京市人力资源和社会保障局

案 例 分 析

仲裁委为什么裁决该宾馆必须继续履行与何某的劳动合同？

第三节　劳动争议与处理

一、劳动争议概述

（一）劳动争议的概念

劳动争议，又称劳动纠纷、劳资争议或劳资纠纷，是指用人单位和劳动者之间在实现劳动权利和履行劳动义务等方面产生的争议或纠纷。其本质是劳动关系双方主体围绕经济利益产生的权利和义务上的矛盾和争议。

处理劳动争议的相关法规主要有《企业劳动争议处理条例》《〈企业劳动争议处理条例〉若干问题解释》《企业劳动争议调解委员会组织及工作规则》《劳动争议仲裁委员会组织规则》《劳动争议仲裁委员会办案规则》《最高人民法院关于审理劳动争议案件适用法律若干问题的解释》等。

（二）劳动争议的特点

劳动争议是发生在单位内部劳动者和管理者之间的利益矛盾、利益争端或纠纷。主要有以下几个特点：

（1）**劳动争议有特定的当事人**。劳动争议的当事人只能是劳动关系双方主体，即一方是单位管理者及其代表，另一方是单位劳动者及其代表。也就是说，只有劳动者及其代表与单位管理者及其代表之间通过劳动合同建立了劳动关系，他们才能成为劳动争议的双方当事人。只有发生在劳动关系双方主体之间的争议，才是企业劳动争议。

（2）**劳动争议有特定的内容**。劳动争议的内容是劳动关系双方当事人围绕经济利益而发生的劳动权利和劳动义务的矛盾和争议。即只有围绕经济利益而发生的劳动权利和劳动义务的争议，才是劳动争议。

（3）**劳动争议有特定的争议手段**。争议手段是双方当事人坚持自己主张和要求的外在表达方式。劳动争议通常是劳动者采取怠工、罢工、示威或集体上访等表现形式，通常社会影响较大。

（三）劳动争议的种类

常见的劳动争议有以下几种：

（1）**终止劳动关系的劳动争议**。即企业开除、除名、辞退职工或职工辞职、离职而发生的劳动争议。

（2）**执行劳动法规的劳动争议**。即企业和职工之间因执行国家有关工资、保险、福利、培训、劳动保护规定而发生的争议。

（3）**履行劳动合同的劳动争议**。即企业和职工之间因执行、变更、解除劳动合同而发生的争议。

（四）产生劳动争议的原因

（1）**劳动契约方面的原因**。劳动争议是用人单位和劳动者之间不同的利益矛盾所产生的。通常情况下，经营者为了获得利润最大化，主观上希望降低一切成本，包括员工的工资待遇以及对劳动安全、劳动保护的投资，而劳动者是一定要争取经济利益的。因此，两者之间的矛盾冲突就必然存在。旅游企业中的劳动关系通常都是以契约的形式订立的，因此，旅游企业中的很多劳动争议问题都起源于对劳动合同相关问题的争议。

（2）**企业制度方面的原因**。这种情况主要表现在员工对企业制度运行不满，通常有劳动者对劳动条件、工作待遇等问题产生不公平感而引发的争议等。值得注意的是，劳动争议与企业的组织文化有密切关系，如果企业文化注重的是短期利益、局部利益，会造成劳动关系双方的互不信任感，更易产生利益矛盾。

（3）**政府管理部门方面的原因**。这种情况通常体现在政府制定的相关法规互相矛盾，多头管理带来不同部门之间出现权限矛盾，有关部门执行政策有偏差等。

（4）**管理人员方面的原因**。这种情况主要表现在管理人员素质差，工作方法过于简单粗暴，同上级个人之间关系不和谐等引起的劳动争议。

（5）**员工方面的原因**。主要原因是员工不了解、不理解、不承认劳动法规和劳动契约而引起劳动争议。

（五）旅游企业常见的劳动争议

（1）**劳动合同争议**。在旅游企业常见的劳动合同争议中，以解除劳动合同的争议较为常见。《劳动法》规定，劳动合同一方当事人解除劳动合同必须符合法定条件并且事先通知对方。解除劳动合同争议的内容主要是涉及解除劳动合同的条件是否合法且是否提前通知的问题。争议的当事人通常是因为认为对方解除合同不符合法定条件或未能提前通知对方而提出上诉、要求赔偿所造成的损失。

（2）**录用争议**。这是旅游企业劳动争议中比较多的一种类型。有很多求职者认为旅游企业的管理人员在招工中存在营私舞弊行为，导致自己虽然符合条件但未能被录用。因此，求职者感到受到不公正待遇，与企业一方发生争执。

（3）**调离争议**。这种争议通常发生在劳动者调离旅游企业时，因为企业不兑现招聘条件或不准劳动者调离，以赔偿培训费、扣押档案或退出房产等手段逼迫劳动者留下而导致双方发生争执。

（4）**劳动报酬争议**。劳动报酬主要有工资、奖金和津贴三种形式，其中工资又是最主要的劳动报酬，因此，工资争议现象比较常见。而在旅游企业劳动报酬争议中，比较常见的是工资偏低和工资拖欠争议。

（5）**劳动保险争议**。这是在我国劳动争议中占比重最大的一种。旅游企业劳动保险争议主要有以下几种：

①工龄争议。工龄是劳动者工资升级、享受多种待遇的依据，更是劳动者享受何种劳动保险待遇的依据。工龄争议主要集中在不同旅游企业之间的工龄如何连续计算方面。

②因公和非因公认定争议。这种争议通常发生在患病、负伤、致残的员工以及死亡者家属与旅游企业之间。因为根据国家有关规定，劳动者在因公和非因公患病、负伤、致残、死亡之间的待遇有很大的差别。而劳动者和其家属在遭遇这些情况时非常希望能按照因公认定处理，但旅游企业出于自身利益的考虑或担心导致其他问题，有时会拒绝劳动者或其家属的要求，因而导致争议。

③退休、离休争议。这种情况通常发生在年老体弱的劳动者与国有旅游企业之间。一般是劳动者退职要求改办退休或离休，希望提高退休离休待遇等。

（6）**劳动保护争议**。这是近年来数量增加较快的一种争议类型。主要有以下几种情况：

①工作条件争议。通常发生在生产条件较差的岗位，劳动者一般会在改善工作条件、发放劳保用品和有害作业津贴方面与企业管理者持不同意见。

②职业病认定争议。一般表现在劳动者将自己所患疾病与职业病联系起来，要求旅游企业按照法律规定给予照顾，企业则认为不符合有关规定不予理会而引起争议。

③女工保护争议。通常是女性劳动者要求在怀孕期、生育期、哺乳期、月经期及更年期等获得特殊照顾，提供必要的卫生设备或休息条件，而旅游企业不认同，引起的争议。

（7）**辞退争议**。通常发生在旅游企业辞退员工时，员工认为自己并没有过错，不满企业的辞退行为，或者认为企业辞退自己是违反了劳动法规而引起争议。

二、劳动争议的处理

（一）劳动争议的处理机构

我国《劳动法》第七十七条规定："用人单位与劳动者发生劳动争议，当事人可以依法申请调解、仲裁、提起诉讼，也可以协商解决。"所以，我国是把劳动争议的处理程序分为调解、仲裁和诉讼三个阶段的。这三个阶段的相应处理机构分别是：用人单位设立的劳动争议调解委员会，县、市、市辖区设立的劳动争议仲裁委员会、人民法院。

（二）劳动争议的处理原则

根据我国《劳动法》第七十八条规定："解决劳动争议，应当根据合法、公正、及时处理的原则，依法维护劳动争议当事人的合法权益。"

根据《中华人民共和国企业劳动争议处理条例》的规定，处理劳动争议，应当遵循下列原则：着重调解，及时处理；在查清事实的基础上，依法处理；当事人在适用法律上一律平等。

（1）**着重调解**。着重调解是处理劳动争议的基本手段，并且贯穿于劳动争议处理的始终。无论是调解、仲裁还是审判，都要贯彻先调解原则，能够达成调解协议的首先要达成调解协议。调解的前提是双方自愿，自愿达成的协议必须合法。

（2）**及时处理**。劳动争议处理必须及时。当调解无法达成协议时，不要再久调不决。《劳动法》第八十三条及《企业劳动争议处理条例》规定了关于调解、仲裁的期限。

（3）**合法原则**。以事实为根据，以法律为准绳是法律适用的重要原则，也是劳动争议工作处理的准则。在处理劳动争议的过程中，处理机构必须在查清事实、明辨是非的基础上，依据劳动法律、法规和政策作出处理。处理的结果不得违反国家现行法律、法规和政策规定，不得损害国家利益、社会公共利益或他人的合法权益。

（4）**公正原则**。劳动争议处理机构在处理劳动争议时，要秉公执法，不能偏袒任何一方，要依据客观实际和相关法律、法规作出判断和裁决。劳动双方当事人的地位平等，任何一方都不得把自己的意志强加于另一方。

（三）劳动争议的处理途径

目前我国劳动争议的解决方式主要有三种：调解、仲裁、诉讼。劳动争议发生后，当事人可以向本单位劳动争议调解委员会申请调解。如若调解不成，当事人一方要求仲裁的，可以向劳动争议仲裁委员会申请仲裁，也可以直接向劳动争议仲裁委员会申请仲裁。对仲裁裁决不服的，可以向人民法院提起诉讼。

1. 劳动争议的调解

调解是指在查明事实、分清是非、明确责任的基础上，依照《劳动法》规定以及劳动合同约定的权利和义务，推动用人单位和劳动者之间相互谅解、解决争议的方式。

劳动争议的调解应当遵循当事人双方自愿的原则。调解委员会在调解劳动争议时，不能强迫双方接受自己的意见，也无权出具对双方具有法律约束力的文件，但是如果双方经调解达成了调解协议，调解委员会则应当

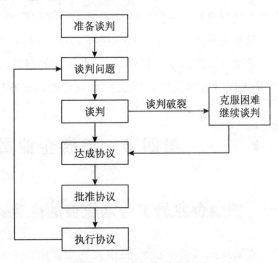

图 8-1 劳资谈判流程图

制作调解协议书，劳动争议双方当事人应当自觉履行协议书（图 8-1）。

2. 劳动争议的仲裁

仲裁是指纠纷当事人在自愿基础上达成协议，将纠纷提交非司法机构的第三者审理，由第三者作出对争议各方均有约束力的裁决的一种解决纠纷的制度和方式。仲裁在性质上是兼具契约性、自治性、民间性和准司法性的一种争议解决方式。仲裁活动和法院的审判活动一样，关乎当事人的实体权益，是解决民事争议的方式之一。

劳动争议仲裁委员会不会主动介入劳动争议，发生劳动争议的主体可以向其提出仲裁申请，仲裁委员会在受理案件后，经过开庭审理，在确定事实后，应先进行调解，如

若调解不成或双方不愿进行调解，可以做出仲裁裁决，该裁决具有强制性。如果当事人双方未在法定期限内向法院起诉，则裁决生效，当事人必须履行；如果一方不履行仲裁裁决，另一方可以请求强制执行。

3. 劳动争议诉讼

劳动争议的诉讼，是指劳动争议当事人不服劳动争议仲裁委员会的裁决，在规定的期限内向人民法院起诉，人民法院依法受理后，依法对劳动争议案件进行审理的活动。此外，劳动争议的诉讼，还包括当事人一方不履行仲裁委员会已发生法律效力的裁决书或调解书，另一方当事人申请人民法院强制执行的活动。

实行劳动争议诉讼制度，从根本上将劳动争议处理工作纳入了法制轨道，以法的强制性保证了劳动争议的彻底解决。同时，这一制度也初步形成了对劳动争议仲裁委员会的司法监督机制，对提高仲裁质量十分有利。此外，还较好地保护了当事人的诉讼权，给予不服仲裁裁决的当事人以求助于司法的权利。

劳动争议的诉讼，是解决劳动争议的最终程序。人民法院审理劳动争议案件适用《中华人民共和国民事诉讼法》所规定的诉讼程序。

第四节　旅游企业员工的劳动权益

一、旅游企业员工劳动权益的内容

依照我国《劳动法》的相关规定，旅游企业员工在劳动关系中享有以下几方面的权利：

（1）**平等就业的权利**。即具有劳动能力的公民，有获得职业的权利。劳动是人们生活的第一个基本条件，是创造物质财富和精神财富的源泉。劳动就业权是有劳动能力的公民获得参加社会劳动和切实保证按劳取酬的权利。公民的劳动就业权是公民享有其他各项权利的基础。如果公民的劳动就业权不能实现，其他一切权利也就失去了基础。

（2）**选择职业的权利**。即劳动者根据自己的意愿选择适合自己才能、爱好的职业。劳动者拥有自由选择职业的权利，有利于劳动者充分发挥自己的特长，促进社会生产力的发展。劳动者在劳动力市场上作为就业的主体，具有支配自身劳动力的权利，可根据自身的素质、能力、志趣和爱好，以及市场资讯，选择用人单位和工作岗位。选择职业的权利是劳动者劳动权利的体现，是社会进步的一个标志。

（3）**取得劳动报酬的权利**。随着劳动制度的改革，劳动报酬成为劳动者与用人单位所签订的劳动合同的必备条款。劳动者付出劳动，依照合同及国家有关法律取得报酬，是劳动者的权利。而及时定额地向劳动者支付工资，则是用人单位的义务。用人单位违反这些应尽的义务，劳动者有权依法要求有关部门追究其责任。获取劳动报酬是劳动者持续的行使劳动权不可少的物质保证。

（4）**获得劳动安全卫生保护的权利**。这是保证劳动者在劳动中生命安全和身体健康，是对享受劳动权利的主体切身利益最直接的保护。包括防止工伤事故和职业病。如果企业单位劳动保护工作欠缺，其后果不仅是某些权益的丧失，而且劳动者健康和生命会直接受到伤害。

（5）**休息的权利**。我国宪法规定，劳动者有休息的权利，国家发展劳动者休息和休养的设施，规定职工的工作时间和休假制度。

（6）**享有社会保险和福利的权利**。疾病和年老是每一个劳动者都不可避免的。社会保险是劳动力再生产的一种客观需要。我国《劳动法》规定劳动保险包括养老保险、医疗保险、工伤保险、失业保险、生育保险等。但目前我国的社会保险还存在一些问题，社会保险基金制度不健全，国家负担过重，社会保险的实施范围不广泛，发展不平衡，社会化程度低，影响劳动力合理流动。

（7）**接受职业技能培训的权利**。我国宪法规定，公民有受教育的权利和义务。所谓受教育既包括接受普通教育，也包括接受职业教育。公民要实现自己的劳动权，必须拥有一定的职业技能，而要获得这些职业技能，越来越依赖于专门的职业培训。因此，劳动者若没有职业培训权利，那么劳动就业权利也就成为一句空话。

（8）**有提请劳动争议处理的权利**。劳动争议是指劳动关系当事人，因执行《劳动法》或履行集体合同和劳动合同的规定引起的争议。劳动关系当事人，作为劳动关系的主体，各自存在着不同的利益，双方不可避免地会产生分歧。用人单位与劳动者发生劳动争议，劳动者可以依法申请调解、仲裁、提起诉讼。劳动争议调解委员会由用人单位、工会和职工代表组成。劳动仲裁委员会由劳动行政部门的代表、同级工会、用人单位代表组成。解决劳动争议应该贯彻合法、公正、及时处理的原则。

（9）**法律规定的其他权利**。法律规定的其他权利包括：依法参加和组织工会的权利，依法享有参与民主管理的权利，劳动者依法享有参加社会义务劳动的权利，从事科学研究、技术革新、发明创造的权利，依法解除劳动合同的权利，对用人单位管理人员违章指挥、强令冒险作业有拒绝执行的权利，对危害生命安全和身体健康的行为有权提出批评、举报和控告的权利，对违反《劳动法》的行为进行监督的权利等。

二、旅游企业员工劳动权益的维护

我国是社会主义国家，劳动者在法律地位上与用人单位平等，其法律地位和权利得到的保障是毋庸置疑的。但法律地位上的平等与在具体的社会关系中的平等并不是可以直接画等号的。这种情况在劳动关系中尤其突出，因为劳动者在劳动关系中的弱势地位是十分突出的，劳动力市场供需状态和劳动对于劳动者的意义是导致现实中劳动者弱势的主要原因。

失业率不断增高已成为现代社会的普遍现象。失业影响的是失业者的生存、失业者家庭成员的生存和失业者家庭本身的生存。失业不仅使失业者本人及其家庭生活由于收入下降而质量下降，而且会使失业者及其家庭成员在精神上蒙受伤害，就连家庭的稳定性也面临严峻的考验。在已经形成的劳动关系中，即劳动者已经找到工作，实现就业后，劳动者仍然是弱者。因为，劳动关系的特征之一就是它的依附性，包括雇工对雇主的依附和雇工对雇用组织的依附性。劳动者服从雇主及其雇用单位的管理、指挥和监督是一项基本的劳动义务。

保护劳动者的合法权益，是实现稳定劳动关系、正常劳动秩序、促进社会经济发展和社会进步的前提与保障。劳动者的合法权益得不到有效的保护，和谐和稳定的劳动关系，以及正常的劳动秩序便不可能存在。劳动者的合法权益长期不被重视和遭受侵害，必然影响社会经济的发展。而劳动者合法权益受到保护的程度，又是反映一个国家社会进步的重要标志。依据《劳动法》，可以从以下几种途径维护旅游企业员工的合法权益：

（一）利用法律法规依法维权

（1）**签订劳动合同**。劳动合同是解决劳资纠纷、保障劳动者合法权益的重要凭据。旅游企业与员工签订劳动合同既可以改善旅游业用工环境，也可以提高旅游业对求职者的吸引力。

（2）**加强对旅游企业的监管**。对于事实雇佣关系，有关部门在处理时应该本着视同已签订合同一样处理，但要对未依法与员工签订劳动合同的旅游企业给予一定的经济处罚，促使旅游企业积极主动与员工签订合同。

（二）充分发挥工会作用，依靠工会维护员工合法权益

《劳动合同法》有 11 个条文赋予工会监督职权。例如，第四十三条规定：用人单位单方面解除劳动合同，应当事先将理由通知工会。用人单位违反法律、行政法规规定或

者劳动合同约定的，工会有权要求用人单位纠正。用人单位应当研究工会的意见，并将处理结果书面通知工会。

（1）**工会的组织作用**。员工是分散的个体，要想与旅游企业平等对话，争取应有权益，就必须组织起来，以集体的力量摆脱弱势地位。工会在传统维权体系中一直承担着员工利益维护者的任务，它在员工与旅游企业的博弈中只以维护员工权益为最高目标。

（2）**工会的监督作用**。工会作为旅游企业社会责任和经营守则的监督者，在旅游企业的内部监督机制中有自己的人员，在社会中介等外部独立监督机制中有自己的合法席位。它可以利用自己的独特身份参与到内部和外部两种监督机制中来，对违规情况仗义执言，依法行事。

 复习与思考

一、 名词解释

劳动关系　劳动合同　劳动争议

二、 简答题

1. 劳动关系的构成要素有哪些？
2. 处理劳动关系的原则是什么？
3. 劳动争议有哪几种类型？处理劳动争议的途径有哪些？

三、 填空题

1. 劳动合同的订立原则是＿＿＿＿＿＿＿、＿＿＿＿＿＿＿、＿＿＿＿＿＿＿。
2. 劳动合同履行的原则是＿＿＿＿＿＿＿、＿＿＿＿＿＿＿、＿＿＿＿＿＿＿、＿＿＿＿＿＿＿、＿＿＿＿＿＿＿。
3. 劳动争议的处理原则是＿＿＿＿＿、＿＿＿＿＿、＿＿＿＿＿、＿＿＿＿＿。
4. 劳动争议的特点是，有特定的＿＿＿＿＿＿＿、特定的＿＿＿＿＿＿＿、特定的＿＿＿＿＿＿＿。

四、 论述题

如何维护旅游企业员工的合法权益？

五、案例分析

企业内部调整是否属于订立劳动合同时的客观情况发生重大变化

李某于 2011 年 4 月入职某外资公司，双方订立无固定期限劳动合同，约定李某的岗位为媒体公关总监，月薪 3 万元。2015 年 6 月，公司告知李某，为精简组织架构，决定撤销李某所在的媒体公关总监岗位，另设媒体沟通总监及媒体关系拓展总监，但上述两个岗位均已有合适人选，现特别为李某设立公司高级顾问岗位，月薪降为 2 万元，希望能与其签署变更劳动合同协议书。李某不同意公司的要求，该公司即以"订立劳动合同时的客观情况发生重大变化，双方未能就变更劳动合同内容达成一致"为由，向李某发出《解除劳动合同通知书》，并向李某支付了经济补偿及代通知金等。

根据以上案例，回答问题：

1. 如何解读"订立劳动合同时的客观情况发生重大变化"？
2. 该案中李某应该如何维权？

📖 推荐阅读

1. 程延园. 员工关系管理［M］. 2 版. 上海：复旦大学出版社，2012.
2. 杨德敏. 劳动法和社会保障法［M］. 上海：复旦大学出版社，2015.
3. 法律出版社法规中心. 新编劳动法小全书（2016 年版）［M］. 北京：法律出版社，2016.

旅游企业
员工激励机制

　　人力资源是现代企业的战略性资源，也是企业发展的最关键的因素，而激励开发是人力资源的重要手段。企业实行激励机制的最根本的目的是正确地诱导员工的工作动机，使他们在实现组织目标的同时实现自身的需要，增加其满意度，从而使他们的积极性和创造性保持和发扬到最佳状态。对于旅游企业来讲，建立一套科学有效的激励机制直接关系企业的生存和发展。在企业激励机制的创建中，不能忽视人的需要，只有建立以人为本的激励机制，才能使其在旅游企业的生存和发展中发挥巨大的作用。

　　本章主要介绍旅游企业员工激励的基本概念、员工激励的方法与技巧。在此基础上，探讨旅游企业员工激励的具体运用。通过本章学习，学生可以了解旅游企业员工激励的作用，掌握旅游企业员工激励的方法与技巧。本章的重点内容是旅游企业员工激励的作用、方法与技巧。

学习目标

知识目标

1 了解掌握旅游企业员工激励的概念。

2 掌握旅游企业员工激励的方法与技巧。

技能目标

1 了解旅游企业员工激励的方法制定与实施。

2 理解旅游企业员工激励的作用与意义。

3 能够运用所学的方法与技巧对旅游企业员工进行激励管理。

案　例

海底捞：公平公正协助员工成长

很多大学生到海底捞应聘，期望自己一进公司就做管理者，或是行政人员，但是这在海底捞是不允许的，必须都从基层开始干起。那么，在同一个起跑线上，海底捞的员工是如何成长的？

一、良好的晋升通道

海底捞为员工设计好在本企业的职业发展路径，并清晰地向他们表明该发展途径及待遇。海底捞现有的管理人员全部是从服务员、传菜员等最基层的岗位做起，公司会为每一位员工提供公平公正的发展空间，如果你诚实与勤奋，并且相信"用自己的双手可以改变命运"这个理念，那么海底捞将成就你的未来！每位员工入职前都会得到这样的告知。

海底捞员工的晋升渠道主要包括以下三种：

（1）管理线：新员工——合格员工——1级员工——优秀员工——领班——大堂经理——店经理

（2）技术线：新员工——合格员工——1级员工——先进员工——标兵员工

（3）后勤线：新员工——合格员工——1级员工——先进员工——办公室人员或者出纳——会计、采购、技术部、开发部等

二、独特的考核制度

海底捞对干部的考核非常严格。在海底捞创始人张勇的办公室墙上，张贴着对店长以上干部的考核表，考核分了多个项目，除了业务方面的内容之外，还有创新、员工激情、顾客满意度、后备干部的培养，每项内容都必须达到规定的标准。

这几项不易评价的考核内容，海底捞都有自己衡量的标准。例如"员工激情"，总部会不定期地对各个分店进行检查，看员工的注意力是不是放在客人的身上，看员工的工作热情和服务的效率。如果有员工没有达到要求，就要追究店长的责任，"你平时是怎么要求的？你是怎么带动的？"一次可以原谅，可以给机会，几天后再派人检查，员工的服务是否快速、准确、热情，是否能够马上完成顾客的要求，是否快速准确，大方得体。

三、对员工进行亲情化管理

在海底捞，尊重与善待员工始终被放在首位。海底捞的管理人员与员工都住在统一的员工宿舍，并且规定，必须给所有员工租住正式小区或公寓中的两、三居室，不能是地下室，所有房间配备空调、电视、电脑，宿舍有专门人员管理、保洁，员工的工作服、被单等也统一清洗。若是某位员工生病，宿舍管理员会陪同他看病、照顾他的饮食起居。

在尊重与善待员工的问题上，海底捞还有不少"创意"，例如，将发给先进员工的奖金直接寄给他的父母。关于员工的夫妻生活、子女教育问题，海底捞的做法是尽量让他们一起工作，一起生活。公司会发给他们补贴，鼓励他们住在一起，并且把孩子带着身边，自己照顾和教育孩子。不仅如此，海底捞店长以上的干部，公司还会帮助他们联系其子女入学，并且代交入学赞助费。

四、建立有竞争机制的薪金制度

海底捞的薪金构成是建立在他们的"员工发展途径"之上的。普通员工可以通过升职提高工资，如果不能升职也可以通过评级提高工资。不同岗位的基本工资不一样，但是高出来或者低出来的那部分完全会被级别的不同拉平，甚至高变低，低变高。比如，功勋员工的总收入就在大堂、后堂经理之上，更是比自己的领班高出很多。并且功勋员工享受到更多的福利待遇，受到更多的尊敬。

从 2003 年 7 月起，海底捞实行了"员工奖励计划"，给优秀员工配股。绝大多数企业都只给股东分红，而只有他们海底捞给普通员工分红。"分红"的激励效果很大，员工说起他们有"分红"的时候都特别自豪，因为他们感觉到了和别人不一样的待遇。

五、重视员工的业余文化生活

海底捞的各个分店、各个分区常常展开评比活动，评比先进个人、优秀标兵、劳模、功勋员工……各店之间常常举办友谊竞赛：篮球比赛、切羊肉比赛、各种技能竞赛……公司鼓励员工积极参与，并给予适当的奖励；公司办起了《海底捞报》，内容包括企业管理知识、职场成长故事、哲理故事、饮食文化、健康知识。越来越多的员工积极投来稿件，员工们自发地创作了《海底捞之歌》。在如此和谐的文化与工作氛围中，员工们的热情日益高涨，提出很多建议，包括工作与娱乐，只要是合理的，公司都会采纳。

——资料来源：百度文库；有改动

 案 例 分 析

1. 在餐饮行业员工流失率较高的今天，海底捞如何留住员工？
2. 海底捞是如何激励员工不断成长的？

第一节　旅游企业员工激励概述

所谓激励，从理论上讲就是通过激励因素激发和鼓励人们产生一种动力，以求实现某种预定的目标。激励因素是激发和鼓励人们产生某种动力的条件或方式。而人们行动的结果是激励因素产生的效应。企业激励机制要想从理论和实践上发挥作用需要社会环境和企业内部环境两大条件共同作用。旅游企业的生存和发展与旅游企业员工密切相关。建立旅游企业科学合理的人才管理机制和激励措施，对于充分调动旅游企业员工的积极性、创造性，有着十分重要的作用。

有人说旅游业是朝阳产业。那么旅游企业与其他行业相比，人员结构上有什么独特的地方呢？

一、旅游企业员工行为动力与员工特点

激励来源于需要。企业的经营者首先应该了解员工除了薪酬和福利待遇等最基本的需要之外还存在着如安全的需要、归属的需要、社会的需要、自我价值实现的需要等多方面的需求。物质需要仅仅是员工基本需要的一个方面。实际上员工的需要是多种多样的，不同的人有不同的需要，员工共同的需要就是企业的需要。人们有了需求才会有动力，当然员工的需求必须是他经过努力后才能达到的，这样才能起到激励的作用。因此，建立合理有效的激励机制，就必须根据员工的需要对激励的目标和方法进行具体的研究，采取多方面的激励途径和方法与之相适应，在"以人为本"的员工管理模式基础上建立企业的激励机制。建立激励机制必须了解员工的行为动力与员工特点。

（一）旅游企业员工的行为动力

根据美国心理学家马斯洛（A. H. Maslow）的需求层次理论，人的需要由低到高分为生理需要、安全需要、社交需要、尊重需要和自我实现的需要五个层次（图9-1）。马斯洛把这五种基本需要分高、低两级。其中，生理需要、安全需要、社交需要属低级需要。因为这些需要主要是通过外部条件使人得到满足，而且当这些需要达到一定程度时，其需要强度就会降低，因而对人的驱动作用也会减弱。而尊重需要和自我实现的需要属于高级需要，这两种需要主要是从内部使人满足。尊重的需要是指一般人都基于事实给自己以高评价的倾向，并希望得到他人的认可、赏识和尊重。由此产生两方面的追求，一是渴望有实力、有成就，独立而自由；二是渴望得到名誉和声望。自我实现是指促使潜能得到最大限度实现的向往。有关自我实现的两个重要动机是胜任与成就。人类行为的主要动力之一就是胜任的欲望，胜任即指能够控制实体的或社交的环境的状况。胜任感表现为一种精通工作和职业成长的欲望。而高成就动机者往往认为个人成就感比成功的报酬更为重要，他们并不拒绝这些报酬，但认为报酬远远不及成就本身重要，获胜或解决难题的振奋和满足感远胜于他们所获得的金钱与赞美。

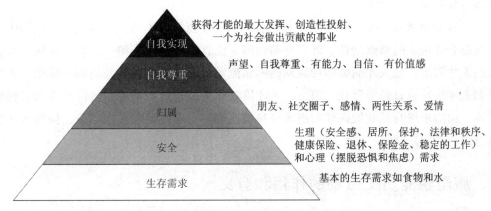

图 9-1　马斯洛（Maslow）的需求层次理论

（二）旅游企业员工的特点

（1）**较强的创新精神和知识创新能力**。知识创新能力是旅游企业员工最主要的特点。旅游企业员工之所以重要，并不是因为他们已经掌握了某些秘密知识，而是因为他们具有不断创新有用知识的能力。旅游企业员工面对的是多变的、不确定的环境，决定了他们的工作不具有常规性，或没有太多可以参照的模本。与体力劳动者或一般事务人员工作相比，旅游企业员工更可能遇到不可预见的问题，面对崭新的问题，或解决突发性的问题等，所有这些都决定了旅游企业员工必须具有创新精神和创新能力。

（2）**乐于学习和更新知识**。终身学习是旅游企业员工的特点之一。从客观环境看，知识和专业技能是保证旅游企业员工获得良好职业和发展机会的重要前提。随着专业领域知识的更新和发展，为避免知识陈旧而被时代所淘汰，他们存在更新知识的外在压力。从主观意愿看，旅游企业员工对知识的认同和尊重、对专业的忠诚和对事业的追求，无疑都是他们主动学习、更新知识的动力。

（3）**追求成就感和自我实现**。与一般企业员工相比，旅游企业员工对事业有着更执着的追求，他们更多地追求来自工作本身的满足感和成就感，并强烈期望得到社会的承认。他们不会满足于被动地完成一般性事务，而是不断地实现自我超越，把挑战性的工作视为一种乐趣，把实现挑战性的目标视为自我实现的一种方式。

（4）**独立自主性强**。旅游企业员工在组织中具有较强的独立性和自主性，对组织的依赖性较小。这种独立自主性，表现在工作态度上，就是较为自觉和主动；表现在工作方式上，则较有主见、有想法，不愿意被他人和传统做法所左右，更不愿受到较多的控制和约束，但同时也重视来自组织的必要支持；表现在工作环境上，则要求较为灵活的工作场所、工作时间和宽松的组织氛围，即倾向一个更为自主的工作环境，强调自我管理和自我约束。

（5）**流动意愿强**。旅游企业员工具有较强的流动意愿，不希望终身在一个组织中工作。旅游企业员工的高流动性，既有外部动因，也有内在动力。第一，人才稀缺与日益增长的人才需求，使人才面临多种流动诱因和流动机会。随着世界经济的一体化，人才竞争和人才流动也日趋国际化。第二，人才流动成为人才价值增值与价值实现的一种途径。员工由追求终身就业饭碗转向追求终身就业能力，通过流动实现增值，使得人才流动具有内在动力。

二、旅游企业员工激励的作用和意义

知识经济时代，人力资源的管理对象已经发生较大变化，人力资源管理的核心在于企业员工。企业间的竞争、知识的创造、利用与增值，最终都要靠企业员工来发展。在旅游业高速发展的今天，旅游企业的生存与发展与旅游企业员工密切相关。因此，坚持科学发展观，以人为本，建立旅游企业员工激励机制，充分调动旅游企业员工的积极性、创造性，才能促进旅游业的持续稳定发展。

美国哈佛大学心理学家威廉·詹姆斯（William James）对员工激励的研究发现，在个体能力不变的情况下，工作成绩的大小取决于激励程度的高低，可用公式表示：工作绩效＝能力激励。可见，员工激励在企业管理中起着非常重要的作用。

案例

海景效应

培养什么样的人需要设计。海景花园酒店要求员工第一是会做人，第二是会做事，并按照"品德高尚、意识超前、作风顽强、业务过硬"品格模式塑造人、锤炼人。每一个管理人既要接受塑造和锤炼，又有责任塑造和锤炼好自己的下属。

海景花园酒店对员工实行学校式素质化培训，员工的企业文化学习和技能培训都是高强度的，几年来一直坚持不懈，不打折扣。海景以其成功的魅力吸引了一大批大学生加盟。海景的领导对他们倾注了大量心血，用高强度的企业文化学习和严格的实践锻炼，使他们中的绝大多数成为能独当一面的管理骨干。

海景花园酒店的老总常对员工说，"我们不要求你们在海景干一辈子，但我希望你们人人成为人才！能为社会培养有用之才，是我们企业的荣耀。"

　　1997年，一个部门经理离开海景到另一家酒店工作，并且得到了"升迁"。一年多以后，他又回到海景。几年来，有好几名高级管理人员走了又要求回来。海景以博大的胸怀接纳了他们，并予以重用。

　　　　　　　　　　——资料来源：http://news.sina.com.cn/c/2001-08-24/338830.html

案例分析

　　"海景效应"案例分析中，你觉得海景花园酒店之所以能够做大做强，员工激励在其中发挥了怎样的作用？

三、旅游企业激励机制的现状

　　以人才竞争为显著特征的21世纪，人力资本是最重要的资本。企业的竞争力水平往往取决于其知识型员工的产出质量和数量。因此，激励知识型员工，使得人得其位，位适其人，最终实现人尽其才，才尽其用，是企业在激烈的市场竞争中立于不败之地的关键。目前，旅游企业在激励机制方面还存在以下问题：

　　（1）**激励的系统性问题**。某些企业缺乏系统性的激励制度，在激励这一重要问题上，往往是头痛医头、脚痛医脚。实际操作中，常常是东一榔头西一棒子，没有整体性激励策略和措施，致使零散的激励制度和措施产生不了应有的作用。表现为激励缺乏症（即缺乏制度设计）、激励随意症（即缺乏制度化）和激励约束分裂症（即奖励与约束只讲一面）。

　　（2）**激励的适应性问题**。许多企业在实施激励时，并未对不同员工的需求进行具体的分析，而是一刀切地对所有人采用同样的激励手段，结果适得其反。从外部看，同一激励政策在不同的企业环境下，会得到不同的激励结果；从企业内部看，激励在不同层次员工方面的应用也应区分开来。

　　（3）**激励的实效性问题**。一些企业在员工激励问题上，虽有激励制度，但常常是写在纸上，挂在墙上，激励制度执行乏力，激励措施难以实施。或者激励环节走过场，只求大面上过得去，不问细节、没有监督、没有策略、缺乏强有力的机构建设。

　　（4）**激励的创新性问题**。某些企业在激励问题上缺乏基础性的激励制度和措施，不重视常用但有效的激励方法的挖掘使用，反而对时下流行的激励理论和激励概念津津乐道，并不顾环境因素和企业的实际生搬硬套，如年薪制、期权等。结果不但起不到激励作用，反而漏洞百出，弄得不好反而会产生反作用。必须指出，创新应建立在牢固的基础上。不言而喻，其中存在一个基础激励和激励创新的关系问题。对我国社会转型期的经济组织而言，在员工的激励问题上，首先应选择那些系统成熟且富有成效的激励制度和措施来武装自己，在此基础上探索创新。

伴随 OTA 纷纷布局实体店，线下、线上旅行社的竞争进入到了白热化阶段，旅游企业该如何创新和改善激励政策以实现更好更快发展？

四、旅游企业激励机制的对策与建议

（一）改善薪酬，提高福利水平

物质利益是人们生存的基本条件和工作的基本动力，对大多数人来说，薪酬高是最有效的激励手段。但是，企业在设置薪酬结构时应设置绩效工资或者以绩效考核为依据的工资项目。同时，还要进一步提高福利待遇，不但在硬性福利方面（如养老保险、住房公积金、失业保险）充分满足，而且要在软性福利方面提高加强，增加如有关员工旅游、带薪休假、免费工作餐等生活方面的福利。

（二）建立良好的企业文化，促进人际关系和谐

人们从事工作不仅为了物质的需求，还为了满足其社会交往的需要。所以，对员工来说，"支持性"的工作环境、融洽的同事关系和公司内部的文化氛围就显得尤为重要。因此企业应构建良好的企业文化，充分发挥企业文化对员工的引导教育、感染凝聚功能，努力营造一种人与人之间和谐、融洽、诚信、协作的新型人际关系，把员工凝聚起来，自觉地把智慧和力量汇集到企业整体目标上。

（三）完善考核晋升制度

考核和晋升是员工实现自我价值，尤其在企业内部实现自我价值的途径。因此，企业要建立全面、可量化、可操作的晋升考核体系。第一，要做到根据考核目标，合理制定考核标准。积极推进目标考核评价的全面化，注意把客观条件与主观努力程度结合起来考核，提高考核结果的客观性。第二，确定晋升评价体系。制定明确的晋升依据，要严格执行晋升的程序，公布晋升的条件。将年资晋升和绩效晋升相结合，在晋升考核中要减少考核者的个人影响。第三，要充分发挥日常考核对员工的督促和激励作用，把考核结果作为员工职务晋升的主要依据，充分彰显考核晋升制度的积极导向。

（四）鼓励员工参与管理

所谓员工参与管理，是指在不同程度上让员工和下级参加企业决策以及各级管理工作的研究和讨论。处于平等的地位商讨企业的重大问题，可使员工感到上级主管的信任，产生强烈的责任感。同时，参与管理为员工提供了一个取得别人重视的机会，从而给人一种成就感。因此，参与管理是调动员工积极性，发挥员工潜能的重要激励措施。首先，企业经营者要转变观念，重视员工的参与作用，在企业中赋予员工较大的自主权和参与权，鼓励员工自治管理，并参与企业重大问题的商讨与决策。其次，要制定有效的机制，对关心企业、积极参与企业管理、为企业发展做出贡献的员工给予相应的奖励，激发他们的工作积极性和主人翁责任感。最后，灵活采取各种参与形式。企业一般可采用参与划设计、利润分享、职工大会等形式实现。

（五）注重成长激励

根据美国心理学家赫兹伯格提出的双因素理论，个人需要的最高层次是自我实现和自我发展的需要。在企业中，许多员工低层次的需要往往已基本或部分得到满足，因而员工更关注的是个人的未来发展。企业需要从以下两个方面做起：

（1）**加强对员工的培训**。在员工更加注重个人成长的需要前提下，企业应该注重对员工的人力资本投入，健全培养机制，为员工提供受教育和不断提高自身技能的学习机会，这可使他们了解其专业领域的发展，从而具备终身就业的能力。

（2）**重视员工的职业发展**。企业应秉承"鼓励员工专精所长，不同的职务通道有相同和平等的晋升机会"的原则，为员工提供充分的个人发展空间。根据工作性质的不同，将职务分为管理、技术和业务三个系列，建立职务三条通道，使从事不同岗位工作的员工均有可持续发展的职业生涯途径；然后根据各岗位资源，为其提供富有挑战性的工作机会。

相关链接 🔍搜索

双因素理论

双因素理论是美国心理学家弗雷德里·赫兹伯格于1959年提出的。20世纪50年代后期，赫茨伯格采用"关键事件法"对200多名工程师和会计师进行了工作满意感方面的访问调查。在调查中发现，在工作中使员工感到满意的因素与使员工感到不满意的因素是大不相同的，并以不同的方式影响人们的工作行为。因此，赫兹伯格将影响员工积极性的因素分为激励因素和保健因素。

——资料来源：作者收集整理

第二节　旅游企业员工激励的方法和技巧

一、旅游企业的人才管理机制

　　旅游企业必须建立科学合理的人才管理机制。有人提出，管理的最高境界是"无为而活"，即通过对员工的内在控制来激发其工作热情。长期以来，我国企业对人才的管理，把"控制"看作是管理的基本职能，下属只能听从安排，服从需要。对于旅游企业员工，单纯依靠严格的管理达不到预期的效果。因为即使企业采取强制手段，限制了人员的流动，但无法控制其工作程度和工作行为，其产出质量和数量必然受到影响。因此，应抛弃传统刻板的管理方式，突破原有的思维模式和动作方式，使管理方式更为多元化、人性化、柔性化，以激励其主动献身与创新的精神。可以采取以下措施来改进和提升旅游企业的人才管理机制。

　　（1）**坚持以人为本，树立创新的新理念，实现分散式管理。**企业要转变观念，充分认识到旅游企业员工是企业的第一资源，是创新的主体；要转管理为服务的工作作风，使员工不再束缚于企业的规章制度而被动地工作，管理部门多倾听员工的意见，使信息畅通，让员工积极参与管理决策。

　　（2）**提供一种自主、宽松的工作环境，使其有利于员工的创新。**创新是企业的灵魂，创新活动是旅游企业员工的主要活动。要把员工的创造性充分激发出来，就必须创建一种自主、宽松的工作环境。

　　（3）**实行弹性工作制，增强工作方式的灵活性与多样性。**旅游企业员工主要从事流动性工作，这将突破时间和空间的限制。固定的工作时间和工作场所对他们没有实际的意义。因此，旅游企业的工作设计应体现旅游企业员工的个人意愿，避免僵硬的工作规则，实行可伸缩的工作时间和灵活多变的工作地点。

　　（4）**注重员工的发展。**企业要吸引人才和留住人才，除了报酬激励外，更重要的是要给员工提供学习、培训的机会，使他们自身的技能不断提高，同时给他们提供施展才能的舞台，使员工感觉到自己每隔几年就上一个新台阶，也就是说要用事业留人。

课 堂 思 考

　　旅游企业最大的特点之一就是流动性强，旅游企业该如何创新管理才能吸引并留住人才？

二、旅游企业的激励方法与技巧

（一）竞争激励

竞争激励机制是旅游企业发展的重要动力源泉，是以提高旅游企业员工工作热情和积极性来推动其他各方面建设的。企业的人力资源是每个单位的战略性资源，也是企业发展和是否能够顺利完成工作任务、实现工作目标的关键的因素。

竞争激励指激发人的行为的心理过程，是指激发员工的工作动机，也就是说用政治、文化、经济等各种有效的方法去调动员工的积极性和创造性，使员工努力去完成企业下达的任务，实现企业制定的目标。因此，旅游企业实行激励机制的最根本目的是正确地诱导员工的工作动机，使他们在实现企业目标的同时实现自身的需要，增加其满意度，从而使他们的积极性和创造性继续保持和发扬下去。由此，也可以说激励机制运用的好坏在一定程度上是决定企业发展前进以及圆满完成工作任务的一个重要因素。

（二）发展激励

发展激励即帮助员工制定良好的职业生涯发展，用职业前景吸引员工、提高员工的工作满意度，从而激发员工的工作积极性和主动性。旅游企业在帮助员工发展良好的职业生涯要做好以下几方面：第一，使员工熟悉企业现有的工作部门和岗位关系，并了解企业未来的发展规划和岗位需求情况；第二，使员工明确自己目前的位置和职业发展前景；第三，帮助员工制订职业生涯发展计划，并提供良好的工作环境和学习进修机会。在员工职业生涯发展的过程中，旅游企业应加强组织文化建设，对员工进行人性化管理，尊重员工的需求，为其发展提供良好的平台，使员工在工作过程中实现自我价值的提升，增强在经济危机形势下员工的忠诚度。

（三）薪酬激励

建立有效的薪酬管理体系，解决旅游企业薪酬存在的内部有失公平与有效牵引、外部缺乏竞争力等突出问题。通过对员工岗位的分析，建立旅游企业的职位分析因素体系，对所有职位进行比较，建立企业内部薪酬的公平性；通过市场数据的获取和岗位分析，设计有弹性的公司薪酬政策和执行程序。

（四）领导激励

领导激励是指领导者激发、鼓励和调动人的热情和动机，使人潜在的工作动机尽可能充分发挥和维持，从而更好地实现社会和组织目标的过程。社会发展的最终目标，就是最大限度地满足人的丰富多彩的精神与物质的需要。

领导激励的实质，就是如何有效地调动人的积极性、主动性和创造性。在激励中，旅游企业领导者要正确地认识人、鼓励人、尊重人、爱护人，必须以人本理论为指导。把握人的各种行为与人的需要和发展的关系，激发人的积极性、创造性，最大限度地发挥员工的潜能。

领导激励的方式必须从满足员工的某种需要出发。由于员工的需要多种多样，因而领导的激励方式也要具有多样性。可采用目标激励、参与激励、奖罚激励、公正与公平激励、关怀激励、荣誉激励。

（五）文化激励

旅游企业文化是企业中长期形成的共同思想和价值观念、作风和行为准则。加强旅游企业文化建设，不仅有利于员工进行自我控制，增强员工的企业意识，改善人与人之间的关系，增强企业的凝聚力，而且有利于精神文明建设，树立企业良好形象，提高企业知名度。在培植旅游企业文化时，要贯彻"三个统一"：

（1）**人本性和整体性的统一**。要求以企业的整体性为前提，充分发挥和尊重员工的个性。注意通过各项柔性调节手段来激发人的使命感、自豪感和责任感，从而实现企业的整体利益，追求企业的整体优势。

（2）**稳定性和动态性统一**。企业文化必须形成一个相对稳定的体系，同时要不断充实提高。保持最新的时代特征体现企业文化的先进性。

（3）**继承性和创新性的统一**。既要博采众长、洋为中用，又要立足企业实际，形成具有本企业个性的企业文化。

（六）情感激励

所谓情感激励，实际上就是管理者对员工的理解、信任和支持，注意给员工关心和爱护，帮助他们实现职业成长和业务成长的需要，并帮助其解决一些工作以外的实际问题，为员工排忧解难，使他们获得精神和物质需要，自尊自强，得到愉快的感情体验，从而激发其工作积极性。它强调以人为本，尊重人的价值，重视人的积极作用，并为其自我价值的实现提供舞台。它强调通过感情沟通调节人的认知过程，协调社会交往和人际关系，使员工在信任、亲密的和谐工作氛围中获得满足，激发下属的主人翁意识和奉献精神，推动组织发展。

旅游企业运用情感激励可调节员工消极的工作情绪，缓解员工的工作压力并激发员工的奉献精神，也有助于形成组织在危机时刻的企业文化。旅游企业实施情感激励的措施主要包括以下两种：第一，尊重和信任员工。尊重员工可满足员工自尊的需要，是激发员工积极性和创造性的重要手段。信任员工并给员工一定的独立自主解决问题的权利，使员工感觉到企业对其能力的肯定，有利于培养员工在企业危机时对企业的忠诚度，并能激发员工的创新能力。第二，及时与员工沟通并关心员工。可以了解员工的工作信息与想法，增强工作信心，也便于企业制定策略。关心员工就是为员工的困难着想，除了帮助员工在工作中的困难外，企业还应多了解员工的业余生活，为员工创造便利和舒适的工作环境，建立良好的组织文化，增强员工的忠诚度，留住人才。

相关链接 🔍搜索

同程网的企业文化

同程网络科技股份有限公司（简称同程网），成立于2004年，目前公司已进入中国在线旅游前三名，业务涵盖酒店、机票、景点门票、自助旅游在线预订、旅游信息化、旅游软件开发、旅游目的地资讯及攻略等方面。公司先后被评为国家高新技术企业，并入选首批国家电子商务示范企业，2012年"同程"被国家商标局认定为中国驰名商标。

2014年7月，笔者走进同程网，亲身体验同程"客户第一、执行有力、诚信无私、激情勤奋、简单团结、拥抱变化"的企业文化。

美国管理学家皮特曾指出"重赏会带来副作用。高额的奖赏会使彼此封锁消息，影响工作的正常开展。整个社会风气也会不正。"因此企业内部的单一的物质激励不一定能起到好的作用，所以另一种激励方法就是精神激励，如员工"授权"激励和竞争压力激励。同程网的授权激励也属于一种精神激励。"授权"可以实现企业内部有关信息、知识、报酬的共享，使员工对企业有较充分的了解和认识，并因此备受激励。这种"授权"不仅使员工工作更加投入，而且会使顾客的满意率增加。员工这种自我负责的热情且周到的服务，可以成为企业保持竞争优势的有效举措之一。

竞争是激发员工工作干劲的有效方法之一。在一定的工作范围或者环境之下，为企业的员工创造一种充实且积极向上的竞争环境可以带来良好的效果。引入竞争机制，开展员工与员工、部门与部门之间的竞争。但是需要注意的是竞争要坚持公平公正的原则，通过竞争压力激励，提高员工的认同感、责任感、成就感，进而推动实现所期望的组织目标。

在同程网的管理中常见形式有：参与策划设计、利润分享、职工大会等。通过参与，可以让员工更好地了解本企业的一些管理模式、组织结构、发展目标，企业内部的利润分享，员工购股计划和损耗奖励计划，使他们最大限度地做好本职工作。重要的是让员工意识到自己在企业中的重要性，觉得自己得到公司的尊重和信任，因而努力争取更好的成绩。

？ 复习与思考

一、 名词解释

目标激励　发展激励　领导激励　情感激励　薪酬激励

二、 填空题

1. 旅游企业员工激励的策略有_____、_____、_____、_____、_____、_____。

2. 培植企业文化应贯彻的三个统一是：_____、_____、_____。

三、 简答题

1. 旅游企业员工的特点有哪些？

2. 旅游企业员工激励的意义与作用有哪些？

四、 论述题

1. 思考旅游企业员工激励的现状，结合你所实习或了解的旅游企业谈谈你的认识。

2. 思考如何有效使用旅游企业员工激励策略，结合实例分析。

五、 案例分析

万豪酒店创新激励机制的变革

长期以来，万豪酒店内部都有一种根深蒂固的企业文化——"你不加班工作，就挣不到工资"。很多时候为了能满足全年通宵服务的经营需要，很多管理者和普通员工都必须每天工作10~12小时。副总裁BillMunck认为企业已经陷入了只注重表面功夫但没有实质性创新的企业文化之中。最直接的后果就是很多优秀的管理人才和业务人才纷纷离职，到20世纪90年代时，该酒店发现已经很难雇到优秀的人才了。

这种只注重做表面功夫的企业文化体现在万豪酒店日常管理的很多方面：单纯以工作时间长短来衡量员工业绩，导致很多管理者在不必要的情况下仍在酒店逗留，将半小时能写完的报告用一天来完成；前台经理们的交接班过程被延伸到了1小时左右，而所有的交接工作据测试其实可以在15分钟内交接完毕；经理们每天的日程表上都有大量的会议安排，无论会议内容与他们相关与否都雷打不动地必须按时出席；员工们每天疲于奔命，下班后迅速回家，几乎没有任何以友谊形式进行的交流……

BillMunck 作为当时主管美国东北部地区万豪国际的副总裁，率先在 2000 年年初进行了名为"灵活管理"的实验性管理变革，找到了许多提高工作效率的方法，消除了低效的工作方式和文山会海，并从根本上转换了人们的工作思维方式。

灵活管理计划的内容主要是：在万豪集团内部咨询公司的帮助下，对三家酒店的 165 名不同级别的管理者进行了分类调查，以找出他们哪些工作程序是低效的，传统工作方式到底有哪些积弊，可以采用什么样的工具方法来提高工作效率和缩短工作时间等。

调查结果令所有人大吃一惊，比如说人们发现管理者每周至少有 11.7 小时的无效工作浪费，有 43% 的员工认为万豪酒店过于重视工作时间。在了解到这些员工内心的真实想法后，万豪酒店高层迅速采取行动，修改工作流程，不再允许员工无故加班，并在酒店内部建立起了公开对话的平台。员工们在收入没有任何下降的情形下拥有了比过去更高的效率和更多的闲暇时间，而酒店的利润和服务质量和口碑却没有受到任何影响，相反在员工们迸发出来的创新激情支撑下，企业的经营状况还有所改善。

——资料来源：饶勇．旅游企业隐性知识创新与共享的激励机制研究［D］．
厦门大学，2008.

根据以上案例，回答如下问题：

1. 万豪酒店的"灵活管理"体现了旅游企业员工激励的哪些策略方法？
2. 请设计一套万豪酒店员工激励机制的流程。

📖 推荐阅读

1. 王俊鸿，季哲文，等．旅游企业投资与管理［M］．成都：四川大学出版社，2003.
2. 去哪儿网：http：//www. qunar. com.
3. 在线讲座——中国旅游业发展战略思考，主讲教授：李明德．
4. 户外旅游企业老总进校园系列讲座．

第十章 旅游企业人力资源发展前景展望

　　全球化是新经济时代的特征，为新经济产生发展提供了广阔的机遇，作为企业如何获取持续竞争的优势工具，人力资源管理在全球竞争当中面临着经济全球化、信息网络化、社会知识化、人才国际化，以及企业管理广泛变革的挑战，全球化问题引发一系列关于人力资源管理的问题。

　　本章主要从经济全球化、旅游企业国际化发展对旅游企业人力资源管理的影响入手，重点分析了信息化和知识化时代，旅游企业人力资源开发与管理面临的挑战、问题以及应对策略。通过本章学习可以使学生了解经济全球化和旅游国际化发展对旅游企业人力资源管理的影响，学习并掌握信息化和知识化时代的旅游企业内外部环境变化，旅游企业人力资源管理面临的挑战和需要掌握的人力资源的方法、技巧及策略。本章学习的重点是在国际化背景下，旅游企业人力资源管理面临的挑战及未来发展趋势。

学习目标

知识目标

1 了解经济全球化与旅游企业国际化发展特点。

2 掌握在经济全球化与旅游企业国际化发展背景下，旅游企业人力资源管理面临的挑战及未来发展趋势。

能力目标

1 了解信息化和知识化时代，旅游企业人力资源管理的发展趋势。

2 掌握旅游企业人力资源管理在信息化和知识化时代的具体应对方法及策略。

新亚汤臣洲际酒店的人力资源管理

作为全球最大的酒店管理集团洲际集团在中国的旗舰酒店,上海新亚汤臣洲际大酒店也是上海浦东地区第一家五星级酒店。

新亚汤臣成立之初,人力资源部是用手工加 Excel 来进行酒店员工的人事管理。像这样一个有600 多名员工的五星级大酒店,用手工进行人力资源管理显然会非常吃力,重复性的人事信息录入和统计就需要花费人力资源部门大量的时间,人事报表的制作更是既烦琐又不规范,致使工作效率很低,还经常出现资料找不到、班次安排混乱、薪资计算出错等问题,大大影响了整个酒店的管理效率与员工的工作情绪。

随着竞争的激烈,管理模式的发展,日趋复杂和烦琐的人事信息管理和追踪,使人力资源管理成为了噩梦。有效地发展和保留人力资源需要人力资源部门能了解员工的所有信息,包括工作积极性、事业规划、继任者、业绩评估和培训等。传统的人事管理流程使新亚汤臣的人力资源部需花费大量的时间处理人事信息数据,而仅剩少量的时间可专注于人力资源的发展和规划。人力资源部感受到越来越大的压力,尽快提升工作效率和水平就成为人力资源管理最迫切的要求,因此新亚汤臣决定选择一套最适合的人力资源管理系统来全面提高酒店的人事管理水平。

新亚汤臣在选择人力资源系统时提出了以下要求:

(1) 具有国际化管理理念,如整个的人力资源管理流程符合 ISO 9002 标准和支持中英文两个版本。

(2) 符合中国特殊的人力资源管理环境,如薪资及所得税政策等,鉴于中国人事制度在未来几年内改革步伐的加快,新亚汤臣希望该系统面对此种状况能够很好地体现该系统的灵活性,并能方便地进行维护。

(3) 该系统能提供一个强大和方便的报表设计工具,使人力资源部能快速和准确地向管理层提交他们所需要的报表。

(4) 支持互联网,如提供基于互联网的招聘功能。

(5) 具有完整的系统接口,满足灵活的数据导入与导出。

——资料来源:中国人力资源网

案 例 分 析

面对经济全球化与旅游国际化发展趋势,新亚汤臣洲际酒店在人力资源管理方面面临的挑战及采取的措施和策略是什么?

第一节　经济发展全球化与旅游企业国际化对人力资源管理的影响

一、经济发展全球化与旅游企业国际化

在经济全球化的今天，生产力的高度发展及持续快速发展的世界经济使人们对物质和文化生活水平的要求得到前所未有的提高，人们越来越意识到旅游、休闲在当今生活中的重要性，全球范围内的当代人已经把旅游当作了重要的生活方式和社会经济活动之一，旅游业已成为继石油业、汽车业、房地产业之后成为世界经济中的重要支柱产业之一，旅游企业国际化发展趋势日渐明显。

（1）**发展中国家在国际旅游市场的份额逐渐增大**。由于旅游受个人可支配收入和时间以及接待地设施等的影响，所以旅游业自诞生之日起，欧美发达国家就一直是国际旅游市场的主宰，既是最大的旅游客源产出国，又是出境游客的首选目的地。随着发展中国家经济的腾飞，国民收入有了较大提高，旅游资源也更具吸引力，在国际旅游市场的份额不断增加。据世界旅游组织预测，1995~2020年，世界旅游将会有较大的发展，其中热点将在东亚太地区，增长率居各地区之首，其中中国将成为第一大客源接待国和第四大客源输出国。

（2）**远程旅游的份额将增加**。据世界旅游组织对1997~2020年全世界旅游业发展趋势预测，随着人们收入水平的不断提高以及高科技在旅游业的不断应用，今后25年间国际旅游发展的一个主要特征就是远程旅游份额将增加。到2020年，区内旅游与远程旅游之比将由1990~1995年间的82∶18变为76∶24。1995~2020年，二者的年度增长率分别为4%和5.4%。远程旅游份额的增加意味着各国旅游市场融合度的增加，同时也表明旅游贸易的渐趋自由化。

（3）**旅游企业的国际化经营**。由于企业国际化经营所具有的规模优势、成本优势、市场优势、人才优势、品牌优势以及优化配置资源的功能，旅游企业的集团化、国际化发展方兴未艾，近年来更大有加快之势，企业间跨国并购高潮迭起，投资范围和规模也日益扩大。当前世界主要国家都有以本土为基地的旅游集团公司，其中大多已发展成为国际化的旅游集团公司。以旅游业支柱之一的酒店业为例，通过联号、特许经营、收购等方式，世界大型酒店集团的经营范围已遍布全球，这些旅游企业的国际化发展，带动了资金、人员的国际流动，加快了不发达国家和地区旅游企业国际化、市场化经营的步

伐，从而促进了旅游业的全球化发展。

二、经济全球化对旅游企业和旅游企业人力资源管理的挑战

经济全球化改变了旅游企业生存和竞争的外部环境。这些不仅改变了旅游企业的竞争战略和竞争手段，而且改变了与之相适应的旅游企业人力资源管理的战略、政策、内容和实践。

（1）**旅游企业的业务内容有根本性改变**。经济全球化要求旅游企业的产品不仅适合本地旅游市场，而且适合国际旅游市场。这要求旅游企业具有良好和高效的国际网络，使当地的技术投资与其他海外市场分享，也使人力、产品、信息和理念等快速转移以满足国际旅游市场的需要。

（2）**旅游企业竞争的对手更为复杂**。在新的市场环境中，旅游企业的竞争对手更为多样和复杂。一方面，由于海内外旅游市场消费者的需求差异，旅游企业原先拥有的，或在本地旅游市场拥有的竞争优势不可能被完全复制到新的国际旅游市场；同时，由于旅游企业和国际旅游市场地理距离的扩大，旅游企业难以如往常那样对顾客不断变化的需求给予迅速和准确的反应。另一方面，由于旅游企业所拥有的资源和技术的有限性，在某个或几个细分旅游市场的竞争优势将会被新的进入者所削弱或替代，特别是原有稳定市场将可能会被其他新进入者，甚至是一个或多个有着长期的丰富的国际化大公司所打破。

（3）**不同的工作地点**。随着国际化的加深，旅游企业参与全球旅游市场的方式将不可避免地要在海外设立办事处或成立分公司。与此相适应的是工作场所由相对单一或"同质"地点向多个跨国家、地区、时差和文化的"异质"地点转变。这对员工管理和业务沟通等方面带来新的课题和挑战。

（4）**多样化的法律体系**。不同的国家对旅游市场行为的规范，对雇佣关系的规定以及对旅游企业与自然环境相处的要求等，都有不同的要求和不同的关注重点。对于旅游企业而言，熟悉并严格遵守相关法律法规，是旅游企业进入和拓展海外市场的前提之一。

（5）**不同文化背景的员工队伍**。员工当地化是旅游企业在海外市场中取得竞争成功的要素之一。来自不同文化背景的员工，对同一个事情有不同的认识角度，形成的结论也有较大差别。在沟通方式、价值取向、激励感知等方面，不同文化背景员工往往存在着根本的不同。

（6）**加速涌现的新知识和新技术**。新知识和新技术的不断涌现，改变了旅游企业对竞争手段的选择，对新知识和技术作出迅速反应并采用的旅游企业往往在竞争中取得了

优势地位。例如，网络通信的发展，使不少企业把互联网作为广告和分销的渠道，把信息在同一时间提供给分布全球各地的受众或客户；而伴随新技术而来的旅游产品生命周期的大大缩短。以什么样的方式吸引、拥有和使用掌握先进技术的员工，成为旅游企业人力资源管理的又一课题。

三、旅游企业人力资源管理的应对措施

著名的人力资源学者、美国密歇根大学教授戴维·尤里奇（Deve Ulrich）提出，旅游企业人力资源管理者必须扮演好四种角色：战略伙伴、变革的推动者和实施的载体、人力资源管理的专家和员工成长的支持者。那么，在经济全球化环境中，旅游企业人力资源管理者必须履行好这四个方面的职责。

（一）战略伙伴

战略伙伴是指，将人力资源的战略和旅游企业整体战略有机结合。旅游企业人力资源和首席执行官存在着独特的关系。一项调查显示：美国公司首席执行官 30%～40% 的时间是花在有人力资源高级副总裁参与的讨论上，渣打银行北美区总裁指出该银行没有一项重大决策是在没人力资源经理参与的情况下作出的。这些表明，人力资源是旅游企业的战略伙伴。

（1）**对旅游企业经营业务深刻的了解**。人力资源的管理者必须有基于市场营销知识和经验基础上的对旅游企业所从事业务和采取的战略战术有充分的了解，这是人力资源经理成为战略伙伴的必要条件之一。只有深刻地理解旅游企业经营战略，才能将人力资源战略与之紧密结合，例如了解旅游企业现有的人力资源能完成什么样的目标和需要什么样的人力资源才能适应新的战略目标，如何激励和管理在实施战略中的员工。跨国公司对其旅游企业人力资源管理者的要求更高，除了熟练的语言要求外，需要充分掌握企业的业务内容和过程。

（2）**对外界环境变化的监测能力**。旅游企业从其所生存的环境中吸收资源，并将其生产出的产品输出到环境中。旅游企业的竞争优势来自其对外部环境的变化的监测和采取相应战略的能力。旅游企业必须和环境有机结合才能取得成功。人力资源经理要成为企业的战略伙伴，对外界环境的变化，特别人力资源市场的变化，必须了如指掌，并能够预测变化趋势。唯有如此，才能在合适的时候为企业吸纳、采用适合企业文化和财务资源的激励手段和储备合适的人才。对于跨国企业的人力资源管理者而言，不同国家的环境差异很大，拥有环境变化监测能力的人力资源管理者对企业总体战略目标的实现尤为重要。

（3）**界定公司人力资源战略，并使其与其他部门的战略有机结合**。在明确和理解公司战略后，人力资源管理者应当合理规划人力资源经理战略，将总体的规划与不同的部门和不同的阶段的需要紧密结合，通过每个员工每天的工作来实现公司的战略。在母国历史悠久的公司，对于新市场的顾客而言是新公司，市场拓展的模式与原来运用在成熟市场的模式差异很大，人力资源管理者需要采用有针对性的战略，如与市场营销部门相适应的成本领先或产品差异的旅游企业人力资源战略。

（4）**知识管理**。拥有和使用好掌握全球范围内的新知识和新技术的快速发展成为旅游企业取得竞争优势关键之一。人力资源管理者在员工吸收、共享、使用和创造知识方面起着关键作用。人力资源管理者功能模块中的实践都与知识管理紧密相连。例如，招聘关系到知识的拥有；培训关系到知识创新；薪酬和奖励关系到隐性知识的使用和分享等。

（二）变革的推动者和实施的载体

国际旅游企业面临的环境比国内旅游企业更为复杂和多变，环境的变化要求旅游企业改变竞争战略，并产生与之相适应的组织结构。人力资源管理者必须适应这种新的变化。

（1）**人力资源管理经理需要掌握变革管理的基本原理和相关知识**。例如，和企业首席执行官一起在员工中创造变革的需要，了解组织变革的模式、实施变革的步骤等。特别是人力资源管理者在消减员工对变革的抵制方面起着业务经理无法达到的作用。比如，公司范围内的良好的员工推出机制，能减少变革中由于工作岗位减少带来的冲突；人力资源管理者作为业务经理和员工以外的第三方参与岗位或薪资的谈判，一方面可以提高事情处理的公正性，另一方面也可以向员工传输变革的重要性和倾听员工的心声，降低其对变革的抵制情绪。

（2）**组织的重建和团队建设**。组织的重建离不开人员的新配置。知人善任是人力资源管理者工作的核心内容。在国际化旅游企业中，为了保持对环境变化和客户需求的快速反应，避免由于上下级沟通造成的延误，充分授权的、跨地区和部门的工作团队成为组织结构的重要形式。在不同团队形成和发挥作用过程中，人力资源管理者可以帮助团队成员进行角色分工、提供团队激励的专家意见等。

（3）**文化建设**。企业文化成为跨国旅游企业提高员工对企业认同、提高绩效和获得持续竞争力的关键。企业文化影响着员工对企业的感受、员工的价值，进而影响员工的行为。人力资源管理者应积极进行企业文化的宣传和建设，凝聚人心。

（三）人力资源管理的专家

毫无疑问，作为旅游企业人力资源管理者，必须在本领域成为专家。对跨国公司中的人力资源管理者而言，应了解不同国家的政策法规、市场实际和文化特征，采取针对性的、不同的人力资源战略，并使公司的每一名员工都能享受到这种由实际状况"定制"的人力资源服务。旅游企业人力资源管理专家就是建设高效企业的"基础设施"。

（四）员工成长的支持者

人力资源管理者成为员工成长的支持者目的就是提高员工对旅游企业的认同，对自身职责的内心承诺并提高他们的实际能力，使个人的成功和企业成功同步，并把企业的成功建立在员工的成功之上。

（1）**解读和示范公司远景和使命**。跨国旅游企业和传统的国内旅游企业一样，公司远景告诉员工在一定时期内，公司将成为什么样的企业，如规模、市场地位等，成为延揽、激励和保留人才的重要工具。这对经济全球化背景下的企业而言，尤为重要，只有了解并相信公司远景的人，并将个人的职业发展和公司远景相结合的人，才有为公司的将来而奋斗的意愿。公司的使命使员工以企业需要的方式和道路达到愿景并承担企业的社会责任。

（2）**培训和关注员工职业规划**。要完成国际化旅游企业复杂和多变的任务，对员工能力的要求也是多方面而且不断更新的。一方面，为了保持企业的工作效率，留住认同企业、了解企业文化和业务，具有相关能力和技能的员工是必要的；另一方面，了解员工需要，分析他们自身的特点，帮助其实现个人目标，是人力资源部的重要责任，对企业的持久发展同样有巨大的促进作用。

（3）**分权**。由于人力资源管理者和企业的首席执行官以及各部门的主管经理存在着独特的关系，因此他们有着先天优势影响企业分权。分权不仅能提高员工工作的积极性和责任感，使他们的能力得到提升，而且是企业对复杂多变的国际环境保持快速反应和灵活性的需要。成功的分权，要求达到两个层面，即经理和主管实际的分权行为，以及员工本身有权利增大的愿望。分权需要鼓励员工的自我决策，并容忍他们的决策失败。

第二节　信息化和知识化对旅游企业
人力资源开发管理的影响

一、信息化对旅游企业人力资源管理的冲击

　　就目前我国旅游企业的现状来看，我国的旅游企业普遍属于规模小、作坊式的中小企业，信息化建设尚处于初期的发展阶段。在信息革命的今天，旅游企业如何进行体制改革、规范市场、实现产业集聚化和企业分工体系的重建等一系列问题形成了现实的内部环境。在激烈的国际竞争中，我国的旅游企业，尤其是中小型旅游企业，要及时改变经营理念、更新观念，找到自己的定位，增强市场竞争力。

（一）旅游企业人力资源信息化管理

　　（1）**促进企业人力资源管理理念的改变**。人力资源信息化不仅意味着高新技术的应用，而且代表了一种全新的管理理念和管理思想。它使得人力资源管理部门，从提供简单的人力资源管理信息转变为提供人力资源管理知识和解决方案，随时随地向管理层提供决策支持，向人力资源管理专家提供分析工具和建议，建立支持人力资源管理部门积累知识和管理经验的体系。

　　（2）**提高人力资源管理部门的工作效率**。影响人力资源管理部门工作效率的因素主要包括：每月的工资计算与处理；员工的考勤休假处理；员工信息管理等业务内容。这些事务往往要持续占据人力资源管理人员的大量时间。手工操作不仅效率低下，而且容易出错。信息技术在人力资源管理中的应用，将大大降低例行性工作占用人力资源管理人员时间的比例，使管理人员从日常事务中解脱出来。

　　（3）**规范人力资源管理部门的业务流程**。当人力资源管理者从繁杂的行政事务中抽身出来之后，就希望规范人力资源系统的业务流程。招聘流程、绩效管理流程、员工培训与发展流程、员工职业计划、离职流程等都是人力资源管理者的考虑范围。

　　（4）**有效地降低管理成本**。企业在实施人力资源管理信息化之后，比如在员工培训方面，员工可以"在线"随时随地接受培训，从而可以节省时间，减少差旅费用，降低培训成本。在评估方面，通过网络，各级主管可以很快地看到来自各地下属定期递交的工作述职报告，并进行评估、指导及监督，这样，评估的成本也可以大为降低。

　　（5）**提供各种形式的自助服务**。对于公司高层而言，他们可以在网上查看企业人力

资源的配置、重要员工的状况、人力资源管理成本的分析、员工绩效等；对于中层经理，即直线经理来讲，人力资源管理信息化是其参与人力资源管理活动的工作平台，通过这个平台，直线经理可以管理自己部门的员工；一般员工可以在线查看企业规章制度、内部招聘信息、个人当月薪资及薪资历史情况、个人考勤休假情况、实现在线报销等。

（6）**使得管理方式更加人性化**。信息系统的投入，使员工与企业之间在根本利益方面的互动成为可能，体现了实时管理的优越性。信息化人力资源管理是管理技术与信息技术之间的完美融合，在吸收先进的人力资源管理理念的基础上，可以在系统中体现人力资源管理的全部内容与业务流程，从而使得人力资源管理系统可以被用来定义专业部门的工作内容，优化和规范其业务流程，从而成为企业人力资源部门信息化、职业化、个性化的管理平台，真正实现管理方式的人性化。

（二）信息化对旅游企业人力资源开发管理的影响

随着全球经济一体化进程的不断加快，互联网和电子信息技术得到了广泛应用，人类已从工业经济时代跨入知识经济时代。为了适应大环境的根本性变化，并在激烈的竞争中脱颖而出，企业都纷纷进行信息化建设。作为决定企业发展的关键部门之一，人力资源管理也必然会做出信息化建设的努力，因此，人力资源管理信息化的研究意义重大。旅游行业作为最典型的劳动密集型产业，人力资源管理在整个行业的资源配置、生产力计划上都发挥着举足轻重的作用。在知识经济高速发展、信息化管理普及的背景下，旅游业也加入了信息化管理的大军。人力资源信息化管理（Electronic Human Resource Management），在当今旅游人力资源各部分的管理中都起到管理革新的作用，但由于旅游业自身的特殊性质，在此进程中也凸显出了一些值得探讨的问题。

1. 人力资源信息化管理对旅游招聘管理的影响

（1）**积极影响**。一方面，信息化的招聘渠道更加便捷和高效。网络具有低成本、高效率和便利性的优势，越来越多的企业和求职者将网络求职和招聘作为主要的工作方式，它突破了时间与地理的局限性，使旅游招聘者可以获得大量的人力资源候选市场。但专门的求职网站需要投入大量资金和人力来维护，因此，很少有旅游企业拥有自己专属的招聘网站，各旅游企业基本都借用专业的招聘网站来进行网络招聘。求职者通过专业招聘网站进行简历投递，旅游企业根据自身情况对简历进行筛选，这样，旅游企业从原来到人才市场"碰人才"到如今的"选人才"，由被动转为主动。另一方面，信息化的招聘大大节约了旅游企业的招聘成本。具有直接的经济效益。

（2）**消极影响**。虽然网络招聘在人力资源选择和成本节约上给予了企业极大的便利，但也给旅游招聘带来了极大的挑战，具体表现如下：第一，基于信息化的招聘途径并不适合所有的旅游岗位，如一些基层员工包括洗碗工、公共区域清洁员（Public Area，PA）等很难通过网络途径进行招聘。主要原因是这些职位的人才文化层次有限，并不熟悉电脑和网络。第二，网络带来的"信息爆炸"和"信息滞后"现象让旅游招聘负责人深受其扰。一方面，通过网络途径获得的简历数量太多，存在大量明显不符合条件的简历；另一方面，有的网站为了提高点击率而发布过时信息，导致旅游企业不得不受理无关的求职者。这样不仅增加了招聘者的工作负担，而且会影响其工作情绪。第三，网络招聘加速了旅游的人员流动，不利于其人力资源的可持续发展。旅游企业人员流动率本身就比较高，而在信息化的背景下，员工可以轻易地获得招聘信息，从客观上加速了人员的流动性，而人员流动过快给旅游企业的运营带来了极为不利的影响。

综上所述，信息化背景下，旅游的人力资源招聘改变了其传统的途径，多采用网络招聘尤其是委托专业的招聘中介网站进行信息发布，大大节约了招聘成本，但这种信息化的招聘途径具有一定的岗位限制，且"信息爆炸"和"信息滞后"现象增加了旅游企业的工作负担，加速了其人员流动，不利于旅游人力资源的可持续发展。

2. 人力资源信息化管理对旅游培训管理的影响

（1）**积极影响**。在培训系统中引入信息化管理可使培训更生动有趣，且能使学员更直观地感受到培训效果。每位学员可以通过信息化的系统清楚地知道自己所处的培训阶段，更加积极地参与到培训中。例如：在英语口语培训中，员工面对信息化的 Dyned 系统说出一些简单的英文，系统便会根据员工的发音来以动画形式给予相应的评分，这种形式大大增强了培训效果。

（2）**消极影响**。信息化的培训系统会降低培训师对于员工培训效果的控制力。首先，系统的培训报告可能存在不真实的反馈。例如：培训部会分配给每个员工一个用户名和密码，要求员工在一个季度内要有 70 小时的学习时间，但是系统只可以获取每个用户名的在线时间却无法监控是否由本人登录且有实际的学习行为，员工存在偷懒的可能性。其次，如果使用者和受用者过于依赖电子系统，一旦系统出现故障则可能导致整个培训无法进行。最后，系统之间的不兼容反而影响工作效率，一旦系统升级或数据发生迁移，将导致全部资料需要手动录入，反而增加了新的工作量。由此可见，目前旅游人力资源管理中的信息化培训系统因其生动性等特点能够优化培训流程，更大程度上激发员工的培训热情，但培训师很难对培训效果进行真实的控制，而且系统的使用者和受用者如果不具有信息化的工作理念，则可能很难实现其整体优势。

3. 人力资源信息化管理对旅游人事管理的影响

（1）**积极影响**。在人事管理中，信息化的积极表现主要集中在人事行政审批环节。

信息化可极大地提高其工作效率。例如：新员工的入职，从人事部开始录入该新员工的信息到总经理批阅，需要通过重重审批。纸质版的审批工作可能需要耗费几个工作日，但在全面信息化审批环境中，所有程序可在一天内甚至更快完成；再如，假期审批的耗时在信息化系统下是纸质版批文的 1/5 到 1/6。

（2）**消极影响**。首先，信息化的管理需要从最初始的信息输入工作开始，一旦最初始的信息录入工作没有完成或不完善，将会严重影响整个系统的运作。例如，在统计每月考勤时，系统需要根据员工自觉的每天打卡上下班的信息来制作考勤。但经常会有员工上下班不打卡，这样系统所记录的电子数据就不准确，还需要花大量的人力物力来重新统计与核对，导致信息化考勤系统被架空。这类问题在很大程度上与旅游员工文化水平构成特点有关。其次，在人事审批中，如果管理者没有信息化审批的意识，就可能出现大量电子批文被积压，造成连锁化的批文滞后，反而降低了工作效率。最后，目前很多系统之间的信息无法兼容，无法导出理想的报表，极大地限制了人事工作的开展。

4. 人力资源信息化管理对人力资源战略管理的影响

旅游人力资源管理信息化对人力资源战略决策的影响既有积极意义，也具有一定的局限性，具体表现如下：

（1）**具有信息共享和决策依据的功能**。一方面，人力资源信息化管理可为旅游人力资源战略决策提供信息共享的便利性，这种积极影响在国际化的旅游集团中表现得尤为明显。例如，喜达屋集团在全球有上千家下属旅游企业，集团决策者如果不采用信息化的手段，很难了解与控制旗下旅游企业的运作情况。喜达屋集团拥有一个名为"StarwoodOne"的人力资源信息管理系统，旗下旅游企业经理级的员工都被授权从该系统中了解集团的最新动态，并与其他旅游企业进行交流；而集团也要求旗下所有旅游企业都通过该系统随时提供其最新的包括人力资源在内的所有运营信息，从而得到战略性决策的最新依据。另一方面，人力资源信息化管理可为旅游人力资源战略决策提供决策依据。受访者一致认为，人力资源信息化管理可以提供一套完整的人事数据来指导其战略决策，如员工离职率报告、员工满意度报告、培训成效报告、招聘成功率报告等可为其战略决策提供依据。所以，旅游人力资源战略决策的科学性在很大程度上依赖于人力资源信息化管理所提供的各种基本数据的准确性。由此可见，人力资源信息化管理是旅游人力资源战略中不可分割的重要组成部分。

（2）**具有一定的局限性**。研究表明，信息化的接受程度和使用程度和年龄、性别、个性有关，但目前的旅游人力资源信息化管理并没有实现个性化定制，人力资源管理在信息化上存在个性的缺失。对应地，有受访者表示，人力资源信息化管理的量化特征不能完全满足旅游人力资源的个性化管理需求。人力资源决策与其他决策不同，它需要以人为核心，根据人的变化做出不同决策。特别是在旅游业，其生产工具是人，人为人提供服务，整个行业的核心理念就是以人为本，所以旅游人力资源战略决策更需要考虑人的特性。但目前人力资源信息化管理只能够提供量化的参考数据，对于人这样的复杂社会体并不能通过公式计算得出结论，只有辅助以人本身的经验才能够因人而异地进行判定。所以，旅游人力资源战略决策在一定程度上不能完全依靠系统的数据，而要加入决策者自身的经验判断，这一定程度上限制了人力资源信息化管理在旅游人力资源战略决策层面上的应用。综上所述，人力资源信息化管理可为旅游人力资源战略决策提供信息共享和决策依据，但其量化特征却无法完全满足人力资源管理的个性化需求，导致其应用具有一定的局限性。

二、知识经济的发展对旅游企业人力资源开发管理的影响

知识经济所带来的全球化、技术的不断进步、智力资本（Intellectual Capital）、外部环境的不断变化四大挑战使得旅游企业很难依靠传统的方式，如成本、技术、营销、生产和产品等方面的战略来获取优势，毕竟依靠这些方式获得的竞争优势很容易被其他旅游企业所模仿。旅游企业必须依靠自身的速度、反应能力、灵活性、学习能力和高素质的人才队伍等来获取竞争优势。

（一）知识经济条件下旅游企业人力资源开发管理存在的困难和挑战

1. 环境变化带来挑战

近一个世纪，旅游企业经营发展历经了从生产导向到市场导向的演进过程，目前正在进入人力资源导向时代。

（1）**知识化改变了衡量旅游企业财富的标准和竞争规则**。知识是旅游企业的战略资产，旅游企业是一种知识整合系统或是创造、传递和运用知识的组织。旅游企业是否拥有创新知识，成为连续推动旅游企业提高生产率，提升并创造连续竞争优势的源泉。旅游企业的人力资源作为知识的"承载者"成了决定旅游企业市场价值的关键因素，并开始发挥越来越重要的战略作用。

（2）**网络化的发展改变了传统的时空观念，创造了一个不受地理边界束缚的广阔工作环境**。新技术的飞速发展对旅游企业管理方式产生巨大冲击，例如，计算机网络和技术的运用，客观上重新分配了旅游企业的内部权力；通信手段和网络技术的发展，使顾客和员工能在获得更多相关信息基础上，提高反应速度和灵活性，创造更多的机会。技术的发展将不断地重新定义工作时间和工作的方式。信息技术的飞速发展，使得旅游旅游企业越发认识到创造技术的"人"的重要作用，越来越多的旅游企业会更加重视人

力资源管理工作。

（3）**知识经济时代，知识化、网络化使组织结构扁平化成为可能**。一方面，网络状分布的组织团队代替了固定的工作部门或职位，出现了跨职能、跨部门的团队。在网络化组织中，多个公司根据各自员工的专长组成各种工作小组，完成特定的任务，这种工作小组通常包括各个方面的专家，更加强调员工的参与管理，重新构造组织的边界。另一方面，由于网络可以取代中间管理层在上下级之间信息沟通的作用，将使中间管理层遭到精简。结果，旅游企业中的较高职位减少了，使得传统的升迁途径减少了，导致职业发展中沿着组织层级向上攀升的机会也大大减少了。稳定的、机械性的、重复性的工作，基本上被机器所取代，或者将被"外包"，最终只剩下耗费脑力的、创造性的工作。"知识工作者"利用自己的知识和创新能力，增加产品和服务的附加价值。人们不再把追求高级管理职位作为职业发展的主要目标，他们需要的是较大的自主权和工作弹性，以便发挥他们较高的生产能力。随着技术水平的不断提高，员工在旅游企业中的地位越来越重要，满足员工工作生活质量的要求将成为知识经济时代人力资源管理的核心目标之一。

2. 角色需重新定位

（1）旅游企业人力资源管理者的职责需要逐渐从作业性、行政性事务中解放出来，更多地从事战略性人力资源管理工作。因此，旅游企业人力资源管理部门要从原来的非主流的功能性部门，转为旅游企业经营业务部门的战略伙伴。人力资源经理人要越来越多地参与旅游企业战略、组织业务活动，领导旅游企业变革，建立竞争优势，传播职能技术并担当起员工宣传者和倡议者的角色，并对员工绩效负责等。许多国外旅游企业，由一位副总直接负责人力资源管理，以此提高人力资源在公司中的战略价值，保证公司的人力资源政策与公司的发展战略匹配。

相关链接 🔍搜索

人事外包

旅游企业人力资源管理工作大致可分为事务性和战略性两种。所谓事务性项目指的是考勤、人事档案管理、绩效考评、薪资福利等行政性和总务性的工作。而战略性项目包括人力资源政策的制定、执行，帮助对中高层主管进行甄选，员工的教育、培训、生涯规划，组织发展规划和为业务发展开发、留住人才等，具有相当的前瞻性。把一些非核心的、过于细节化的传统性人事管理业务外包出去，也将成为旅游企业提升人力资源竞争力的选择。因为这种作业附加值很低，使人分心并偏离重要的战略性事务，不利于提升人力资源管理的形象和重要性。把这些传统事务分离出去，由其他部门或机构去管理，而人力资源部专注于系统性全局性的战略事务。

（2）人力资源经理人需要具备相应的全球人力资源管理技能，了解并掌握相当的业务知识。人力资源管理已日益突显其在旅游企业价值链中的重要作用，这种作用就在于能为"顾客"，既包括旅游企业外部顾客，又包括旅游企业内各个部门，提供附加价值。人力资源部门应该从"权力中心"（Power Center）的地位走向"服务中心"（Service Center），再走向"利润中心"（Profit Center）（以顾客导向、人力成本控制、人事变动率、人才培养、员工健康及员工满意为关键事务指标）。人力资源经理必须具备一套全新的思维方式，考虑"顾客"需要什么样的人力资源服务并怎样提供这些服务，借此创造在旅游企业中的权威。

（3）人力资源经理人应进行人力资源管理角色的再定位。美国密歇根大学的沃尔里奇（Ulrich）教授认为，作为旅游企业获取竞争力的帮手，人力资源管理应更注重工作的产出，而不仅仅是把工作做好。根据人力资源管理的战略决策、行政效率、员工的贡献和变化能力四种产出，沃尔里奇归纳了人力资源管理的四个基本角色。它们分别是管理战略性人力资源、管理组织的机制结构、管理员工的贡献程度、管理转型和变化。

（二）旅游企业人力资源管理创新

（1）**建立战略人力资源管理体系**。人力资源管理应该得到旅游企业高层管理、部门经理、员工和人力资源工作者的高度重视；人力资源管理工作应该是旅游企业高层管理人员、普通管理人员、员工和人力资源工作者共同的工作。高层管理人员应该充分认识到人力资源和人力资源管理对旅游企业发展的重要作用，并用行动来支持人力资源管理活动，比如追加对人力资源管理的投入，让人力资源工作者参与旅游企业战略规划，而不仅仅是被动执行公司的战略等。作为部门经理，则应该积极参与和配合各项人力资源管理活动的实施，包括人员招聘、绩效管理、组织变革、组织结构调整等。

（2）**建立以员工综合能力为主的人力资源管理模式**。组织结构的扁平化、网络化、团队化（如经常以项目组的形式开展工作）等以及对人的重视，就使得以工作任务为基础的人力资源管理体系很难发挥作用。目前，越来越多的公司开始建立以能力为基础的人力资源管理绩效管理体系，支持战略落实，用"均衡积分卡"的方法和"5P"模式系统设计公司绩效指标体系，并根据各部门和员工的工作职责，对公司关键绩效指标进行分解和落实，将组织目标与公司目标相结合。而且从如何满足投资者，要在哪些方面做到最好，顾客如何看待我们，如何继续提高并创造价值四个方面考察，使衡量绩效的范围更加全面、系统、客观，从而为公司整体业绩的提升提供了保障。即先对员工的能力进行评估，建立科学的人才素质测评体系，运用测评的方法分析任职者的潜质、能力和行为表现，确定员工所具备的能力；然后根据公司业务工作的需求，确定每一项工作对工作承担者能力方面的要求，并与员工所具备的能力相比较，确定从事该工作的最佳人选。这种人力资源的管理模式特别是针对旅游企业的中层管理干部的选拔、任免上能够提供比较科学的建议。建立以员工综合能力为平台的人力资源管理系统最大的优点就是能适合组织动态发展性的要求，组织可以根据组织结构的调整，工作活动的安排对员工的工作进行灵活的调整；根据员工的能力来确定员工所应从事的工作，充分体现了对员工的重视。

（3）**建设以竞争为主导的人才激励机制**。不断建立和完善以业绩为导向的激励、竞争机制，最大限度地激发人才的潜能。要建立完善的激励机制，使奖励措施透明化、制度化。在激励和留住人才方面，可以灵活地运用激励制度，充分调动员工的积极性、主动性和创造性，通过非正式的约束实现对员工的柔性管理，在激励的方式上，强调个人激励、团队激励和组织激励相结合。在时间效应上，应该把对知识型员工的短期激励和长期激励结合起来，建立目标管理机制，改善和强化员工的工作动力，让员工自己设计工作目标和任务。通过目标管理，加强员工同部门经理的交流，使员工的工作与公司的实际情况相结合，增强员工的参与意识和自我管理能力，为员工的晋升、工资、奖罚提供一个透明、客观的环境。

（4）**建设以人为本为主导的人力资源配置机制**。在系统思考如何围绕旅游企业战略，提升旅游企业内部人员素质，强化组织战略实施能力，确保旅游企业可持续发展的基础上，把"稳定、发展、招募"作为人才流动时代的人力资源管理战略，做到吸引人才与留住人才并重。稳定公司原有人才是首要目标，在稳定前提下培养发展人才，在做好稳定和培养的基础上，招募优秀人才到旅游企业中来。吸引国外专家和国内人才并重，努力使旅游企业的人才智力资源和科研成果转化生产力。

（5）**建设以学习为主导的人才资本积累机制**。不断改善人才结构，率先建立起完善教育培训体系。一方面，人力资源部始终着力建设与完善公司的培训体系，通过职业化、制度化、规范化的教育训练来凝造组织的核心能力，建设职业经理人队伍，加强战略性人才储备，增强人才竞争力，提升组织绩效。另一方面，每年度人力资源部可对公司高管人员、部门主管进行重点培训需求访谈，在此基础上完成以绩效为导向的培训方案，研究并开发大批的"量身定做"的专业培训。与此同时，必须加大人力资源方面的投入，努力打造自己的内部讲师队伍。

知识经济时代要求旅游企业充分重视人力资源的能动性、双重性、时效性、流动性等特点，通过遵循以人为本的基本原则，在旅游企业内部创造一个"旅游企业为人人，人人为旅游企业"的文化氛围，来实现人才的培养，促进旅游企业的创新，才能确保旅游企业在新经济时代的市场竞争中立于不败之地。

复习与思考

一、 名词解释

经济全球化　旅游企业国际化　信息化

二、 简答题

1. 信息化时代的来临对旅游企业人力资源管理带来哪些机遇与挑战？
2. 知识经济时代旅游企业人力资源管理的应对策略是什么？

📖 推荐阅读

1. 邓志银，谭晓斌. 论知识经济时代我国人力资源开发与管理［J］. 湖北成人教育学院学报，2005（3）.
2. 余义文. 论知识经济与企业组织结构的创新［J］. 商场现代化，2006（31）.
3. 吴艳丽. 知识经济时代企业人力资源管理的发展趋势［J］. 重庆工业高等专科学校学报，2003（04）.

参考文献

1. 刘昕．薪酬管理［M］．北京：中国人民大学出版社，2011.

2. 彭建峰．人力资源管理概论［M］．上海：复旦大学出版社，2011.

3. 蔡丽伟．饭店人力资源管理［M］．北京：清华大学出版社，2010.

4. 沈登学，黄萍．旅游企业人力资源管理［M］．成都：西南财经大学出版社，2009.

5. 徐文苑，贺湘辉．饭店人力资源管理实务［M］．北京：清华大学出版社，2009.

6. 严伟．旅游企业人力资源管理［M］．上海：上海交通大学出版社，2009.

7. 逄爱梅．旅游企业人力资源管理与开发［M］．上海：华东理工出版社 2009.

8. 肇静玮．旅游企业人力资源管理［M］．北京：电子工业出版社，2008.

9. 王伟，冯云霞．人力资源管理［M］．北京：旅游教育出版社，2008.

10. 胡八一．人力资源规划［M］．北京：北京大学出版社，2008.

11. 谢礼珊．旅游企业人力资源管理［M］．北京：旅游教育出版社，2008.

12. 朱艳．旅游企业人力资源管理［M］．大连：东北财经大学出版社，2007.

13. 张满林，周广鹏．旅游企业人力资源管理［M］．北京：中国旅游出版社，2007.

14. 冯立平．人力资源管理［M］．上海：华东理工大学出版社，2006.

15. 廖钦．酒店人力资源管理实务［M］．广州：广东经济出版社，2006.

16. 董福荣．旅游企业人力资源管理［M］．广州：华南理工大学出版社，2006.

17. 文跃然．薪酬管理原理［M］．上海：复旦大学出版社，2004.

18. 姚裕群．人力资源开发与管理概论［M］．北京：高等教育出版社，2003.

19. 余昌国．旅游人力资源开发［M］．北京：中国旅游出版社。2003.

20. 赵曙明．人力资源战略与规划［M］．北京：中国人民大学出版社，2002.

21. 郑晓明．现代企业人力资源管理导论［M］．北京：机械工业出版社，2002.

22. Kathleen M. Iverson. 饭店业人力资源管理［M］．北京：旅游教育出版社，2002.

23. 王学力．企业薪酬设计与管理［M］．广州：广东经济出版社，2001.

24. Robert H. Woods. 饭店业人力资源管理［M］．张凌云，等，译．北京：中国旅游出版社，2001.

25. 赵西萍．旅游企业人力资源管理［M］．天津：南开大学出版社，2001.

项目策划：段向民
责任编辑：孙妍峰
责任印制：谢　雨
封面设计：鲁　筱

图书在版编目（CIP）数据

旅游企业人力资源管理／胡红梅主编 . -- 2 版 . --
北京：中国旅游出版社，2017.9（2023.6 重印）
中国旅游院校五星联盟教材编写出版项目　中国骨干
旅游高职院校教材编写出版项目
ISBN 978-7-5032-5888-6

I.①旅…　Ⅱ.①胡…　Ⅲ.①旅游企业—人力资源管
理—高等职业教育—教材　Ⅳ.①F590.6

中国版本图书馆 CIP 数据核字（2017）第 211753 号

书　　名：旅游企业人力资源管理（第二版）
作　　者：胡红梅　主编
出版发行：中国旅游出版社
　　　　　（北京静安东里 6 号　邮编：100028）
　　　　　http://www.cttp.net.cn　E-mail: cttp@ mct. gov. cn
　　　　　营销中心电话：010-57377103，010-57377106
　　　　　读者服务部电话：010-57377107
排　　版：北京旅教文化传播有限公司
经　　销：全国各地新华书店
印　　刷：三河市灵山芝兰印刷有限公司
版　　次：2017 年 9 月第 2 版　2023 年 6 月第 5 次印刷
开　　本：787 毫米×1092 毫米　1/16
印　　张：15.25
字　　数：293 千
定　　价：34.80 元
ＩＳＢＮ　978-7-5032-5888-6